D1922183

Schriftenreihe

Didaktik

in Forschung und Praxis

Band 69

ISSN 1616-5586

Verlag Dr. Kovač

Guido Breidebach

Professionelle Hochschuldidaktik

Motivierende und studierendenorientierte Planung, Durchführung und Reflexion von Lehrveranstaltungen – ein Portfolio

Verlag Dr. Kovač

Hamburg
2013

VERLAG DR. KOVAČ GMBH
FACHVERLAG FÜR WISSENSCHAFTLICHE LITERATUR

Leverkusenstr. 13 · 22761 Hamburg · Tel. 040 - 39 88 80-0 · Fax 040 - 39 88 80-55

E-Mail info@verlagdrkovac.de · Internet www.verlagdrkovac.de

Bibliografische Information der Deutschen Nationalbibliothek
Die Deutsche Nationalbibliothek verzeichnet diese Publikation
in der Deutschen Nationalbibliografie;
detaillierte bibliografische Daten sind im Internet
über http://dnb.d-nb.de abrufbar.

ISSN: 1616-5586

ISBN: 978-3-8300-6975-1

© VERLAG DR. KOVAČ GmbH, Hamburg 2013

Umschlagillustration: Guido Breidebach

Printed in Germany
Alle Rechte vorbehalten. Nachdruck, fotomechanische Wiedergabe, Aufnahme in Online-Dienste und Internet sowie Vervielfältigung auf Datenträgern wie CD-ROM etc. nur nach schriftlicher Zustimmung des Verlages.

Gedruckt auf holz-, chlor- und säurefreiem, alterungsbeständigem Papier. Archivbeständig nach ANSI 3948 und ISO 9706.

Inhaltsverzeichnis

Vorwort

Nach Abschluss meines Lehramtsstudiums und Vorbereitungsdienstes merkte ich, dass mich die schulische Tätigkeit allein nicht ausreichend und umfassend erfüllt. Deshalb folgten bald – berufsbegleitend – die Promotion und der Wunsch, neben der schulischen Lehre auch Seminare an der Universität zu geben. Erstaunlich war allerdings, dass ich nicht so einfach ohne wieteres ein Seminar anbieten durfte. Zuvor musste meine Eignung zur Lehre begutachtet werden – einerseits von einer studentischen Vertreterin, andererseits von einem Hochschuldozenten. Dies war erstaunlich, weil ich doch studierter und praktisch ausgebildeter sowie gegenwärtig aktiver Studienrat bin und wöchentlich 25 Stunden unterrichte. Bekannt war mir, dass wissenschaftliche Mitarbeiter, die direkt im Anschluss an ihr theoretisches Studium eine solche Stelle bekleiden, dies grundsätzlich nicht derart nachweisen müssen und das, obgleich sie bis zu diesem Zeitpunkt vielleicht noch nicht einmal eine Lehrstunde geplant oder gehalten haben. Die Lehrkompetenz schreibt man diesen Akademikern scheinbar automatisch mit ihrem Anstellungsvertrag zu.

Dann erstaunt es nicht, dass ich im Rahmen meines Studiums noch dachte, Hochschullehre konstituiere sich ausschließlich aus der Wissensgenerierung und -wiedergabe. Denn oftmals präsentierten sich dort die Lehrenden derart, dass sie sich zumeist 90 Minuten nicht vom Fleck bewegten und die Lernenden in eloquenter Art und Weise an ihrem schier unendlich scheinenden Wissen teilhaben ließen. Gelegentlich war uns Studierenden jedoch die Möglichkeit gegeben, uns zu melden und eine fachlich erwünschte Antwort beisteuern zu dürfen. Ab und an gab es sogar eine Frage in Form eines Tafelanschriebes, die kurz diskutiert werden durfte.

Eine lange Zeit dachte ich, dies müsse so sein, schließlich befinde man sich an einer Universität. Allerdings stellte ich mit dem Eintritt ins Referendariat und den folgenden Schuldienst fest, dass dies nicht der Fall sein muss – weder im Unterrichtsfach Psychologie, noch in Deutsch oder in Wirtschaftswissenschaften.

Dort wurde eine andere Lehrperspektive erfahrbar. „En vogue“ schienen Schlagworte wie Kompetenz- und Handlungsorientierung, Lehren und Lernen mit neuen Medien, kooperative und aktivierende Lernformen, Methodenwechsel sowie -vielfalt und die Orientierung am Lernenden zu sein. Gleichzeitig bezeichnete man den Lehrenden primär als Moderator. Bereits zu dieser Zeit kam mir der Gedanke, dass die Erfahrung des einen oder anderen Elementes auch an der Hochschule sinnvoll gewesen wäre.

Als universitäre und staatliche Ausbildung nebst Promotion dann erfolgreich abgeschlossen waren, bot sich mir die Chance, als externer Lehrbeauftragter jeweils ein bis zwei Seminare pro Semester anzubieten. In diesem Zusammenhang war mir bereits im Vorfeld klar: So, wie ich Lehre vielfach erlebt habe, derart würde ich sie nicht anbieten wollen.

Zeitgleich lernte ich das Hochschuldidaktische Zentrum kennen. Eine Institutionsbezeichnung, die mich im ersten Moment irritierte. Dann, nach näherem Informieren – konkret über den Erwerb der Zusatzqualifikation „Professionelle Lehrkompetenz für die Hochschule“ – stellte ich fest, dass es sich bei jener Einrichtung und der Absolvierung der zuvor genannten Zusatzqualifikation quasi um das akademische Referendariat an der Universität handelt.

Auch wenn man mich manches Mal belächelte und fragte, was ich denn dort wolle, fiel die Entscheidung, jene professionelle Lehrkompetenz für die Hochschule erwerben zu wollen, direkt im Anschluss an die Einführungsveranstaltung „Start in die Lehre“, um nicht nur im Schuldienst, sondern ebenfalls in der Hochschule professionell zu lehren.

Einleitung und Inhaltsüberblick

Ziel dieses Werkes ist die theoriegeleitete Praxisreflexion, was gute Hochschullehre auszeichnet und die Professionalisierung der eigenen Lehrkompetenz fördert. Dies soll exemplarisch an der Planung, Durchführung und Reflexion der Lehrveranstaltung „Lernen und Lehren in Organisationen" verdeutlich werden.

In einem ersten theoretischen Teil wird eingangs begründet dargestellt, was Didaktik ist und warum sie die Grundlage eines jeden Lehrvorhabens bilden sollte. Der Fokus wird schließlich auf die Hochschuldidaktik gerichtet, da sie es ist, die dem lehrenden Dozenten eine Orientierung bietet, Seminare und Lehrveranstaltungen an der Universität – anstatt intuitiv und unsicher – zunehmend kriterienorientiert und professioneller vorbereiten und planen sowie überprüfen zu können.

Lehre wird von verschiedenen Bedingungs- und Entscheidungsfeldern beeinflusst, die wiederum interdependent miteinander verwoben sind. Welche Aspekte in diesem Zusammenhang berücksichtigt werden können, damit nicht nur zunehmend Sicherheit bei Planungs-, Durchführungs- und Reflexionsprozessen der eigenen Lehrer gewonnen wird, sondern auch die Interessen der studentischen Teilnehmer involviert und diese verstärkt zur aktiven Teilnahme motiviert werden, wird an einem konkreten Beispiel der Hochschulpraxis veranschaulicht.

Im folgenden Kapitel wird eruiert, inwieweit Bedingungsfelder einen Einfluss auf Lehrveranstaltungen nehmen. Hierzu gehören einerseits objektive Faktoren, beispielsweise die curricularen bzw. institutionellen Vorgaben oder die materielle Ausstattung eines Lehrstuhls. Ebenfalls Ort und Zeitrahmen der Veranstaltung spielen eine bedeutsame Rolle. Andererseits sind u. a. subjektive Lernvoraussetzungen seitens der Studierenden gegeben, die sich sinnstiftend in die Lehre mit einbeziehen lassen, wenn man sich dieser bewusst wird.

Die eigentliche Seminarvorbereitung und -planung ist zusätzlich von diversen Entscheidungsfeldern determiniert:

Erstens durch die Inhalte und Themen. Diesbezüglich gilt es auszuwählen, welche fachwissenschaftlichen Inhalte zwingend Gegenstand der eigenen Lehrveranstaltung sein müssen und welche optional sind. Wie ein

Überblick über die Themen gewonnen, konkrete Inhalte ausgewählt sowie aufbereitet und dem Problem der Stofffülle mittels didaktischer Reduktionsentscheidungen begegnet werden kann, ist Grundlage dieses Abschnittes.

Zweitens durch zu planende Kompetenzzuwächse und die intendierten Ziele. Weil Lehre einen intentionalen Prozess darstellen muss, gilt es sich zu vergegenwärtigen, welche (fachlichen) Ziele durch die Veranstaltungen und einzelnen Seminareinheiten erreicht werden sollen und welche Kompetenzen auf dem Weg dorthin durch die Studierenden erworben werden können. Die Formulierung dieses Procedere ist Teil jenen Kapitels.

Drittens durch die Methodik, denn nicht selten heißt es ja bekannter Weise, dass oftmals bereits der Weg das Ziel ist bzw. sein kann. Es wird eine Übersicht gegeben, welche methodischen Verfahren in welchen Handlungsphasen möglich sind und der Kompetenz- sowie Zielerreichung dienlich sein können. Dabei ist jedoch besonderer Wert auf den Umstand gelegt worden, dass Methoden nicht vornehmlich einen Selbstzweck erfüllen, sondern immer finalen Charakter aufweisen. In Bezug auf das Seminar „Lehren und Lernen in Organisationen" weist das e-Learning, beispielsweise im Rahmen sozialer Communities, dialektischen Charakter auf, weil es sowohl Inhalt als auch Methode darstellt. Diesem methodischen Verfahren wird deshalb besondere Bedeutung beigemessen. Darüber hinaus wird es erstmals in der eigenen Lehre frequentiert und ist dem gemäß besonders kritisch zu reflektiert.

Viertens durch den Prüfungsprozess, weil Studierende darauf angewiesen sind, die unterschiedlichsten Studien- und Prüfungsleistungen erbringen zu müssen. Nach einer kurzen Darstellung, welche bedeutsamen Formen der Leistungsüberprüfung gegeben sind und welche Vor- und Nachteile sie in sich bergen, wird ausführlicher das Format des Gruppenkolloquiums fokussiert.

Fünftens durch die Evaluation, weil professionelle Lehre kein eigennütziges Selbstverständnis hat, dem sie dient, sondern an ausgewählten Kriterien orientiert überprüfbar sein muss. Diesbezüglich gibt es verschiedene Formen der Selbst- und Fremdevaluation, die dem Lehrprozess vorauslaufen können, parallel zu diesem stattfinden oder ihn abschließen. Eine Form der Selbstevaluation, nämlich die Erstellung eines Lehrportfolios, wird hierbei betont werden. Das Portfolio erfüllt mannigfache Funktionen. Als Methode der Selbstevaluation dient es zum einen der Professionalisierung der individuellen Planungs- und Reflexionskompetenz universitärer Lehre, zum anderen regt es die kritische Selbstreflexion, die ein zentrales Moment der Professionalisierung darstellt, nachhaltig an. Schließlich kann auch dieses Buch als eine von vielen möglichen Formen des Lehrportfolios erachtet werden.

Den zweiten, praxisorientierten Teil dieses Werkes, leitet die fotobasierte Seminardokumentation ein. Anhand der Darstellung der konkreten Durchführung einer Lehrveranstaltung soll erfahrbar werden, dass professionell geplante Lehre zwar aufwändig in der Vorbereitung ist, sich dies aber infolge der mannigfachen Erträge sowohl seitens der Studierenden als auch seitens des Lehrenden selbst rentiert. Den Betrachtungsfokus bilden vor allem methodische Arrangements, in deren Rahmen nicht nur bloßer Aktionismus stattfindet, sondern fachwissenschaftliche Inhalte verstehbar, handhabbar und sinnhaft werden. Ausgewählte Methoden, die besonders anwenderfreundlich sind, werden zugunsten der Praxisadaption konkret und detaillierter abgebildet.

Schließlich wird ein umfangreicher Raum der theoriegeleiteten Praxisreflexion gewidmet. Hierbei gilt es u. a. zu hinterfragen, welche Aspekte und konkreten Maßnahmen zur Seminarvorbereitung sowie -durchführung besonders geeignet waren und welche Bedeutung der Involvierung von Studierenden beigemessen werden muss und welche Methoden sich augenscheinlich eignen, um den Einzelnen stärker zur Mitarbeit motivieren zu können. Zusätzlich wird eruiert, welche Reduktionsentscheidungen sich bewährten, um der Inhaltsfülle mancher Themengebiete zu begegnen. Das komplexe Verfahren des e-Learnings, die tatsächliche Zielerreichung, das andersartige Prüfungsgeschehen und die Erstellung und Abfassung eines eigenen Lehrportfolios werden abschließend der kritischen Reflexion unterzogen. Ein Fazit auf Grundlage der Praxistauglichkeit der eingangs theoretisch dargestellten Bedingungs- und Entscheidungsfelder schließt das Werk bzw. die Anregungen und Dokumentation, was gute bzw. professionelle Lehre ausmacht, ab.

1 Professionelle Planung, Durchführung und Reflexion universitärer Lehrveranstaltungen

Das Vorgehen der Planung, Durchführung und Reflexion der Lehrveranstaltung „Lehren und Lernen in Organisationen", wird in geschlossenen Kapiteln, sukzessiv aufeinander aufbauend und miteinander verzahnt, in Form eines Lehrportfolios dokumentiert.

Es kann und darf nicht Sinn und Zweck einer professionellen Hochschullehre sein, dass Lehrende mit dem Erwerb eines akademischen Grades und darauf aufbauend infolge ihre Anstellungsvertrags automatisch eine Lehrbefähigung erteilt bekommen und ihnen damit mittels ihres Arbeitsvertrages zugeschrieben wird, dass sie der professionellen Hochschullehre ausreichend fähig sind. Natürlich muss eine fachwissenschaftliche Bildung mit dem Abschluss des Studiums vorausgesetzt werden, professionelle Lehre ist jedoch mehr als die reine Vermittlung von – im schlechtesten Falle – reinem Fachwissen. Mit Ausnahme der erziehungswissenschaftlichen Studiengänge, die zum Erwerb eines Lehramtes befähigen, fehlt es den meisten Diplom-, Bachelor- und Masterstudiengängen grundsätzlich an einer Fachdidaktik, deren Anliegen die Vermittlung der studierten Wissenschaft darstellt.

Lehre sollte die Studierenden befähigen, nicht nur zu einem Fach bzw. einer Fachwissenschaft erzogen zu werden, ein professionelles Selbstverständnis würde auf die Bildung durch die zu vermittelnde Fachwissenschaft fokussieren, damit der einzelne Lernende Welterkennen, Weltaufschluss und Weltgestaltung – im Sinne von Weltverfügung – erfährt. Um dies zu realisieren ist die alleinige Ausrichtung auf eine fachwissenschaftliche Vermittlung nicht ausreichend, zusätzlich muss neben den curricularen Vorgaben auch den gesellschaftlichen und insbesondere den individuellen Ansprüchen und damit den Besonderheiten des Einzelnen Rechnung getragen werden.

In diesem Zusammenhang hat man seinem Schaffen eine Subjektbildungstheorie zu Grunde zu legen, sich der Anstrengung der Fachanalyse zu unterwerfen, sinnstiftende Inhalte auszuwählen und von diesen ausgehend zu erwerbende Kompetenzen abzuleiten. Zudem gilt es den Methoden und Medieneinsatz derart zu planen, dass sie nicht ihrer selbst willen zum Einsatz kommen, sondern immer auch finalen fachwissenschaftlichen Charakter aufweisen. Lehre ist erst dann ein intentionaler und reflektierter Prozess.

Das vorliegende Werk verschreibt sich diesen Prinzipien professioneller Hochschuldidaktik und kann exemplarisch der eigenen Erkenntnisgenerierung und -reflexion dienen, beachtet man beispielsweise einige der folgenden Aspekte im Rahmen der Planung, Durchführung und Reflexion der eigenen Lehre. Dieser Prozess wurde im Rahmen der Lehrveranstaltung „Lehren und Lernen in Organisationen“ zum einen von der Leitung und zum anderen von einer Juniorprofessorin des Hochschuldidaktischen Zentrums der Technischen Universität Dortmund prozessbegleitend reflektiert.

1.1 Zu ausgewählten Gegenstandbereichen der Didaktik

Lehrkunst. Derart prägnant kann die Bedeutung des aus dem Griechischen abgeleiteten Begriffs Didaktik auf den Punkt gebracht übersetzt werden. Pointiert lässt sich die Beschäftigung im wissenschaftlichen Sinne innerhalb unseres Kulturkreises auf das 17. Jahrhundert datieren, als die Forderung gestellt wurde, allen alles zu lehren (Comenius, 1657; 1993).

Semantisch impliziert der Begriff die Tätigkeiten des Lehrens und Unterrichtens sowie des Auseinandersetzens und Beweisens. Daraus wird ersichtlich, dass, wie teilweise fälschlicherweise angenommen wird, Didaktik nicht nur etwas Schul- bzw. Hochschulbezogenes ist, sondern immer dann zum Tragen kommt, wenn es um die Vermittlung von „etwas“ geht. Damit kann Didaktik als Vermittlungswissenschaft bezeichnet werden, die den didaktischen Problemfragen nachgeht: wer kann wem was auf welche Art und Weise, mittels welchen Weges vermitteln (Jank & Meyer, 2002).

Derweilen herrscht Konsens darüber, dass Didaktik sowohl die Wissenschaft als auch die Praxis des Lehrens und Lernens darstellt (Riedl, 2004) und all jene Aspekte umfasst, die Einfluss auf die Voraussetzungen und den Lehr-Lern-Prozess selbst nehmen. Daher gilt es für Lehrende mannigfache und interdependente Entscheidungen zu treffen, die der kritischen Reflexion und damit der didaktischen Begründung zu unterziehen sind. Für Lehr-Lern-Prozesse lassen sich aus didaktischer Sicht drei zentrale Bereiche umschreiben.

Erstens die Inhaltsdimension, innerhalb derer man zu eruieren versucht, welche Bildungsinhalte bedeutsam sind und vermittelt werden sollen. Zweitens die Zieldimension, in der vor allem der Frage nachgegangen wird, wozu, also auf welches Ziel hin, gebildet werden muss. Und drittens die Wegedimension.

In diesem Zusammenhang wird erörtert, wie und womit die Inhalte am besten zum intendierten Ziel führen können (Riedl, 2004). Damit lässt sich festhalten, dass Didaktik die Analyse, Planung, Durchführung und Reflexion sämtlicher relevanter Aspekte – sowie ihrer Verzahnung miteinander – von Lehr- und Lernprozessen zum Gegenstand hat. Dies manifestiert sich schließlich in didaktischen Modellen und Theorien, die wiederum ihrerseits als eine Form von Metatheorie des Lehrens verstanden werden können und sich zur konkreten Analyse von Lehrplanungsprozessen eignen.

Didaktische Modell sind erziehungswissenschaftliche Theoriegebäude, die einerseits der Analyse und Modellierung didaktischen Handelns in wissens- und sinngenerierenden Handlungszusammenhängen dienen. Andererseits haben sie den Anspruch, theoretisch fundiert und praktisch bedeutsam die Voraussetzungen sowie Möglichkeiten und Grenzen des Lehr-Lern-Prozesses aufzuzeigen (Jank & Meyer, 2002). Sie liefern dem Lehrenden zwar kein direktes Handwerkszeug, aber sie helfen dabei, mannigfache Handlungsmöglichkeiten aufzuzeigen, verschiedene Bezugssysteme mit in den Betrachtungsfokus zu nehmen und beide Aspekte insgesamt in ihren Auswirkungen zu reflektieren.

Damit erfüllen sie mehrere Funktionen gleichzeitig (Riedl, 2004). Erstens unterstützen sie die Orientierung des Lehrenden. Sie können ihm zeigen, was sein Aufgabenfeld ist und worin sein konkretes Aufgabenspektrum besteht. Zweitens implizieren sie eine strukturierende Funktion, weil der Lehrende auf ihrer Grundlage elementare und legitimierte Bedingungs- und Entscheidungsfelder vorgegeben bekommt oder selbstständig auswählen kann. Drittens haben sie eine Legitimierungsfunktion, weil sie das didaktische Handeln, wozu der Einzelne erziehen oder wodurch er bilden will, theoretisch zu fundieren und begründet zu rechtfertigen helfen.

Die Notwendigkeit, didaktische Theorien zu bemühen ist schließlich darin gelegen, dass Lern- und Lehrprozesse immer einen intentionalen Prozess darstellen und demgemäß das didaktische Handeln aufgrund der theoretisch-reflexiven Rückanbindung eine Professionalisierung erfährt. Das zugrunde liegende Begriffsverständnis, die gesetzten Maßstäbe und das übergeordnete Bildungsprinzip bzw. -ideal können zwar von Lehrenden zu Lehrenden stark variieren (Petorßen, 2001), seine didaktischen Anschauungen und Überlegungen liefern ihm allerdings eine Referenzrahmung, die seine Analyse- und Entscheidungsprozesse transparent und nachvollziehbar macht (Riedl, 2004).

Es ist nicht Gegenstand dieses Werkes, die verschiedenartigen Didaktischen Modelle angemessen abzubilden. Dies leisten bereits vielfältige andere Autoren. Ebenfalls kann der Tatsache nicht Rechnung getragen werden, die jeweiligen intendierten Begriffsverständnisse und -bildungsprozesse ausreichend umfassend und verständlich darzulegen. Schließlich weisen diese ein unterschiedlich starkes semantisches Inklusions- und Exklusionspotenzial, bei gleichzeitig emphatischer Aufladung bestimmter Begriffsinhalte, auf (Plöger, 1999; Kron, 2000). Das vorrangige Anliegen dieser Schrift besteht darin, dem interessierten Praktiker, der seine Lehrkompetenz zunehmend professionalisieren will, unterschiedliche Aspekte theoretischer Natur vor Augen zu führen, die ihn von einer pragmatischen Ebene aus dabei unterstützen. Dementsprechend werden in der Folge vor allem solche Didaktischen Modelle und Theorien angeführt, die wertvolle Praxisimplikationen unterschiedlicher Akzentuierungen beinhalten.

Es wurde bereits erwähnt, dass Didaktische Modelle ein Theoriegebäude und die Legitimation pädagogischen Lehrhandelns darstellen. In ihrer Funktion nehmen sie damit eine Vermittlungsstellung zwischen Theorie und Praxis ein (Riedl, 2004), die sich an bestimmten Grundannahmen orientieren und verschieden detaillierte und differenzierte Kategorien handlungsleitend zur Verfügung stellen. Didaktik kann demnach als Lehrkunst, Erziehungs- und Bildungslehre oder gar als ein Programm verstanden werden (Peterßen, 2001). Die bedeutendsten Annahmen und Aussagen der verschiedenen Didaktischen Modelle für die konkrete Lehr-Lern-Praxis sollen folgend kurz skizziert werden.

Die informationstheoretisch-kybernetische Didaktik fokussiert auf die Effizienzsteigerung und Optimierung von Lernprozessen, so dass dem Aspekt des Informierens innerhalb eines Regelkreismodells besondere Bedeutung beigemessen wird. Der Lehrende wird als Steuermann verstanden, der einen Ist-Wert bestimmt, einen Soll-Wert vorgibt und mittels des geplanten Einsatzes von Lernstrategien den Lernenden zur Zielerreichung anleitet und führt. Die Regelgröße ist vor allem der Lernende, von dem störende Außeneinflüsse fern zu halten sind und dessen (End-) Reaktionen den eigentlichen Lernfortschritt kontrollierbar werden lassen (Cube, 1968).

Demgegenüber setzt das kritisch-kommunikative didaktische Denken nicht an technischen und ökonomischen Größen des Lernprozesses an, sondern bringt den zentralen Aspekt in Stellung, dass das Individuum ein

Recht auf Bildung hat und diese für alle gleichermaßen Geltung haben muss. Dies fordert insbesondere die humane Gestaltung von Lehr- und Lernprozessen, deren zentrales Medium die kommunikativen Interaktionen als solche sind. Damit wird eine verstärkte Lernendenorientierung fokussiert, so dass individuelle und gesellschaftliche Determinanten gleichermaßen zu fordern und zu fördern, aber auch kritisch zu hinterfragen sind, um dem Individuum einerseits eine gesellschaftliche Teilhabe zu ermöglichen, es andererseits aber auch als aktiven Gestalter jenes Prozesses zu verstehen (Schäfer & Schaller, 1971; Schaller, 1994).

Lernzielorientiertere Didaktiken stellen die Forderung, Planungsprozesse des Lehrgeschehens stärker transparent zu machen und damit schließlich die Kontrolle jener Aspekte besser gewährleisten zu können. Grundlage dieser Anschauung stellen die Lehrvorgaben dar, aus denen mannigfache Lernziele ableitbar werden. Die Lernorganisation ist in diesem Fall stark von fachlichen und weiteren Lernzielen abhängig, die hierarchisch gestaffelt werden und inhaltlich unterschiedlich komplexer Natur sind sowie zu jeder Zeit ein eindeutig beschriebenes Endverhalten ausweisen (Möller, 1973).

Ausgangspunkt der bildungstheoretischen Didaktik stellt die in Lernprozessen gegebene Subjekt-Objekt-Dialektik dar. Man reflektiert die Frage, in welcher Beziehung Inhalt und Individuum zueinander stehen, sie sich einander begegnen sowie bedingen und gegenseitig erschließen lassen bzw. erschließbar machen lassen. Ein besonderes Moment stellt die kategoriale Bildung innerhalb dieses Procederes dar (Klafki, 1963). Diese impliziert, dass in konkreten und materiellen Bildungsinhalten stets allgemeine und damit formale Bildungsinhalte enthalten sind, deren Erschließung der Lehrende im Rahmen der didaktischen Analyse zu ermöglichen hat (Klafki, 1958; 1963). Jene Analyse umfasst, dass sowohl der Lernende für die Inhalte empfänglich wird als auch, ob der Inhalt überhaupt zur Erschließung durch den Lernenden geeignet ist. Der Inhalt bzw. die fachwissenschaftliche Thematik stellt hierfür den archimedischen Punkt dar, der wiederum bestimmte Eigenschaften aufweisen muss, um jener Funktion gerecht werden zu können (Klafki, 1963; Riedl, 2004).

Insbesondere muss der Inhalt exemplarische Bedeutungsmerkmale und -strukturen implizieren. Das heißt, dass Inhalte derart auszuwählen sind, dass an ihnen etwas Übertragbares und allgemein Gültiges deutlich und verstehbar wird. Der Einzelfall evoziert dann universelle logische Strukturen und Sinnzusammenhänge. Zudem sollten die Inhalte sowohl eine Gegenwarts- als auch eine Zukunftsbedeutung in sich tragen. Der Inhalt schließt dann konkret an die Lebenswelt des Lernenden an, wenn dieser sich der Bedeutung des Sachaspektes für seine aktuelle Situation oder aber für künftige Lebens- und Berufsbereiche bewusst werden kann. Dies wird insbesondere durch die Zugänglichkeit ermöglicht. Grundvoraussetzung hierfür ist die Auswahl geeigneter, interessanter und anschaulicher Situationen, anhand derer die zuvor genannten Prinzipien erfüllt sind und besser erschließbar werden. Abschießend ist von fachwissenschaftlicher Relevanz, welche Sachstruktur sich im ausgewählten Inhalt manifestiert und was die konstituierenden Elemente und Merkmale und welcher Art ihre Zusammenhänge sind. Schließlich muss erörtert werden, welche verschiedenen Sinn- und Bedeutungsstrukturen präsent sind, an welche bereits vorhandenen Grundlagen diese anschlussfähig werden und ob sich dabei Probleme oder Schwierigkeiten ergeben können.

Die didaktische Analyse kann gegenwärtig als Kern der Lehrvorbereitung sowie -planung angesehen werden. Sie erfuhr vielfältige verschiedenartige Weiterentwicklungen und Modifikationen, so dass sie zunehmend eine kritisch-konstruktive Erkenntnisperspektive einnahm und verfolgte. Dies ist unter anderem darin begründet, dass jene modelltheoretischen Annahmen offen für individuelle, didaktische, wissenschaftliche und gesellschaftliche Veränderungen und Neuerungen sind (Klafki, 1985).

Eine teilweise konträre Position nehmen lerntheoretisch und zumeist empirischer orientierte Didaktiken ein, die explizit auf das Lernen und Lehren fokussieren. Ihr Anliegen ist es zumeist unter pragmatischer Perspektive Modellvorlagen zu schaffen, die sich durch Praxisnähe und Handlungsorientierung auszeichnen (Kron, 1999; Riedl, 2004).

Das Berliner Modell kann beispielsweise als primär erfahrungswissenschaftliches Strukturkonstrukt verstanden werden, das einen didaktisch begründeten Theorie-Entwurf für jegliche Analyse und Planung von Lehr-Lern-Prozessen darstellt (Riedl, 2004).

Grundannahme jenes Strukturmodells ist es, dass didaktische Vorgänge konstant sind, während sich inhaltliche Aspekte, Entscheidungen und Zusammenhänge variieren lassen. Lernprozesse sind dann von zwei Bedingungsfeldern determiniert, während von diesen ausgehend vier verschiedene Entscheidungsfelder durch Analyseprozesse variabel gestaltbar sind (Heimann, Otto & Schulz, 1965).

Bei den beiden Bedingungsfeldern handelt es sich um anthropogene und soziokulturelle Voraussetzungen, die seitens der Lernenden gegeben sind und Lernprozesse ihrerseits direkt und indirekt bedingen. Hierbei kann es sich beispielsweise sowohl um objektive Tatbestände, wie Herkunft der Lernenden, Lehrausstattung und curriculare Vorgaben, als auch um subjektive Empfindungen, z. B. Annahmen über Geschlechtervoraussetzungen, Intelligenzausprägung und Leistungs- sowie Motivierungspotenzial handeln. Diese müssen in Einklang mit den vier Entscheidungsfeldern gebracht werden, die ihrerseits auf die Bedingungen zurückwirken und sich schließlich in ihren Effekten in den anthropogenen und soziokulturellen Folgen zeigen.

Grundlegend ist hier vor allem das Feld der Intention. Dies umfasst die Überzeugung, warum der Einzelne lernt und auf welche verschiedenartigen Ziele er hin gebildet werden muss. Der Bereich der Inhalte impliziert inhaltliche Entscheidungsprozesse, also welcher Inhalt auf welcher Niveau- und Kompetenzstufe zu erwerben ist und die Lernenden beispielsweise konkrete Handlungsfähigkeiten oder aber abstrakte Verstehensgenerierungsprozesse gefördert bekommen sollen. Das Feld der Methode umfasst die Artikulation des Lerngeschehens als solches, aber auch die Arbeits- und Sozialformen, die zum Tragen kommen. Demgegenüber widmet sich das Entscheidungsfeld der Medien der Frage, welcher Träger inhaltliche und methodische Aspekte am besten transportiert, veranschaulicht und dadurch handhabbar und verstehbar macht.

Jenes Modell verdeutlicht, dass der Lehrende die Lehr-Lern-Situation vollständig erfassen muss, um in verschiedenen Feldern konkret handeln und entscheiden zu können. Damit sollte ihm immer auch bewusst werden, welche Bedeutung seinem Handeln beizumessen ist, dass er Entscheidungen für jedes Entscheidungsfeld zu treffen hat, dies nicht willkürlich geschehen darf und sämtliche Bedingungs- und Entscheidungsfelder interdependent miteinander verwoben sind. Eine Totalerfassung durch dieses Vorgehen kann einerseits für ausgewählte Aspekte sensibilisieren, andererseits sogar auch zur Effizienzsteigerung der Faktoren führen.

1.2 Sinn und Zweck einer Hochschuldidaktik

Eingangs wurde beschrieben, dass es an Hochschulen Usus zu sein scheint, den Mitarbeitern der verschiedensten Fachrichtungen durch ihren Anstellungsvertrag gleichzeitig auch die Kompetenz zu verleihen, Lehre professionell planen, durchführen und reflektieren zu können. Dass dies nicht immer der Fall ist, kann durch den subjektiven Betrachter vor Ort erfahren werden.

Des Weiteren hieß es, Didaktik sei Lehrkunst. Kunst ist etwas Individuelles und Einmaliges, im Auge des einen Betrachters Ästhetisches, im Auge des anderen gerade eben nicht. Hochschullehre darf nicht derart willkürlich verstanden werden, denn dann wäre sie alles, nur nicht professionell.

Schließlich trat mit dem Bologna-Prozess, der 1999 angestoßen wurde, eine der größten Hochschulreformen in Kraft. Ziel dieses Reformprozesses ist es, vor allem international akzeptierte und vergleichbare Abschlüsse zu konstituieren und die Qualität des Studienangebotes sowie der in diesem enthaltenen Inhalte zu verbessern.

Dadurch ergaben sich gravierende Veränderungen in den Hochschulen. Letzten Endes wurde nicht mehr primär auf Forschung und Wissenschaft fokussiert, infolge der gegenwärtigen Entwicklungen rückt zunehmend die Hochschullehre in den Mittelpunkt. Nun scheint nicht mehr der Dozent sondern der Lernende und dessen Lernprozess bedeutsam zu sein. Die Rolle des Lehrenden transformiert sich derart, dass er nicht mehr der wissenschaftliche Instrukteur, sondern eher der Anleitende, Arrangierende und Beratende ist. Damit verbunden ist auch nicht mehr ausschließlich die Präsentation wissenschaftlicher Erkenntnisse und individuellen Wissens zentral, sondern Aspekte der motivierenden und studierendenorientierten Lehre sowie der empathischen und sozialen Interaktion gewinnen an Bedeutung und es vollzieht sich eine Verschiebung vom Lehrinput zum Lernoutput. Schließlich soll aktives und selbstständiges sowie -tätiges Lernen gefordert und gefördert werden. Nicht nur die Studierenden selbst fordern eine höhere Verwertbarkeit des universitären bzw. wissenschaftlichen Wissens für die folgende Arbeits- und Berufswelt ein. Damit wird ebenfalls der Lernende an der Hochschule zum Konstrukteur seines eigenen Wissens und Bildungsprozesses, wofür es kompetenter und professioneller Anleiter und Begleiter bedarf (Wildt, 2006).

Dies soll nicht heißen, dass Hochschullehre – zumindest aus fachwissenschaftlicher Perspektive – zur Schulbildung degradiert wird und fachliches

Wissen sowie seine Tradierung überflüssig erscheinen soll. Aber die Hochschule kann von der Schule lernen. Beispielsweise wie Lehre didaktisch und methodisch durchdacht werden kann, damit sie nicht nur den Einigungen im Rahmen des Bologna-Prozesses entspricht, sondern Studierende aktiviert und motiviert, damit diese ein Teil der universitären Lehre werden. Ein Hochschulreferendariat bzw. eine Hochschuldidaktische Ausbildung der Lehrenden wäre vermutlich der geeignete Weg, die Lehrkompetenz der Dozierenden auszubilden und nachhaltig zu professionalisieren. Dann würde nicht mehr nur vorrangig der Erwerb fachlichen Wissens und die kollektive Förderung der entsprechenden Kompetenzen im Mittelpunkt stehen, zusätzlich rückten sodann personale, soziale und methodische Kompetenzen in den Vordergrund. Diese sollten dann im Idealfall von den Studierenden in einem durch den Lehrenden dargebotenen Spektrum geeigneter Lernarrangements individuell und differenziert erworben werden können (Welbers & Gaus, 2005).

Obgleich die Veranstaltungsformate an Hochschulen recht breit gefächert sind, gilt dies nicht in selbiger Form für ihre Interaktionsdichte (Szczyrba & Wildt, 2005). In Vorlesungen werden monologische Vorträge durch den Dozenten gehalten, in Seminaren referieren teilweise eher schlecht als recht einige wenige Studierende ein kaum verstandenes Thema, während das Kolloquium, in dem individuell erarbeitete Inhaltsschwerpunkte dialogisch und offen diskutiert werden können, nur einigen wenigen vorbehalten bleiben. Gleiches gilt für die meisten Projekte. Schließlich wären noch Übungen zu nennen, in denen man nur schwierig dem Einzelnen gerecht werden kann, wenn hunderte Studierende ihr Wissen anzuwenden versuchen und von ein oder zwei wissenschaftlichen Mitarbeitern angeleitet werden.

Wagen wir doch – unter Anwendung des didaktischen Momentes des vergleichenden Transfers (Ellis, 1967; Flammer, 1970; Messner, 1978) – mit dem Praktiker an der Seite einen Blick in die Schule, auf den Unterricht und auf die dort stattfindenden Lehr-Lern-Prozesse, denn dort scheint Didaktik ohne Zweifel ihre Daseinsberechtigung zu haben.

Erstens gibt es in der Schule Lehrende und Lernende, die mehr oder weniger aktiv und motiviert an Lernprozessen beteiligt sind. Jeder der Involvierten bringt seine subjektiven Lernvoraussetzungen mit sich, derer man sich bewusst werden sollte, um sie in Unterrichtsplanungs- und -durchführungsprozessen berücksichtigen zu können. Zweitens gibt es curriculare Vorgaben, an denen orientiert der Lehrer die Inhalte auswählt. Er entscheidet, welche

Schwerpunktsetzungen vorzunehmen sind, was aussparbar ist und was derart aufbereitet werden muss, dass es verstanden werden kann. Damit analysiert und reflektiert er vor allem seine Bezugsfachwissenschaft. Drittens plant er auf dieser Grundlage Ziele, die von den Schülern zu erreichen sind. Der Grad der Realisierung dieses Vorgehens zeigt sich schließlich in den verschiedenen Kompetenzen, die geweckt, ausgebaut und gefördert werden. Viertens nutzt der Lehrende unterschiedliche Methoden und Medien, so dass die Schüler in der einen Unterrichtsphase in Einzelarbeit still ein Buchkapitel lesen, in einer anderen Phase sich gemeinsam mit einem Lernpartner am PC im Internet über bestimmte Inhalte informieren und in der Folge im Plenum bei einer Posterpräsentation mit den anderen fachbezogen diskutieren können. Das alles lediglich zur Vermittlung des Fach- bzw. Sachinhaltes. Fünftens dienen jene Aktivitäten – neben den Idealen bildungstheoretischer Überlegungen seitens des Lehrers – dem Schüler beim Ablegen verschiedenartiger Prüfungen, damit er ein Klassenziel erreicht oder einen Schul- bzw. Berufsabschluss erlangt. Sechstens wird der Unterricht zunehmend bewertend überprüft, so dass der Lehrende sein professionelles Handeln rückgemeldet bekommt und sich im Anschluss an jene Evaluationen durch Schüler, Kollegen, Schulleitung oder externe Gremien weiterbilden kann, um so seine Lehrkompetenz auszubauen.

Dies alles scheint im schulischen Kontext, schließlich sind die Jugendlichen meist nicht älter als 18 oder 20 Jahre, normal zu sein. Doch ist nicht mehr als die Hälfte der Studierenden der ersten Semester im selben Alter? Will der Erwachsene nicht auch aktiviert und aus sich heraus motiviert handeln, damit er sich weiter entwickelt und bildet? Will nicht jeder Mensch mit anderen interagieren, anstatt in passiver Rezeptionshaltung verharren zu müssen? Der Verfasser, seinerseits Studienrat im Schuldienst und promovierter Lehrbeauftragter an verschiedenen Hochschulen, denkt doch.

Die Hochschuldidaktik ist im Vergleich eine noch recht junge Wissenschaft, die u. a. einen Weg anbietet, um seine Lehrkompetenz zu fördern und zunehmend professionalisieren zu können. Sie kann vieles, wenngleich nicht alles, von der schulischen (Fach-) Didaktik lernen und damit jenen Transfer in den eigenen Gegenstandsbereich wagen. Dies wird nun exemplarisch an ausgewählten und für die Hochschullehre bedeutsamen Entscheidungsfeldern, zunehmend praktischer in der Darstellungsweise, vollzogen.

1.3 Hochschuldidaktische Entscheidungsfelder in Lehr-Lern-Prozessen

Gemäß der bisherigen Abhandlung erscheint es sinnvoll, Theorien und Modelle der Allgemeinen Didaktik auf die Hochschuldidaktik zu übertragen. Des Weiteren lassen sich Synergieeffekte evozieren, wenn didaktisch-methodisches Wissen und Handeln des schulischen Kontextes auch im Rahmen der Hochschuldidaktik Berücksichtigung findet. Schließlich leisten die theoretischen Abhandlungen innerhalb dieses universitären Forschungsbereiches weitere Beiträge, die gewinnbringend und zielführend bei der Planung, Durchführung und Reflexion eines konkreten Lehrvorhabens bedacht werden sollten.

Aufgrund des theoretischen Überblicks ausgewählter Inhalte der Allgemeinen und Hochschuldidaktik wird das folgende Modell entworfen, das die wesentlichen Bestandteile bzw. bedeutsamsten didaktischen Entscheidungsfelder zur Planung einer Lehrveranstaltung enthält und folglich als Referenzrahmung der eigenen Orientierung dienen kann.

Es umfasst die für Lehre zentralen sechs Bereiche der Lehr- und Lernvoraussetzungserhebung, der Inhaltsauswahl und Inhaltsreduktion, der Ziel- sowie Kompetenzformulierung, der Ablaufplanung samt der Methoden- und Medienauswahl, der Hochschulprüfungen – explizit des Gruppenkolloquiums – sowie der Lehrevaluation.

Dabei darf nicht vergessen werden, dass die einzelnen Elemente zum einen geschlossene und selbstständige Entscheidungsfelder darstellen, diese aber zum anderen ebenfalls interdependent miteinander verwoben sind und damit die Einzelentscheidung direkt und indirekt auf die anderen Planungsaspekte einwirkt (Rotthoff, 2006; Fry, Ketteridge & Marshall, 2003; Heimann, Otto & Schulz, 1965).

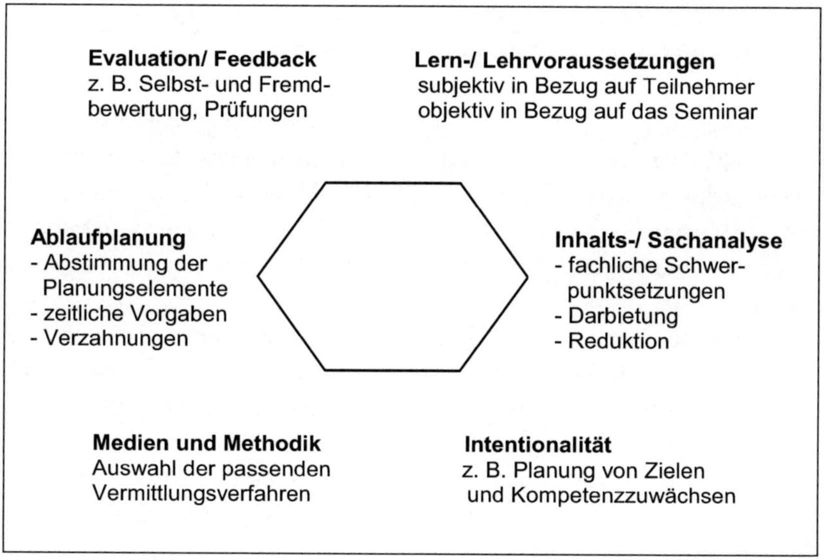

Sicherlich gibt es weitere Bereiche, die Gegenstand des Aufgabenfeldes eines Lehrenden an Hochschulen sind – beispielsweise Beratung und individuelles oder wissenschaftliches Coaching, der Umgang mit schwierigen Situationen. Diese sind allerdings zur Planung und Durchführung professioneller Lehrveranstaltungen nicht derart bedeutsam, dass ihnen der Rang eines didaktischen Entscheidungsfeldes zugesprochen werden muss.

Jedes der sechs Felder wird in den folgenden Kapiteln bezüglich seiner Anwendungsimplikationen und Möglichkeiten sowie Grenzen intensiver dargestellt und diskutiert. Dies geschieht anhand eines Lehrprojektes, durch das exemplarisch ersichtlich werden soll, was die Professionalisierung der eigenen Lehrkompetenz bedeuten kann. Dadurch will in keiner Weise suggeriert sein, dass das konkrete Vorgehen ein Ideal universitärer Lehre darstellt, aber es veranschaulicht, welche begründeten didaktischen Auswahlentscheidungen in Bezug auf Lehre getroffen werden können.

2 Theoriegeleitete und studierendenorientierte Seminarplanungs- und -vorbereitungsprozesse

Ziel einer Hochschuldidaktik ist u. a. die Vermittlung fachwissenschaftlicher Inhalte. Dass dies nicht ohne die Berücksichtigung der Studierenden geschehen sollte, an die sich Seminare und Veranstaltungen richten, liegt auf der Hand. Der Lehrende hat unterschiedlich vielfältige Möglichkeiten, Informationen der Lernenden einzuholen und bei der Planung seiner Lehre mit einfließen zu lassen.

Bestimmte Aspekte werden seitens der Hochschule vorgeschrieben bzw. sind durch diese sowie den eigenen Fachbereich vorgegeben, andere wiederum sind variabler gestaltbar, nämlich die Voraussetzungen, die Lehrende und Lernende mit sich bringen. Oftmals wird in der Didaktik ausschließlich der Schüler oder Studierende in seinen Bedürfnissen, Neigungen sowie Stärken und Schwächen fokussiert, gleiches soll hier allerdings auch für den Dozenten gelten.

Welche Lern- und Lehrvoraussetzungen sich in welcher Weise eruieren und in welchem Intensitätsgrad berücksichtigen lassen, wird im Folgenden beispielhaft illustriert. Diese Maßnahmen dienen vor allem zur Motivierung der Betroffenen durch Maßnahmen der Studierendeninvolvierung.

2.1 Lern- und Lehrvoraussetzungen in Hochschulveranstaltungen

Die Auseinandersetzung mit den Lehr- und Lernvoraussetzungen kann unterschiedlich differenziert erfolgen. Auf einer Makroebene wird einerseits lediglich erhoben, wie viele Teilnehmer voraussichtlich in einer Lehrveranstaltung oder Vorlesung zugegen sein werden, um räumlich ausreichende Kapazitäten beantragen zu können und in Augenschein zu nehmen, ob ein adäquates technische Equipment gegeben ist. Im Rahmen einer mikroperspektivischen Planungsebene kann demgegenüber sogar auf das einzelne Individuum fokussiert werden. Dann würde man sich beispielsweise fragen, welche subjektiven Lernvoraussetzungen jeder Einzelne mit sich bringt (Klafki, 1985). Dies umfasst dann explizit seine anthropogenen und soziokulturellen Voraussetzungen (Heimann, Otto & Schulz, 1965). Der Lehrende würde in jenem Fall in Erfahrung bringen, wie sich die bisherige schulische und akademische

Bildungsbiografie der Lernenden konstituiert, welche fachwissenschaftlichen Interessensetzungen erfolgt sind und welche beruflichen Zielsetzungen der Einzelne verfolgt. Schließlich kann jene Analyse soweit reichen, dass reflektiert wird, ob der Einzelne aus vorangegangenen Seminaren bereits bekannt ist und Informationen über Kenntnisse, Fähigkeiten und Kompetenzen sowie individuelle Stärken und Schwächen vorliegen. Selbst die Eruierung des soziokulturellen Hintergrundes wäre auf einer solchen Planungsebene denkbar.

Jene differenzierte und detaillierte Erfassung individueller Lernvoraussetzungen mag idealistisch bis unrealistisch anmuten, stellt aber ein grundsätzlich übliches Vorgehen im schulischen Kontext dar. In diesem Zusammenhang darf allerdings nicht vergessen werden, dass die regelschulische Lernphase auf längere, teilweise mehrjährige Zeit angelegt ist und ein intensiveres Wochenstundenvolumen umfasst. Dies kann an Hochschulen grundsätzlich derart nicht mehr geleistet werden – ist in den meisten Fällen allerdings auch nicht vonnöten.

Für das konkrete Seminar „Lehren und Lernen in Organisationen" wird deshalb auf einer mittleren Analyseebene verfahren, so dass solche Informationen in Erfahrung gebracht werden, die relativ effizient ergründbar und effektiv innerhalb des Seminargeschehens einplanbar sind. Der Fokus liegt neben der bisherigen akademischen Bildungsbiografie vor allem auf fachwissenschaftlichen Ressourcen und berufsrelevanten Interessen, damit zumindest in den Bereichen der Inhaltsauswahl, Methodeneinsatzplanung und Zielsetzungen eine motivierende und studierendenorientierte Planung erfolgen kann. Schließlich sind die entsprechenden materiellen Kapazitäten der Hochschule bzw. des Lehrstuhles zu prüfen, damit die eigene Lehrintention nicht an materiellen Rahmenbedingungen scheitert bzw. an ihre Grenzen stößt.

Bedeutsam ist, was bereits aus der Formulierung jenes Planungsaspektes ersichtlich wird, dass nicht nur die Voraussetzungen der Studierendenklientel eruiert werden, sondern selbiges auch für den Dozenten erfolgt. Ein Vorgehen, das vielfach unberücksichtigt und unbedacht bleibt.

2.1.1 Objektive und materiell gegebene Lern-/ Lehrvoraussetzungen

Wird der Aspekt der objektiv und materiell gegebenen Lern- und Lehrvoraussetzungen in seinem weitesten Begriffsverständnis erfasst, impliziert er sämtliche historischen, gesellschaftlichen und vor allem situativen Faktoren, von denen Lehrveranstaltungen beeinflusst werden (Klafki, 1985). Konkreter sind dies die Lebens-, Studien- und Berufswirklichkeiten, in denen sich die Studierenden und der Lehrende befinden. Des Weiteren umfasst dies Betrachtung der Gruppengröße und -zusammensetzung sowie sämtliche Auffälligkeiten, die in diesem Zusammenhang gegeben sind. Zudem gilt es seine Aufmerksamkeit insbesondere auf zeitliche, räumliche und mediale Besonderheit zu richten. Schließlich gehören nicht zuletzt die organisatorischen Rahmenbedingungen, unter denen Lehre stattfindet, mit in die Reflexion jenes Bedingungsfeldes. Dabei empfiehlt es sich ebenfalls curriculare und institutionelle Vorgaben in Augenschein zu nehmen, die mehr oder weniger präzise Forderungen für die allgemeine Gestaltung universitärer Lehre implizieren.

Das Kompaktseminar „Lehren und Lernen in Organisationen" stellt nicht nur eine Lehrveranstaltung für Studierende der Psychologie in Haupt- und Nebenfach sowie mit dem Schwerpunkt der Organisationspsychologie dar, gleichzeitig dient es dem Dozenten als Lernveranstaltung bzw. -prozess zur Professionalisierung seiner eigenen Lehrkompetenz, was sich im Rahmen einer hochschuldidaktischen Ausbildung ereignet.

Zur systematischen Qualifizierung der Lehre bieten verschiedene Hochschuldidaktische Zentren an den Universitäten in Nordrhein-Westfalen zertifizierte Weiterbildungsprogramme an. Diese fördern die „Professionelle Lehrkompetenz an Hochschulen". Jenes Programm untergliedert sich beispielsweise am Hochschuldidaktischen Zentrum der Technischen Universität Dortmund in drei Module, ein Basis-, ein Erweiterungs- sowie ein Vertiefungsmodul, in denen die Themenbereiche (1) Lehren und Lernen, (2) Prüfen und Bewerten, (3) Evaluation und Feedback, (4) Beraten lernen sowie (5) Innovationen in Lehre und Studium entwickeln wesentliche Schwerpunkte bilden.

Im Basismodul werden grundlegende hochschuldidaktische Qualifikationen aufgegriffen und fächerübergreifend vermittelt. Das Erweiterungsmodul umfasst eine durch den Teilnehmer fokussierte fachspezifische Perspektive genauer, während ein konkretes und innovatives Lehrprojekt des Teilnehmers, das seitens der Institution begleitet und betreut wird, Schwerpunkt des Vertiefungsmoduls ist.

In diesem Vertiefungsmodul erarbeitet ein Lehrender gemeinsam mit einem Mitarbeiter der Hochschuldidaktik ein innovatives Lehrkonzept, in dem verschiedene inhaltliche Schwerpunkte gesetzt werden, die eigenständig geplant und dokumentiert und durch ausgewählte Dozenten des Hochschuldidaktischen Zentrums prozessbegleitend angeleitet werden. Das Modul umfasst neben der Planung und Durchführung auch die Auswertung und Reflexion des Vorhabens u. a. in Form eines Lehrberichtes.

Dieses Qualifizierungsprogramm entspricht einerseits den Anforderungen nach pädagogischer Eignung, wie dies der Gesetzgeber in den §§ 44 und 47 des Gesetzes zur Änderung dienst- und arbeitsrechtlicher Vorschriften im Hochschulbereich als Einstellungsvoraussetzung formuliert, andererseits fördert das Programm insgesamt die Professionalisierung der Lehrkompetenz von Hochschullehrern.

Das Kompaktseminar „Lehren und Lernen in Organisationen“ war damit an Studierende der Fakultät Humanwissenschaften und Psychologie gerichtet, stellte gleichzeitig aber auch für den Lehrenden selbst ein Lernprojekt im Rahmen des zuvor beschriebenen Vertiefungsmoduls des Hochschuldidaktischen Zentrums dar.

Die Veranstaltung fand an zwei aufeinander folgenden Tagen eines Wochenendes jeweils in der Zeit von 09.00 bis 18.00 Uhr statt. Sie umfasst zwei Semesterwochenstunden und richtet sich an Studierende des universitätszertifizierten Zusatzstudiums Organisationspsychologie und an Lehramtstudierende gemäß LPO 2003 des Bachelor- bzw. Masterstudiengangs, die Psychologie als Unterrichtsfach oder aber im Nebenfach der Erziehungswissenschaften studieren.

Angehende Organisationspsychologen finden die Veranstaltung im Block D (Innovation und Organisationsentwicklung) unter dem expliziten Themenfeld „Lehren und Lernen“ als integralen Bestandteil des Zusatzstudiums vor. Für angehende Lehrer ist das Seminar im Modul 8 der gestuften Lehrerausbildung als Vertiefungsseminar der Arbeits- und Organisationspsychologie ausgewiesen. Nebenfachstudierende konnten das Seminar gemäß ihrer spezifischen Nebenfachvereinbarungen besuchen.

Die Teilnehmer hatten sich im Vorfeld via E-Mail beim Lehrstuhl für Organisationspsychologie sowie dem Dozenten unter Angabe ihres Namens, ihrer Matrikelnummer und ihres Studienganges anzumelden. Insgesamt bekundeten 26 Studierende derart ihr Interesse.

Für das Seminar wurden mögliche Veranstaltungsräume durch den Lehrenden in Augenschein genommen, so dass schließlich die Zuteilung eines ausreichend großen Raumes beantragt wurde, der auch zugeteilt werden konnte. Zusätzlich ist ein zweiter Raum belegt worden, der in unmittelbarer Nähe gelegen war. Des Weiteren waren mehrere Ruhebereiche und -ecken gegeben, die seminarbegleitend, z. B. in Arbeits- und Diskussionsphasen von den Lernenden genutzt werden konnten. Der Hauptraum war mit zwei Tafeln und einem fest installierten Beamer ausgestattet. Zudem kann er als geräuschisoliert und hell, materiell mit allem Wesentlichen ausgestattet sowie atmosphärisch eher angenehm und arbeitsförderlich beschrieben werden. Das Sekretariat stellte auf Anfrage rechtzeitig diverse Arbeitsmaterialien, wie beispielsweise Flip-Chart-Blöcke und Stellwände nebst Methodenkoffer zur Verfügung.

Darüber hinaus bietet die Universität Dortmund allen Lehrenden und Lernenden ein Electronic Workspace (EWS) an, das für organisatorische und eigentliche Lern- sowie Lehrzwecke genutzt werden kann. Ein Angebot, das auf vielfältige Art und Weise im Rahmen der Lehrveranstaltung frequentiert werden wird.

2.1.2 Subjektive und individuelle Lern-/ Lehrvoraussetzungen

Die individuellen Lern- und Lehrvoraussetzungen beziehen sich auf den allgemeinen Lern- und Bildungsstand sowie die subjektiven Eigenschaften von Studierenden und Dozent. Damit werden sowohl anthropogene als auch soziokulturelle Aspekte teilweise mit einbezogen (Heimann, Otto & Schulz, 1965). In diesem weit gefassten Feld, das mannigfache individuelle Aspekte unterschiedlicher Ausprägungsgrade umfasst, kann dann der Betrachtungsfokus beispielsweise auf die Leistungsbereitschaft und -fähigkeit sowie die Vorerfahrungen und fachwissenschaftlichen Kenntnisse der Studierenden gerichtet werden. Darüber hinaus wäre es denkbar zu eruieren, welche Arbeitstechniken und Sozialformen bekannt sowie geübt sind und inwieweit die Methodenkompetenzen der Lernenden ausgebildet ist. Schließlich gehören in die Analyse und Planung der subjektiven Lernvoraussetzungen auch eher schwierig erfassbare Aspekte, wie z. B. das allgemeine und individuelle Kommunikationsverhalten, die Arbeitsatmosphäre, die emotionale Verfassung der Beteiligten und gruppendynamische Besonderheiten in Bezug auf die Studierenden untereinander und gegenüber dem Dozenten.

Seitens des Lehrenden wäre sogar zu reflektieren, über welche fachdidaktischen, -wissenschaftlichen und methodischen Kompetenzen bzw. Lehrerfahrung er insgesamt verfügt. Dieser Bereich umfasst zudem individuelle Eigenschaften sowie Neigungen und gegebenenfalls sogar fachwissenschaftliche Präferenzen und Forschungsschwerpunkte, die sich vor allem in der Art seiner Lehre und der inhaltlichen Schwerpunktsetzung manifestieren. Dies mag trivial klingen, ist aber derart bedeutsam, dass sich ein Lehrender vergegenwärtigen sollte, warum er bestimmte Seminarinhalte auswählt oder gar ausspart, welche Kommunikations- und Interaktionsformen er bevorzugt und tatsächlich sicher beherrscht, wie offen er z. B. gegenüber kooperativen oder neuen und innovativen Lehr-Lern-Methoden ist und schließlich sogar, welches Angebot möglicher und unterschiedlicher Prüfungsprozedere er anbieten will.

Seitens der Studierenden ist die Eruierung ihrer Lernvoraussetzungen unabdingbar, wenn eine adressatenorientierte Seminarausrichtung nebst motivierender Studierendeninvolvierung gewährleistet und damit insgesamt ein erhöhtes Commitment geschaffen werden soll.

Um dies zu realisieren, gilt es in einem weiteren Seminarvorbereitungsschritt die subjektiven Lernvoraussetzungen der Seminarteilnehmer zu erheben, damit diese in die weiteren Planungsentscheidungen mit einbezogen werden können. Diese Angaben lassen sich relativ einfach und effektiv elektronisch über einen für das Seminar eingerichteten E-Mailverteiler oder das EWS mittels eines Kurzfragebogens in Erfahrung bringen. Welche Informationen der Dozent zur Planung seines Seminars benötigt, inwieweit er die Studierenden aktiv an diesem Prozess teilhaben lassen will und welche Schwerpunkte er auf Grundlage der Informationen tatsächlich setzt, bleibt letzten Endes ihm überlassen.

Die Studierenden waren für das Seminar „Lehren und Lernen in Organisationen“ aufgefordert, Angaben zu ihrer Person und ihrem bisherigen fachwissenschaftlichen Studium zu machen, relevante Vorerfahrungen inhaltlicher und thematischer Natur zu skizzieren und ihre eigenen Interessen, u. a. warum sie über den Erwerb eines Leistungsnachweises hinaus das Seminar besuchen, darzulegen. Besonderer Wert wurde auf die Eruierung der Erfahrungen der Lernenden gelegt, die von den Teilnehmern bisher in ihrer eigenen Hochschulbiografie, vorangegangenen Praktika und der praktischen Betätigung in unterschiedlichen Berufsfeldern der Arbeitswelt gemacht worden sind. Ein mögliches Anschreiben hierfür kann folgendermaßen aussehen:

> Organisatorisches zum Seminar „Lehren und Lernen in Organisationen"
>
> **Erhebung von persönlicher Angaben, Erfahrungen und Interessen**
>
> Liebe Seminarteilnehmerinnen und Seminarteilnehmer,
>
> Sie haben sich für das Kompaktseminar „Lehren und Lernen in Organisationen" angemeldet. Ich wende mich an Sie, um unser Seminar nun konkret planen zu können. Damit sich das Seminar nicht nur an den curricularen Vorgaben und meinen Ideen alleinig orientiert, sondern insbesondere auch auf Ihre Interessen zugeschnitten werden kann, bitte ich Sie innerhalb einer Woche möglichst um vollständige Beantwortung der nachstehenden Fragen (bitte einfach hinter bzw. unter den Fragen ergänzen und zurücksenden):
>
> **Angaben zur Person:**
> Alter:
> Geschlecht:
> Studiengang/-richtung und -semester:
>
> **Angaben zur Organisation und Seminarplanung/-gestaltung:**
> - Bisherige theoretische Erfahrung mit der Thematik, die in Lehrveranstaltungen oder im Selbststudium erworben wurde (in Stichworten):
> - Bereits abgeleistete Praktika – u. a. in welchen Organisationen (in Stichworten):
> - Besondere Interessen (Was möchten Sie in jedem Fall im Seminar kennen lernen bzw. sollte nicht zu kurz kommen? Was möchten Sie theoretisch und methodisch/ praktisch in Erfahrung bringen und was wünschen Sie sich persönlich?):
>
> **Möchten Sie einen Leistungsnachweis erwerben?**
> Wenn ja, kommt für Sie auch der Erwerb eines Leistungsnachweises (neben den klassischen Formen von Referaten, Hausarbeiten und mündlichen sowie schriftlichen Prüfungen) durch die Nutzung des Diskussionsforums Wiki im Vorfeld des Seminars in Frage bzw. möchten Sie an diesem online-Lernprozess teilnehmen? Falls ja, bitte kurz die im EWS eingestellten Informationen sichten und mir ebenfalls eine Rückmeldung innerhalb der nächsten Woche zukommen lassen!
>
> Ich freue mich auf Ihre Antwort!

Die Rückmeldungen bezüglich der subjektiven Lernvoraussetzungen lassen sich dann in einer kategorisierten und nach Themenfeldern geordneten Übersicht erfassen. Dadurch kann der Lehrende einen besseren Überblick und intensiveren Eindruck über die vielfältigen individuellen Voraussetzungen und Vorerfahrungen sowie allgemeine subjektive Seminarbedingungen erlangen. Vor allem die Sichtung der Interessen sollte in diesem Zusammenhang nicht zu kurz kommen, weil sich auf Grundlage dieser Daten Fachinhalte auswählen, Anwendungsbeispiele konstituieren und Arbeitsformen ableiten lassen. Die Aufbereitung der Daten kann in einem Word-Dokument erfolgen oder wird einfach auf einem ausreichend großem Flip-Chart handschriftlich vorgenommen:

Zudem gaben die Seminarteilnehmer an, welche Studien- bzw. Prüfungsleistung sie benötigen und – sofern Spielraum besteht – welcher formalen Form ihr Beitrag sein sollte. Im ersten E-Mailkontakt mit den Teilnehmern wurde darauf hingewiesen, dass schriftliche und mündliche Prüfungen, praxisnahe Hausarbeiten und fachwissenschaftliche Plenarpräsentationen im Anschluss an die Erarbeitung ausgewählter Inhalte im Rahmen eines vorangegangenen e-Learningprojektes möglich sind. Die zuletzt genannte Möglichkeit soll im Rahmen des EWS vorbereitet und ausgearbeitet werden. Hierfür stand vor allem das Wiki zur Verfügung. Die Art und Weise der Ergebnispräsentation im Kompaktseminar blieb dann den Studierenden überlassen.

Weil die Arbeit mit dem EWS und im Wiki neu für den Dozenten waren, wurde in erster Linie Kontakt mit den Studierenden aufgenommen, die gerne kooperativ einen Fachinhalt innerhalb jenes Mediums aufbereiten und im Seminar darstellen wollten. Das intendierte e-Learningverfahren war für den Lehrenden ein didaktisch-methodischer Schwerpunkt, der nicht nur intensiv, sondern auch frühzeitig geplant werden musste, damit dieser integraler Bestandteil des Kompaktseminars selbst werden konnte. Demgemäß musste erst einmal erfragt werden, ob genügend Studierende diesem Procedere offen gegenüber eingestellt waren. E-Learning in sozio-technischen Communities eignet sich besonders für die arbeitsteilige Eruierung fachlicher Inhalte, begünstigt den inhaltsbezogenen Austausch sowie die dialogische Diskussion von Lernpartnern, bedarf allerdings einer intensiven organisatorischen und inhaltlichen Vorbereitung seitens des Dozenten. Jene moderne Lehr- und Lernform lässt eine weitestgehend raum- und zeitunabhängige Koordination und Kooperation mehrerer Beteiligter zu und erfreut sich zudem einer immer stärkeren Verbreitung innerhalb vielfältiger Berufsfelder und Arbeitsbereiche. Explizit in der betrieblichen und überbetrieblichen Fort- und Weiterbildung.

E-Learning ist damit didaktisch, methodisch und fachwissenschaftlich ein Lernelement, das sowohl der inhaltlichen Akzentuierung des Seminars „Lehren und Lernen in Organisationen" als auch den individuellen und gesellschaftlichen Ansprüchen in besonderer Art und Weise Rechnung trägt. Auf jene Aspekte wird allerdings noch ausführlicher im Methodenkapitel eingegangen.

Für dieses Projekt ist eine stringente zeitliche Terminierung unabdingbar, weil zum einen die notwendigen organisatorischen Maßnahmen zu treffen sind (Gruppen- und Fachtext- sowie Aufgabenzuteilung) und zum anderen der ursprünglich intendierte Seminarfahrplan neu zu justieren bzw. darauf hin abzustimmen ist. Eine Integration der Arbeitsergebnisse des e-Learningprojektes würde vor allem den theoretischen Grundlagenteil des ersten Seminartages zu Gunsten der Teilnehmerinvolvierung entlasten. Des Weiteren muss ein zusätzlicher Zeit- und Inhaltspuffer eingeplant und methodisch vorbereitet werden, falls die anderen Studenten, die sich nicht in jener intensiven Form mit der Thematik befassten, Verständnisfragen haben und Zusatzinformationen zur genaueren Illustration benötigen. Schließlich haben zwar die Expertengruppen des e-Learnings ihr Thema vertieft bearbeitet, allerdings werden sie auch gerade aus diesem Grund von der Sichtung des zusätzlichen allgemeinen Grundlagenmaterials der anderen Arbeitsteams befreit, weshalb dieses Wissen nicht vorausgesetzt werden kann. Sollten sich genügend Interessenten für das e-Learningprojekt in der sozio-technischen Community melden, sind jene Aspekte ebenfalls in der Seminarplanung und -durchführung zu berücksichtigen.

Aus den E-Mailantworten der nunmehr 28 Interessenten ergibt sich die nachfolgende Verteilung ausgewählter und zusammengefasster Angaben, aus denen sich wiederum die nachstehenden Aussagen bezüglich der subjektiven Lernvoraussetzungen der Seminarteilnehmer, in reduzierter und verdichteter Form, formulieren lassen.

Innerhalb der gesetzten Frist konnte das eingeforderte Feedback von 22 Rückmeldungen eingesehen und ausgewertet werden. Später zugesendete Antworten sollten grundsätzlich keine Berücksichtigung mehr im Rahmen des Planungsprozesses finden, um den eigenen Aufwand überschaubar und ökonomisch zu halten. Besonders auffällig war allerdings, dass sich kein Studierender des Studienfaches Organisationspsychologie anmeldete. Bei genauerer Eruierung der Gründe hierfür musste leider in Erfahrung gebracht werden, dass es der entsprechenden Lehrstuhl versäumt hatte, das Seminar auf der Homepage des speziellen psychologischen Arbeitsgebietes bzw. im Lehrverzeichnis online aufzuführen. Dies hatte wiederum den Vorteil, dass die Teilnehmergruppe bezüglich ihrer persönlichen, fachlichen und fachpraktischen Voraussetzungen, Erfahrungen und Interessen um einiges homogener als angedacht war. Ohne Kenntnis über diese Gegebenheiten wären Inhalte, Sachverhalte und Problemstellungen vermutlich auf bereits berufstätige Akademiker und ihre typischen Handlungsfelder ausgerichtet worden, da diese die übliche Klientel des Zusatzstudienganges Organisationspsychologie darstellen. In diesem Fall rücken vor allem Personalauswahl und -einsatz, Führung und Teambildung sowie Organisationsentwicklung – zumeist unter wirtschaftlichen Perspektiven – in den Betrachtungsfokus. Jene Akzentuierung wäre weit an der Lebens- und Erfahrungswelt der tatsächlichen Teilnehmer, nämlich angehender Lehrer und Erziehungswissenschaftler, vorbei geplant gewesen.

Die Studierenden waren grundsätzlich 20 bis 24 Jahre alt und primär weiblichen Geschlechts. Eine Studierende war 42 Jahre alt, so dass davon auszugehen war, dass diese das Seminar selbst um einige biografische und vor allem berufsrelevante Erfahrungen und Anschauungsweisen anreichern würde.

Generell waren die Teilnehmer mindestens im zweiten, durchschnittlich im vierten und maximal im sechsten Studiensemester eingeschrieben. Alle studierten das Fach Psychologie im Haupt- oder Nebenfach als Schwerpunkt. Studierende anderer Fakultäten, beispielsweise der Sozial- und Wirtschaftswissenschaften oder Informatik, die Psychologie lediglich gemäß der Nebenfachvereinbarungen studieren, sind nicht anwesend. Neun Studierende haben die Fächerkombination Psychologie und Philosophie gewählt, vier studieren Erziehungswissenschaften im Schwerpunkt. Sechs Teilnehmer geben an, dass sie noch über keine Vorerfahrungen bezüglich der eigentlichen Schwerpunktthematik verfügen. Die Mehrzahl hat allerdings bereits diverse Veranstaltungen im Bereich der Grundlagenforschung der Psychologie besucht und sich oberflächlich mit den wesentlichen Lerntheorien auseinandergesetzt.

Der größte Teil der Lernenden besuchte bisher allerdings ausschließlich Vorlesungen des Grundstudiums, so dass die Einzelnen offene Seminarformen und methodische Arrangements nur bedingt gewohnt sind. Dies kann zu Beginn zu Irritationen führen und sogar Widerstände bezüglich des intendierten Studierendenaktivierungsgrades hervorrufen.

Sechs Seminarteilnehmer absolvierten die Vorlesung Arbeits- und Organisationspsychologie I. Ein Überblickswissen, das der Orientierung im Kompaktseminar dienlich wäre, ist damit eher nicht gegeben.

Aus den fakultativen Ausrichtungen der Studiengänge lässt sich allerdings ableiten, dass alle Seminarteilnehmer generell mit den Inhalten, der Methodik und dem Erkenntnisinteresse der Humanwissenschaften vertraut sind und auf ein inhaltliches Grundlagenwissen zurückgreifen können. Den meisten sollten zudem Fragestellungen und Forschungsdesiderate der Psychologie nicht neu sein. Einige besitzen grundlegende theoretische Kenntnisse der Anwendungsdisziplin Arbeits- und Organisationspsychologie. Grundsätzlich lassen sich derart thematisch vorgebildete Studierende intensiver in inhaltliche Diskussionen mit einbeziehen. Darüber hinaus können sie in eher praktisch ausgerichteten Arbeitsphasen und Sozialformen zusätzlich als Moderatoren eingeplant und -gesetzt werden. Gleiches gilt bedingt für Lernende höherer Fachsemester.

Die meisten Seminarteilnehmer ziehen den Erwerb eines Leistungsnachweises in Erwägung, fast die Hälfte über die Möglichkeit der Nutzung der Lern- und Diskussionsplattform EWS bzw. Wiki. Ein anderer Teil möchte einen Reflexionsbericht über ausgewählte Inhalte und Arbeitsphasen des Seminars verfassen, in denen die eingesetzten Lern- und Lehrtechniken und -verfahren in den Reflexionsfokus zu nehmen sind. Dies begünstigt einerseits die gegebenen zeitlichen Restriktionen, weil nicht alle Methoden ausführlich im Seminar bis ins kleinste Detail nachbesprochen werden müssen, andererseits wird es infolge jener Vorgehensweise möglich, Studierende ausgewählte Verfahren aus einer Metaperspektive betrachten zu lassen. Zudem sollte sich ihr Mitarbeitsengagement in den entsprechenden Phasen erhöhen. Schließlich finden sich ausreichend Teilnehmer zusammen, um auf mündliche Einzelprüfungen verzichten zu können und stattdessen zwei Gruppenkolloquien anzubieten. Weil sich nur zwei Studierende für eine Klausur interessierten, wird jene typische Hochschulprüfungsform aus ökonomischen Gründen nicht angeboten.

Mit Ausnahme von vier Teilnehmern verfügen alle Studierende bereits über Einblicke in praktische Handlungsfelder, sei es durch Praktika, Berufsausbildung und -erfahrung oder ehrenamtliches Engagement. Auffällig ist, dass zehn der Seminarteilnehmer bereits in sozialen und gesundheitlichen Sektoren (Kranken- und Altenpflege, Kindergärten oder sonstigen pädagogischen Institutionen) aktiv waren bzw. immer noch tätig sind. Drei Personen verfügen über relativ umfangreiche Kenntnisse im Rahmen kaufmännischer Betätigungsfelder. Dies legt die Entscheidung nahe, insbesondere Institutionen des Erziehungs- und Gesundheitswesens sowie die in ihnen enthaltenen Berufsfelder und Lernsituationen als Referenzrahmung für praktische Anwendungsimplikationen auszuwählen.

Am breitesten gefächert war der Antwortrücklauf bezüglich der Interessen der Teilnehmer.

Diesem Planungsaspekt sollte schließlich besondere Bedeutung beigemessen werden, da er bei entsprechender Zielgruppenorientierung mitunter am stärksten geeignet ist, um den Einzelnen zu motivieren und um nicht nur Betroffener sein zu müssen, sondern zum Beteiligten des Geschehens werden zu können. Die Interessen werden teilweise allein durch die Seminarkonstitution selbst erfüllt, darüber hinaus sollten diverse bzw. ausreichend Arbeits- und Pufferphasen eingeplant werden, die explizit der Thematisierung der Teilnehmerinteressen dienen. Für diese gilt es dann Fallstudien zu formulieren, adäquate Probleme zu finden und derart offene Handlungssituationen einzuplanen, dass eine studierendenorientierte Themenzentrierung erfolgen kann. Schließlich dient eine Lehrveranstaltung nicht nur der Verwirklichung des Dozenten.

Über die Hälfte der Ausführungen impliziert, dass im Rahmen des Kompaktseminars eine ausgewogene Balance zwischen Theorie und Praxis sowie die aktive Beteiligung erwünscht sind. Die meisten erhoffen sich in diesem Zusammenhang die praktische Anwendung des lern- und lehrtheoretischen Wissens in betrieblichen Handlungsfeldern sowie außerschulischen Organisationen, eine Vielfalt an Methoden- und Anwendungswissen sowie die Erprobung diverser Verfahren, die Lernen und Lehren in Organisationen begünstigen.

Aus diesen Daten, Aussagen und subsumierten Ergebnissen resultieren die folgenden zu berücksichtigenden Implikationen in Bezug auf die konkrete Seminarvorbereitung, -planung und -durchführung:

Die Seminarteilnehmer können als relativ homogen beschrieben werden, bedenkt man, dass alle fast gleich alt sind, das zweite bzw. vierte Studiensemester absolvieren und der Erziehungs- oder Humanwissenschaftlichen Fakultät angehören. Dementsprechend sollten die Teilnehmer über ein ähnliches Vor- und Begriffswissen verfügen und auf adäquate theoretische Grundlagen und Modellvorstellungen zurückgreifen können. Folglich verfügen sie über eine relativ einheitliche Sozialisation ihrer Bezugswissenschaft bezüglich Methodik, Zielsetzung und Erkenntnisinteresse. Dies birgt den Vorteil in sich, dass bestimmte (Begriffs-)Inhalte im Vorfeld nicht erst kleinschrittig erarbeitet werden müssen und grundsätzlich Klarheit sowie Konsens in Bezug auf das semantische Inklusions- und Exklusionspotenzial vorherrscht. Ein Nachteil könnte allerdings darin gelegen sein, dass die Studierenden dementsprechend unkritisch mit diesen Begriffsbestimmungen und deren Anwendungsimplikationen operieren und nur bedingtes Verständnis für eher ökonomisch organisierte und agierende Institutionen haben. Infolgedessen kann der Nachvollzug jener fachfremden Begriffsbestimmungen sowie der typischen Verkehrs- und Verhaltensformen problematisch sein.

Des Weiteren bringen fast alle Studierenden – trotz ihres jungen Alters – (fach-) praktische Erfahrungen mit, auf die sie zurückgreifen können, die wiederum ihren primären Ursprung insgesamt im Erziehungs- bzw. Gesundheitssektor finden. Allerdings reicht dies allein nicht aus, dass davon ausgegangen werden kann, es sei ein ausreichend umfassender Einblick bzw. Überblick in ökonomische und (ablauf-) organisatorische Prozesse wirtschaftlich agierender Institutionen und Unternehmen gegeben. Soweit möglich sollte daher auf die konkreten Praxisfelder und die mit diesen verbundenen Erfahrungen der Teilnehmer zurückgegriffen werden. In einigen Fällen wird es hilfreich sein, authentische Handlungssituationen zu planen und vor den einzelnen Arbeitsphasen hinreichend ausführlich bezüglich ihrer Eigenheiten sowie Gesetzmäßigkeiten zu erörtern und zu reflektieren.

Darüber hinaus galt es eine ausgewogene Balance zwischen der Vermittlung bzw. Erarbeitung theoretischen Grundlagenwissens sowie der Erprobung und Reflexion des Anwendungswissens zu wahren und zu realisieren. Die Studierenden wünschen sich explizit ihre Aktivierung. Dies macht die Kenntnis und Verfügung über ein facettenreiches Methodenrepertoire – nicht nur aus dem Bereich der Arbeits- und Organisationspsychologie – seitens des Dozenten vonnöten. Schließlich führt eine abwechslungsreiche Methodeneinsatzplanung nicht nur zur Involvierung und Motivierung der Seminarteilnehmer, sie wirkt auch den negativen Begleiterscheinungen zeitlich ausgedehnter und damit anstrengenderer Seminarphasen entgegen (Aufmerksamkeits- und Konzentrationsschwierigkeiten, kognitive Überforderung, Rückzug in eine passive Rezeptionshaltung).

Abschließend galt es einige Modifikationen im Rahmen der ursprünglich intendierten Seminarablaufplanung vorzunehmen: Für den ersten Seminartag wurden verstärkt solche Inhalte und Arbeits- sowie Sozialformen gewählt, die verstärkt die Teilnehmer arbeitsteilig und lernkooperativ als Experten agieren lassen. Zusätzlich ließen sich grundlegende Theorieinhalte aussparen, weil diese nunmehr selbstständig mittels des EWS vorbereitet und deshalb vorausgesetzt werden können. Zudem mussten neue Anwendungsbeispiele des Erziehungs- und Gesundheitsbereiches konstituiert werden. Für die Erschließung der eher arbeits- und organisationspsychologischen bzw. (betriebs-) wirtschaftlichen Sachverhalte und Fallstudien waren des Weiteren umfangreichere Erarbeitungsphasen und intensivere Auseinandersetzungen einzuplanen. Praktische Handlungsfelder des ersten Tages werden allerdings ausschließlich aus dem Erziehungs- und Gesundheitssektor abgeleitet, um die Studierenden nicht zu überfordern. Der zweite Seminartag gewann an Handlungssituationen, in denen verstärkt Methoden und Verfahren des Lehrens und Lernens zu erarbeiten, anzuwenden und in Bezug auf die eingangs thematisierten Theorien zu reflektieren sind, weil die Teilnehmer jenes mit nachhaltigem Interesse forderten.

Die Rückmeldung bezüglich der Wahrnehmung des Erwerbs von Leistungsnachweisen über das Onlinelernen erfreute sich ebenfalls eines überraschend großen Interesses. Hierfür meldeten sich 12 Teilnehmer an. Dies geschah grundsätzlich mit Nennung der gewünschten Inhaltsschwerpunkte und/oder Arbeitsteamzusammensetzungen, denen in den meisten Fällen entsprochen werden konnte. Demnach galt es den theoretischen Seminareinstieg nunmehr von den Studierenden erarbeiten und präsentieren zu lassen sowie die Involvierung dieses Vorhabens in das Kompaktseminar mit einzuplanen. Dies erforderte zusätzlich eine didaktische Unterweisung der Studierenden, damit ihre Vorträge nicht zu theoretisch und rezeptiv blieben.

2.2 Fachwissenschaftliche Lehr- bzw. Sachinhalte

Die Wissensvermittlung ist ein bedeutsames Anliegen innerhalb universitärer Lehrveranstaltungen, wenn nicht sogar das Zentrale der meisten Hochschuldozenten. Dennoch ist es nur bedingt sinnvoll, wenn nicht sogar unmöglich, sämtliche Themen und fachwissenschaftlichen Inhalte im Rahmen eines Seminars aufzugreifen und in der nötigen Tiefe zu behandeln. Damit gilt es zum einen festzulegen, welche Inhalte gegeben sind, und aus diesen konkrete für das Seminar auszuwählen. Zum anderen muss man sich dann fragen, welche Inhalte in welcher Intensität und auf welche Art und Weise zu erschließen sind. Dies kann erneut nicht ohne einen Blick auf die anderen didaktischen Entscheidungsfelder erfolgen. Welche fachwissenschaftlichen, didaktischen und methodischen Überlegungen hierbei hilfreich sein können, wird im Folgenden thematisiert.

2.2.1 Begründete Auswahl fachlicher bzw. sachlicher Inhalte

Der Schwerpunkt des Seminars „Lehren und Lernen in Organisationen" liegt primär auf der Vermittlung, Anwendung und Reflexion lernpsychologischer Grundlagen, dem Einsatz adäquater und theoriekonformer Methoden sowie der Nutzbarmachung beider Inhaltsbereiche innerhalb der organisationalen Praxis. Inhaltliche Reflexionsprozesse, die zu unterschiedlichen Zeitpunkten dialogisch mit den Studierenden zu initiieren sind, haben das Ziel, vollständige bzw. ganzheitliche Handlungen zu ermöglichen, die von den Lernenden zunehmend selbstständiger an praxisrelevanten Frage- und Problemstellungen zu erproben sind.

Da es sich bei dem Seminar „Lehren und Lernen in Organisationen" um ein Vertiefungsseminar der Arbeits- und Organisationspsychologie handelt, können bestimmte theoretische Grundlagen vorausgesetzt werden. Wegen der verschiedenen Studiengänge und Fachsemester kann jedoch kein homogener Wissensstand, weder inhaltlich noch methodisch, erwartet werden. Die Integration objektiver und subjektiver Lernvoraussetzungen sowie die methodische Erprobung und Durchführung des e-Learningprojektes (insbesondere im Vorfeld des Seminars) können diesem Tatbestand in mannigfacher Art und Weise entgegenwirken. Aufgrund des Vertiefungscharakters der Veranstaltung ist es weniger bedeutsam, einen groben Überblick über ein Themenfeld zu vermitteln, als ausgewählte Inhaltsaspekte vertieft elaborieren und reflektieren zu lassen.

Ein bedeutsamer Schritt der Seminarplanung und -konzeption stellt damit die Inhalts- bzw. Sachanalyse und Themenfindung dar. Es gilt sich im Allgemeinen und auf Grundlage einer intensiven Literaturrecherche zu fragen, welche fachwissenschaftlichen Inhalte Seminarbestandteil sein müssen und welche es werden könnten. Dazu sollte man nicht nur auf bereits bekannte und vorhandene Fachliteratur zurückgreifen, sondern auch solche sichten, die einem weniger vertraut ist. Schließlich sollte es nicht schon allein aufgrund persönlicher Präferenzen oder der eigenen Forschungsausrichtung dazu kommen, dass bestimmte Aspekte von Beginn an ausgeblendet werden. Allgemeine Standardlehrwerke unterschiedlicher Fachverlage zu sichten, sollte die erste Vorgehensweise sein, um sich einen groben und unbefangenen Überblick über den Themenkomplex verschaffen zu können.

Bezüglich der Inhaltsauswahl wurde bereits eruiert, welche objektiven und subjektiven Voraussetzungen gegeben sind. Widmet man sich nun der fachwissenschaftlichen Themenauswahl, sollte Berücksichtigung finden, welche thematischen Elemente und Momente gegeben sind, ob es einer Schichtung bedarf, z. B. nach Schwierigkeitsgrad und Abstraktionsniveau, und in welchem Zusammenhang diese Aspekte zueinander stehen (Klafki, 1985). Darüber hinaus gilt es dann zu eruieren, inwieweit die Seminarthematik auf weitere umfassende Zusammenhänge verweist und welche fachwissenschaftlichen Grundlagentheorien, speziellen und allgemeinen Erkenntnisinteressen sowie methodischen Besonderheiten durch sie abgebildet und repräsentiert werden. Ebenfalls ist es sinnvoll solche Inhalte und Themenfelder auszuwählen, denen generelle methodische Strukturen der Bezugswissenschaft immanent sind. Schließlich müssen Überlegungen angestellt werden, welchen Lebensweltbezug diese zentralen Sachinhalte zulassen und ob sie geeignet sind, Arbeits- und Berufsperspektiven zu involvieren oder gar zu generieren.

Im vorliegenden Beispiel wurde sich ein Überblick über die grundlegendsten und bedeutsamsten psychologischen Lerntheorien verschafft, damit der zu vermittelnde Sachgegenstand fachlich nicht verkürzt wird. Dabei dürfen nicht nur die eigenen Präferenzen im Betrachtungsfokus stehen, sondern es ist das gesamte fachwissenschaftliche Feld zu sichten und erst in der Folge eine begründete Auswahl thematischer Aspekte vorzunehmen. Diese inhaltliche Fokussierung ist allein aus zeitlichen Restriktionen vonnöten. In diesem Zusammenhang sollten ebenfalls Aktualität und Bedeutung des Themas überprüft werden, um selbst auf dem gegenwärtigen Stand der Wissenschaft zu sein und seine inhaltliche Relevanz traditionell und zeitgemäß zu fassen. Dies ist nämlich, je nach eigener Forschungsausrichtung und Vertrautheit mit der Thematik, nicht permanent und umfassend möglich.

Für das dargestellte Lehrprojekt wurden deshalb lernpsychologische Definitionen, Theorien und Paradigmen samt ihrer Methodik reflektiert. Zusätzlich musste infolge der implizierten Anwendungsimplikationen der Lebensweltbezug sowie der Anwendungsgehalt der zuvor erwähnten fachwissenschaftlichen Grundlagen eruiert werden. Dann ist nicht nur die originäre Fachwissenschaft analytisch zu erörtern, gleiches muss ebenfalls für wichtige und mögliche Bezugswissenschaften – allerdings weniger aufwändig und umfassend – betrieben werden.

Dies rührt zum einen daher, dass es sich beim Studium der Organisationspsychologie um eine Anwendungsdisziplin der Psychologie mit mannigfachen Verwebungen und Verzahnungen zu angrenzenden Fachwissenschaften handelt, zum anderen wird dieser Studiengang demgemäß nicht nur von Studierenden, sondern ebenfalls von berufserfahrenen Lernenden und Akademikern unterschiedlicher Fakultäten und geistiger Ausrichtungen besucht. Jene Seminare leben nicht nur von den Beiträgen der praktikum- bzw. berufserfahrenen Teilnehmer, deren übergeordnetes Erkenntnisinteresse in der praktischen Erprobung theoretischen Wissens besteht, sie sollten dies auch explizit in einem dafür eingeplanten Diskussionsraum ermöglichen. Studien- und Prüfungsordnungen begünstigen diesen Aspekt insoweit, als dass sie die Reflexion von Anwendungsimplikationen als übergeordnetes Erkenntnisinteresse und wesentlichen inhaltlichen Vermittlungsgegenstand vorschreiben.

Zur konkreten Stoff- bzw. Inhaltsauswahl empfiehlt es sich erst einmal alle Ideen und Aspekte, die thematisiert werden können, unsortiert zu sammeln, um anschließend aus dieser Inhaltsgenerierung jene Elemente auszuwählen, die tatsächlich im Seminar realisiert werden sollen. In diesem Zusammenhang lassen sich diverse einfache kreative Methoden der Ideengewinnung anwenden.

Das Brainstorming bzw. Brainwriting eignet sich hierfür sehr gut. Bei diesem Verfahren geht es darum, dass man in einem ersten Schritt alle Ideen, die einem in den Sinn kommen, aufschreibt, ohne diese gleichzeitig zu bewerten. Selbst im ersten Moment unwesentlich oder abwegig erscheinende Inhalte sollten mit aufgenommen werden. Diese Methode lässt sich zudem hervorragend gemeinsam mit Mitarbeitern oder Fachkollegen anwenden, dann wäre jedoch zwingend die schriftliche Form der Ideengenerierung und -fixierung zu empfehlen, damit es nicht zur gegenseitigen Ideenblockierung oder -adaption kommt. Des Weiteren schadet es nicht, einen Tag später – nach einer gewissen Inkubationszeit – noch einmal erneut auf die Ideenliste zu schauen, damit diese um mögliche weitere und neue Aspekte angereichert werden kann. Danach werden in einem zweiten Schritt die Inhalte bewertet und beurteilt und sodann nach rationalen und gegebenen objektiven Kriterien ausgewählt.

Das gleiche Vorgehen eignet sich zudem für didaktisch und methodische Überlegungen, um nicht nur alleinig die fachwissenschaftliche Bezugsdisziplin in den Fokus der Betrachtung zu nehmen. So würden zum Beispiel Möglichkeiten der Stoffauswahl, -reduktion und -vermittlung generiert oder

Methoden gesammelt, die zur Vermittlung des Inhaltes dienlich erscheinen. Explizit der Methodenpool sollte vielfältige Ideen beinhalten, weil nicht jedes methodische Verfahren im Rahmen der einzelnen Seminarphasierungen (Einstieg, Erarbeitung, Ergebnisdarstellung und -sicherung sowie Methoden- und Prozessreflexion) sinnstiftend und zielführend einsetzbar ist. Auf jene didaktischen und methodischen Überlegungen kann im Rahmen des Seminars schon allein deshalb nicht verzichtet werden, da sie neben der Vermittlung des Themas dieses auch gleichzeitig selbst darstellen. Des Weiteren aktivieren, motivieren und involvieren sie die Teilnehmer zur Mitarbeit. Schließlich eignen sie sich neben der Übermittlung der intendierten Fachkompetenzen ebenfalls zur Initiierung und Förderung von Selbst- und Sozial- bzw. mannigfachen Methodenkompetenzen.

Nicht nur lern-, sondern insbesondere bildungswirksam wird die fachwissenschaftliche Inhalts- und Methodenauswahl, wenn diese bildungstheoretisch rückangebunden und legitimiert ist, also eine Subjektbildungstheorie der eigenen Lehrintention zugrunde liegt. Dann würden die Fachinhalte nicht nur den curricularen Vorgaben entsprechen, zusätzlich würden sie den individuellen und gesellschaftlichen Ansprüchen genügen. Die arbeitsorientierte Exemplarik stellt beispielsweise eine solche Bildungstheorie dar. Sie postuliert unter anderem einerseits dem psychodynamischen Implikationszusammenhang der Lebenskräfte und Bedürfnisse des Lernenden und andererseits der gesellschaftlichen Konstitutionslogik und Referenzrahmen Rechnung zu tragen, so dass der exemplarisch ausgewählte Fachinhalt nicht nur der reinen akademischen Wissensvermittlung dient, sondern gleichzeitig einen Nutzen für das Individuum und die Gesellschaft selbst stiftet. Demnach wird das handelnde und sinngenerierende Subjekt von der Gesellschaft geformt, gestaltet diese aber auch aktiv und zunehmend selbstständig. Erst dann kann von der Erlangung von Weltverfügung gesprochen werden (Huisinga & Lisop, 1999; 2004).

Wenn die wesentlichen Fach- und Methodeninhalte gesammelt worden sind, lassen sich diese schließlich für das konkrete Seminarvorhaben auswählen. Die Erstellung eines Mind-Maps bzw. eines Clusters hilft dabei, thematisch ähnliche und miteinander verwobene Inhalte visualisiert darzustellen und bereits für den Seminarablauf vorzustrukturieren. Schließlich könnte diese Übersicht anderen und erfahreneren Lehrenden und Wissenschaftlern zur Ansicht und Stellungnahme vorgelegt und problemlos um weitere Ideen angereichert werden.

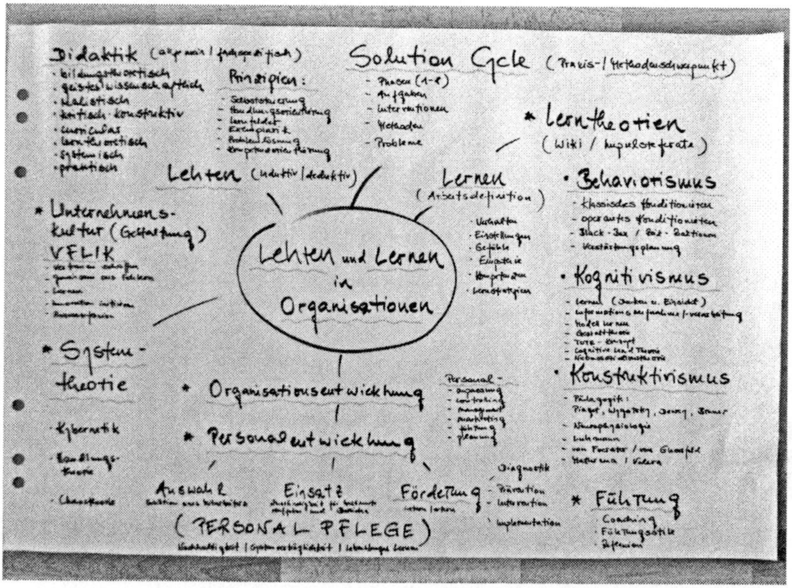

Aus dieser Übersicht lässt sich dann eine vorläufige Ablaufplanung erstellen, die der eigenen Planung eine grobe Orientierung verschafft. Diese Ablaufplanung kann wesentliche Inhalte, intendierte Ziele und eventuell bereits das methodische Vorgehen beinhalten. Damit lässt sich zum einen ein Überblick über die eigene Lehrveranstaltung gewinnen, zum anderen wird ersichtlich, ob das Seminar noch um weitere Aspekte anzureichern oder durch weitere didaktische Reduktionsentscheidungen zu kürzen ist.

Gerade am Beginn der eigenen Lehrtätigkeit unterliegt man oftmals dem Irrtum, sämtliche Inhalte vermitteln zu können und zu müssen, wodurch es nicht selten zur inhaltlichen Überplanung der Veranstaltung kommt. Demgegenüber ist die intensive Erarbeitung ausgewählter Inhalte sinnstiftender als die grobe und oberflächliche Thematisierung sämtlicher Möglichkeiten. Teilweise werden in der Literatur und in hochschuldidaktischen Seminaren Empfehlungen gemacht, dass bis zu einem Drittel der Lehrveranstaltungszeit als didaktische Pufferzeit einzuplanen ist. Erfahrene Lehrende sollten jedoch mit einem Fünftel bis einem Sechstel der Zeit auskommen. Notfalls können eingangs reduzierte Inhalte problemlos wieder in extra eingeplanten Puffer- bzw. Diskussionsphasen aufgegriffen werden. Zusätzlich lassen sich in diesen didaktischen Reserveeinheiten Anliegen und Interessen der Studierenden thematisieren.

Lehrunerfahrenere Dozenten sollten, allein schon der eigenen Sicherheit wegen, eine zeitliche Sequenzierung innerhalb dieser Ablaufplanung mit aufnehmen. Es empfiehlt sich, die Zeiteinplanung an den einzelnen Phasierungsschritten des Seminars zu orientieren, so dass beispielsweise für den Einstieg und die Entwicklung einer Fragestellung 15 Minuten, für die Erarbeitung der Fachinhalte zur Problemlösung auf Grundlage von wissenschaftlichen Fachtexten unter Frequentierung bestimmter Methoden 45 Minuten, für den Austausch der Studierenden über diese weitere 15 Minuten und für die Problemlösung sowie -reflexion zusätzliche 15 Minuten eingeplant werden müssten. Hierbei darf der Stellenwert ausreichender Pausenzeiten nicht unterschätzt werden. Eine generelle Empfehlung, wie lange eine konkrete Phase dauern darf, soll bewusst nicht ausgesprochen werden. Dies sollte der Planende und Lehrende von der Komplexität der Fachinhalte und Methoden sowie den Lernvoraussetzungen der Anwesenden und der Seminarsituation abhängig machen.

Die folgende Ablaufplanung für das Kompaktseminar „Lehren und Lernen in Organisationen“ beinhaltet lediglich einen groben Zeitrahmen sowie erste inhaltliche und methodische Entscheidungen, um eine Orientierung bezüglich des Seminarverlaufs zu erhalten.

Phasen	**Sach-/Fachaspekt** **(grober inhaltsthematischer Ablauf)**	**Arbeits-/Sozialform** **Medieneinsatz**
Einstieg/ Orga. 15 Min.	Begrüßung und Organisation sowie Vorstellung des Seminarfahrplans	Dozentenzentrierung (Plenum)
Kennenlernen 45 Min.	Gestaltung einer Landkarte der persönlichen Gemeinsamkeiten.	Teilnehmerzentrierung (Plenum)
	Bildung von Arbeitsgruppen aufgrund vorheriger Gemeinsamkeiten und Anwendung der Methode Fast-Networking zum Thema Lehren und Lernen.	arbeitsteilige Gruppenarbeit (Plakate)
	Erhebung/Vorstellung der Teilnehmerfragen an das Seminar.	Wandzeitung (I)

Erarbeitung I (Lerntheorien) 3 x 30 Min. Sicherung 15 Min. Reflexion 15 Min.	Die Arbeitsgruppen des e-Learning-projektes stellen den Seminarteilnehmern ihre Arbeitsergebnisse mittels selbstgewählter Medien vor: - zentrale Aussagen der Theorien - Anwendungsimplikationen - Reflexion Abschließende Diskussion und schriftliche Fixierung der zu katalogisierenden Gesamtergebnisse: „Welche Erkenntnisse lassen sich insgesamt für Lehren und Lernen in Organisationen festhalten?"	Präsentation (Power-Point) der Arbeitsergebnisse des e-Learning Projektes (Wiki) Teilnehmerzentrierung (Plenum) Wandzeitung (II)
Erarbeitung II (Unternehmens-kultur) 45 Min. Sicherung 45 Min. Reflexion 15 Min.	Das Konzept der Vertrauensfehlerlern- und -innovationskultur wird theoriegestützt referiert. Die Studierenden generieren und gestalten das Ideal einer solchen Organisationskultur und leiten hieraus Handlungsempfehlungen für die Praxis ab (Checkliste). Abschließend gilt es Widerstände und Hemmnisse zu reflektieren.	Dozentenzentrierung (Power-Point-Präsentation) arbeitsteilige und kooperative Gruppenarbeit Dozentenzentrierung (Plenum/Tafel)
Erarbeitung III (Didaktische Theorien und Modelle) 60 Min. Reflexion 10 Min.	Mittels verschiedener Bilder und Zitate wird in das Thema durch den Dozenten eingeführt (Problemfeldaufriss). Die Seminarteilnehmer erarbeiten verschiedene didaktische Theorien und Modelle, die sie den anderen Studierenden vorstellen und mit diesen diskutieren. Folgend gilt es für die unternehmerische Praxis bedeutsame Aspekte zu sammeln und zu fixieren.	Dozentenzentrierung (Plenum) arbeitsteilige Gruppenarbeit und Präsentation (Museumsrundgang) Teilnehmerzentrierung Wandzeitung (III)
Abschluss/ Evaluation 10 Min. 10 Min.	Im Rahmen eines Negativ-Blitzlichtes („Mein persönliches Interesse kam zu kurz, weil...") wird dem Dozenten ein Feedback zum Seminar gegeben. Der Einsatz der Evaluationshand verdeutlicht weitere Planungsaspekte für den nächsten Kompakttag.	Teilnehmerzentrierung (Plenum) Biltzlicht Evaluationshand

Phasen	Sach-/Fachaspekt (grober inhaltsthematischer Ablauf)	Arbeits-/Sozialform Medieneinsatz
Einstieg/ Organisation 10 Min. 10 Min.	Es erfolgt die Kurzvorstellung des heutigen Seminartages, der von seiner methodischen bzw. praktischen Erprobung durch die Seminarteilnehmer lebt. Fahrplanabweichungen, die sich infolge der Vortagsevaluation ergeben haben könnten, werden mitgeteilt. Sichtung der Teilnehmerfragen an das Seminar, um zu überprüfen, inwieweit diese bisher beantwortet werden konnten.	Dozentenzentrierung (Plenum)
Erarbeitung I (Diagnostik) 30 Min. Reflexion 30 Min.	Gemeinsam wird mit den Seminarteilnehmern erarbeitet, wie sich Probleme und Lernwiderstände in Organisationen finden und diagnostizieren lassen. Anschließend gilt es zu überlegen, inwieweit die Erkenntnisse des Vortages dazu beitragen, jene Probleme - auf welche Art und Weise - anzugehen.	Dozentenzentrierung (Plenum) Teilnehmerzentrierung Wandzeitung (IV)
Erarbeitung II (Solution Cycle) 60 Min. Erarbeitung III 60 Min. Sicherung	Der Dozent referiert die theoretischen Grundlagen sowie das Erkenntnisinteresse des Solution Cycles als Lern- u. Problemlösungsverfahren in Organisationen. Folgend werden den einzelnen Phasen des Solution Cycles, orientiert an den lehr- und lernpsychologischen Theorien des Vortags, bestimmte Methoden und Verfahren der Problemgenerierung und -lösung zugeordnet, die von Kleingruppen zuvor erarbeitet worden sind und in Kürze referiert werden. Nun gilt es durch die Anwendung des Solution Cycles die eingangs erfassten Probleme und Lernwiderstände in Organisationen anzugehen, indem konkrete Präventionen und Interventionen, u. a. mittels des Einsatzes zuvor genannter Methoden und Verfahren, geplant werden:	Dozentenzentrierung (Power-Point-Präsentation) arbeitsteilige Partnerarbeit und Kurzpräsentation/ Wandzeitung (V) arbeitsteilige und kooperative Gruppenarbeit

Erarbeitung IV 120 Min	- Morphologische Diagnose - Kano-Methode (Usability) - Brainwriting (Methode 6-3-5) - Diagnose-Interviews/Metaloge - Collagen und Metaphorik - Bewertungsmatrix - Kopfstandtechnik - Force-Fit-Spiel - Vision Picture - Sculpturing - ...	Methodenreader
Reflexion 15 Min.	Dann wird das Gesamtverfahren selbst diskutiert und reflektiert.	Plenumdiskussion
Puffer 15 Min	Fragen und Antworten/ Diskussionen...	Teilnehmerzentrierung
Methoden-sicherung und -reflexion 45 Min.	Die Teilnehmer sammeln und reflektieren mit dem Dozenten die im Kompaktseminar (nicht die des Open Spaces) eingesetzten Methoden und diskutieren sowohl ihren lernpsychologischen als auch didaktischen Gehalt samt ihres Praxistransfers.	Teilnehmerzentrierung (Plenum) Wandzeitung (VI)
Abschluss/ Evaluation 15 Min. 15 Min. 15 Min.	Die Teilnehmerfragen des ersten Kompakttages werden nochmals gesichtet und bezüglich ihrer Beantwortung reflektiert. Abschließend gilt es dem Dozenten noch eine Seminarevaluation nach Vorgaben des Institutes der Universität – ergänzt um für das Seminar bedeutsame und operationalisierte Items – mit auf seinen weiteren Weg zu geben. Verabschiedung Klärung des weiteren Vorgehens – mit den betroffenen Seminarteilnehmern – für noch zu erbringende Leistungen in Inhalt, Form und Organisation	Teilnehmerzentrierung (Plenum)

Dies ist vor allem für eher unerfahrene Lehrende sinnvoll, da ein detaillierter und zum Teil minutiös geplantes Ablaufschema Sicherheit stiftet. Infolge selbstgemachter Lehrerfahrung wird die eigentliche Seminarplanung allerdings primär auf den Kompetenzerwerb in seinen Facetten – zu Erwerben in komplexen Handlungs- und Lernsituationen – hin ausgerichtet.

2.2.2 Wege der didaktischen, methodischen und inhaltlichen Reduktion

Sieht sich der Lehrende einer Fülle fachwissenschaftlicher Inhalte ausgesetzt, die in jener Komplexität nicht vermittelt werden können, gilt es eine begründete Auswahl zu treffen.

In einem ersten Schritt kann überlegt werden, welche Inhalte bereits vorausgesetzt werden können und welche von den Studierenden im Eigenstudium relativ zügig und sicher erschließbar sind. Einführende und grundlegende Theoriekomplexe lassen sich dann beispielsweise per e-Mailverteiler versenden oder in elektronischen Arbeitsräumen einstellen. Dabei können, entsprechend der eigenen Zeitressourcen, Fachtexte geeigneter Lehrbücher eingescannt werden oder aber man entscheidet sich für die Verfassung eigener Materialien. Für das Seminar „Lehren und Lernen in Organisationen" wurde ein Mix aus beiden Vorgehensweisen gewählt. Grundlegende Lehrtexte mit Einführungscharakter wurden aus den jeweiligen wissenschaftlichen Fachbüchern entnommen. Die Fokussierung auf spezielle und bedeutsame Themenkomplexe erfolgt über die Abfassung einerseits komprimierter sowie andererseits erweiterter bzw. um mögliche Hilfen angereicherter selbsterstellter Abhandlungen. Diese waren folgend im Elektronic Workspace (EWS) der Universität präsent, worauf mit einer E-Mail, die die notwendigen Arbeitsanweisungen beinhaltete, hingewiesen wurde.

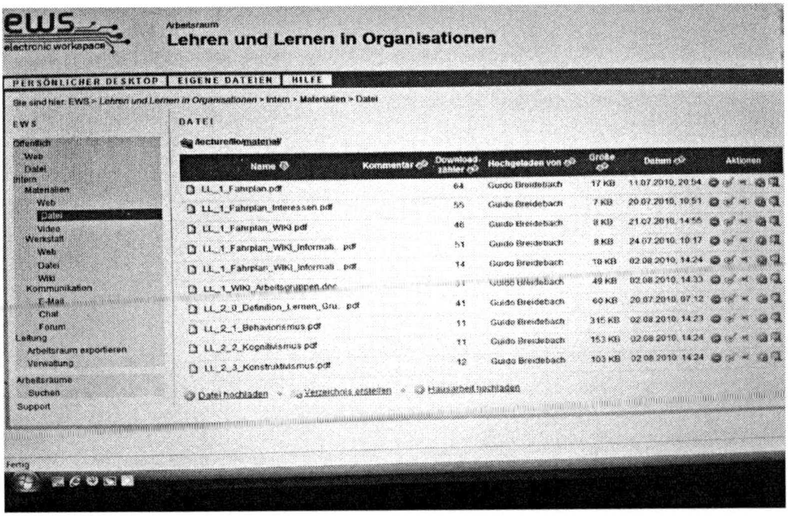

Ein Vorzug dieses Vorgehens, beispielsweise gegenüber der Erstellung einer Kopiervorlage, ist die Kontrollfunktion, die jenes Medium bedingt zulässt. Der Downloadzähler hinter den Dateielementen lässt darauf schließen, dass die Materialien und zu erarbeitenden Grundlagentexte auch wirklich eingesehen sowie studiert wurden, obgleich der letzte Aspekt natürlich nicht mit valider Sicherheit behauptet werden kann.

Eine weitere Möglichkeit zur Stoffreduktion stellt ebenfalls die Exemplarik dar. Hinter ihr codiert sich das didaktische Vorgehen aus dem Stoff- und Themenbereich ein beispielhaftes Kerngebiet auszuwählen, mittels dessen sich vielfältige Inhalte oder diverse Problemstellungen über einen ausgewählten Repräsentanten in den Mittelpunkt des Seminargeschehens rücken lassen. Dieser exemplarische Inhalt muss allerdings derart beschaffen sein, dass er fachimmanente Elemente und logische Strukturen abbildet und sich in ihm ein weitreichender Aspekt der fachwissenschaftlichen Wirklichkeit auftut. Dann kann sich der Studierende mit jenem Exemplum sowohl ein zentrales Gebilde der Fachwissenschaft als auch einen Teil seiner Lebens- oder Berufswirklichkeit erschließen. Zentral sind damit nicht ein bestimmter Sachverhalt oder ein ausgewähltes Fallbeispiel zur Visualisierung, sondern die an ihm und in ihm zu gewinnenden Strukturansichten und Prinzipien. Jeder bildungswirksame Inhalt sollte einen solchen allgemeinen Bildungsgehalt repräsentieren (Klafki, 1963; 1985), wofür sich in erster Linie der Lehrende der Analyse und Anstrengung des Begriffes und der Begriffsvernetzung zu verpflichten hat. Die didaktische Analyse sollte dann also ermitteln, worin der allgemeine Bildungsgehalt des jeweiligen besonderen Bildungsinhaltes liegt und welche anderen Fälle er impliziert (Klafki, 1985).

Eine weitere Möglichkeit, um der Inhalts- und Stofffülle Herr zu werden, stellt die didaktische Reduktion dar. Bei diesem didaktischen Verfahren nutzt der Lehrende verschiedene Techniken und Vorgehensweisen, um schwierige Sachverhalte und Sinnzusammenhänge derart aufzubereiten, dass sie dadurch besser aufgenommen und verstanden werden können, ohne trivialisiert oder gar verfälscht zu werden.

Die Reduktion durch Verallgemeinerung stellt eine Form dar. Diese didaktische Vereinfachung meint das Prinzip, eine wissenschaftlich differenzierte und komplexe Aussage so zu übersetzen, dass sie nur noch das allgemeine Aufbewahrende transportiert (Hering, 1958). Damit bleibt ihr Gültigkeitsumfang gleich, es werden lediglich noch die allgemeinen und zentralen Merkmale sowie strukturellen Beziehungen, die sich zudem in anderen Sachgegenständen wiederfinden, vermittelt. Demgegenüber können Reduktionsentscheidungen ebenfalls über zwei Formen der Ausschnittbildung vollzogen werden, die zusammen ein didaktisches Reduktionsfeld bilden, das sich aus einer vertikalen und einer horizontalen Reduktion konstituiert (Grüner, 1967).

Im Falle der vertikalen didaktischen Transformation wird von einer wissenschaftlichen Thematik zu einer solchen übergegangen, die einen geringeren Gültigkeitsumfang impliziert und dadurch leichter fassbar ist. Dann enthält der entsprechende Fall beispielsweise nur noch zentrale und eher weniger detaillierte und differenzierte Bildungsinhalte oder er transportiert einige wenige Merkmale und deren besonderen Beziehungen. Gegebenenfalls werden deshalb dann an anderer Stelle weitere Beispiele nötig, um auch die anderen Merkmale samt ihrer konstituierenden Beziehung vermitteln zu können und letzten Endes sämtliche Ausschnitte notwendigerweise in ihr übergeordnetes Strukturmodell zu integrieren.

Alternativ ist es möglich, eine horizontale didaktische Reduktion vorzunehmen. In jenem Fall bleibt der Gültigkeitsumfang gleich, allerdings wird das Beispiel anschaulicher aufbereitet. Eine abstrakte wissenschaftliche Aussage oder Theorie ist dann an konkreten, leichter fassbaren Situationen zu illustrieren. Bei diesem Vorgehen ist allerdings darauf zu achten, dass die Anschaulichkeit nicht zu Lasten der Wissenschaftlichkeit erfolgt. Lernende müssen trotz des schmückenden Beiwerkes noch die Chance besitzen, die fachimmanenten Elemente und Beziehungen zu entdecken.

Kein didaktisches Prinzip im eigentlichen Sinne, aber eine effiziente und zielführende Möglichkeit, um die inhaltliche Komplexität nicht in irgendeiner Art und Weise exemplarisch darbieten oder gar reduzieren zu müssen, stellt ihre Verteilung dar. In diesem Zuge werden dann ausgewählte Themenbereiche in ihrer geschlossenen Sinneinheit auf andere Veranstaltungen verlagert oder aber Absprachen mit Fach- und Lehrkollegen getroffen, inwieweit diese jene Thematik aufgreifen. Eine solche Verteilung und lehrkooperative Verzahnung verschiedener Dozenten und Lehrveranstaltungen stellt vermutlich das ideale Vorgehen, aber leider wohl auch eher die Ausnahme dar.

Nachdem sich der Lehrende die eigenen Intentionen vergegenwärtigt hat, curriculare Vorgaben sichtete, daraus resultierend die Fach- bzw. Sachanalyse und -auswahl erfolgte, sowie didaktische und/oder methodische Entscheidungen samt Reduktionsmaßnahmen getroffen und ergriffen worden sind, empfiehlt es sich jene Planungs- und Reflexionsentscheidungen in einer Übersicht zu fixieren, die erneut ein Orientierung stiftendes Schaubild dessen darstellt. Hierfür sind der eigenen Kreativität und dem individuellen Abstraktionsniveau keine Grenzen gesetzt. Im konkreten Fall wurde sich zur visuellen Aufbereitung vorangegangener Aspekte innerhalb eines didaktischen Baumes entschieden. Gemäß der metaphorischen Bedeutung impliziert der Boden die Grundlagen, die vorausgesetzt werden können. Der Stamm enthält Theorien, die zwingend thematisiert werden müssen, während die Äste teilweise spezifische, exemplarische oder reduzierte Inhalte bündeln, deren Blätter konkrete Seminarinhalte und -optionen darstellen, aus denen Auswahlentscheidungen zu treffen sind. Schließlich lassen sich weitere Verweisungsbezüge (z. B. auf Fachliteratur, Methoden, andere Veranstaltungen) mit aufnehmen.

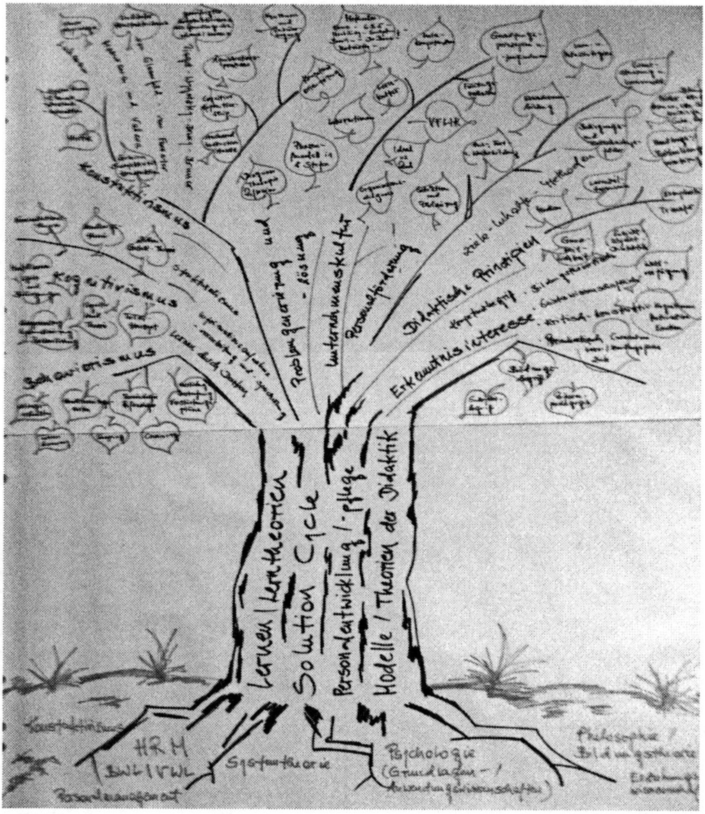

2.3 Lehr-/ Lernzielplanung und intendierter Kompetenzzuwachs

Ist man sich sicher, die grundlegenden individuellen Lehr- und Lernvoraussetzungen sowie die wesentlichen fachwissenschaftlichen Inhalte berücksichtigt zu haben, sollte sich der Frage gewidmet werden, welche Ziele im Rahmen des eigenen Seminars gesetzt, von den Studierenden erreicht und welche Kompetenzen damit erworben werden sollen.

Die Intentionen des Lehrenden und die Formulierung seiner mit dem Seminar verfolgten Ziele und Kompetenzzuwächse geben den beabsichtigten Lernzuwachs seitens der Studierenden wieder. Diese Formulierungen werden allerdings erst überprüfbar, wenn sie inhaltlich gefüllte Antworten darauf sind, welches Verhalten die Teilnehmer im Seminarverlauf zur Förderung der eigenen und allgemeinen Fach- und Handlungskompetenz erwerben. Der Lernzuwachs darf daher kein beiläufiges oder zufälliges Produkt reinen interaktionistischen Geschehens sein, sondern muss die kritische Reflexion der eigenen Intentionalität sowie ihre Legitimation darstellen.

2.3.1 Zielformulierungen, -dimensionen und -hierarchien

Lehrveranstaltungen sind Lernprozesse, die in Abhängigkeit von subjektiven und objektiven Voraussetzungen geschehen und zu intendierten Folgen führen müssen (Döring, 1971). Dieser Lernprozess setzt einen Lernbegriff voraus, der traditioneller Weise jede überdauernde Verhaltensänderung impliziert, die sich nicht nur im kognitiven (Wissen und Problemlösen) und damit intellektuellen Bereich, sondern auch im affektiven (Einstellungen und Wertehaltungen) und psychomotorischen Bereich (Fähigkeiten und Fertigkeiten) vollzieht (Hopf, 1976). Wird eine Lehrveranstaltung nicht als willkürlicher, sondern lernzielorientierter und strukturierter intentionaler Prozess verstanden, haben sich ihre Planung, Organisation und vor allem Kontrolle an eindeutig formulierten Lernzielen zu orientieren (Meyer, 1987), die vordergründig der Eigenreflexion dienen sollen. Lernziele erfüllen ihre Funktion insbesondere dann, wenn sie in schriftlicher Form die artikulierten Vorstellungen ausweisen und darstellen, die seitens der Lernenden am Ende des Lern- und Bildungsprozesses bewirkt sein sollen und damit das intendierte Lernergebnis eindeutig ausweisen (Meyer, 1980; Schelten, 2004).

Die im Folgenden fokussierten Lernziele beschreiben damit ein Verhalten, das der Studierende nach aktiver und inhaltlich intensiver Teilhabe an der Seminarsequenz oder dem Seminar insgesamt erwirbt (Mager, 1973). Hierbei ergeben sich gerade bei noch unerfahrenen Dozenten die Probleme, dass es ohne eine schriftlich fixierte Sammlung der Lernziele kaum möglich ist, diese seminarbegleitend noch in irgendeiner Art und Weise überschauen zu können. Zudem muss man sich die kritische Frage stellen, welche allgemeine Gültigkeit diese subjektiv formulierten Ziele für die Lehrintention, die Bezugswissenschaft und vor allem das Subjekt implizieren und wie genau bzw. eindeutig sie sind. Dabei sollte sich an einem Klassifikationsschema orientiert werden, damit es nicht zur einseitigen oder gar willkürlichen Zielverfolgung kommt (De Corte, 1975). Dies lässt sich am besten im Rahmen gegebener oder selbst gebildeter Zieltaxonomien vornehmen, die nicht nur die verschiedenen Zielbereiche, sondern ebenso ihre inhärenten und strukturgebenden Qualitätsstufen abbilden.

Obgleich dieser Prozess äußerst instrumentalisiert wirkt, stiftet er doch erhebliche Planungssicherheit bei Lehranfängern. Im Zusammenhang mit der Zielauswahl, -bildung und -formulierung empfiehlt es sich zudem, auf verschiedenen Abstraktionsniveaus bzw. Gütestufen zu operieren. Ein Lernzielkontinuum, das von einem Richtziel über verschiedene Grobziele zu schlussendlich konkreten (operationalisierten) Feinlernzielen reicht, erscheint hierfür gerade im Anfangsstadium sinnvoll (Möller, 1973). Demgemäß wird die Genauigkeit, mit der die verschiedenen Lernziele beschrieben werden, zunehmend eindeutiger und damit besser überprüfbar.

Das Richtziel weist das höchste Abstraktionsniveau auf, schließt die wenigsten Alternativen aus und bleibt in der Begriffssprache recht unspezifisch. Es soll prinzipiell die Grundintention der Lehrveranstaltung offerieren und sowohl fachbezogene als auch fächerübergreifende Bezüge aufweisen. Die Groblernziele, die sich dann aus diesem ableiten lassen, weisen einen mittleren Grad an Eindeutigkeit auf und schließen damit diverse inhaltliche und methodische Alternativen und Interpretationen aus. Sie helfen dabei, eine Seminareinheit grob zu strukturieren und die wesentlichen Kompetenzfacetten auszuweisen, über die der Lernende am Ende der Lerneinheit verfügen soll. Schließlich lassen sich aus den Groblernzielen derart detaillierte und differenzierte Feinlernziele formulieren, dass ein fast minutiöser und kontinuierlicher Lernzuwachs nachvollziehbar wird. Weisen diese Zielformulierungen das

Grundverhalten, die gegebenen Bedingungen sowie die Beurteilungsmaßstäbe für das Endverhalten aus, wird die Zielerreichung für alle Beteiligten nicht nur transparent, sondern in jedem Falle auch kontrollierbar (Möller, 1976; Mager, 1969).

Die operationalisierten Feinlernziele können ihrerseits auf unterschiedlichen Anspruchshöhen bzw. -niveaustufen formuliert werden. Im Interesse einer besseren Abgrenzung solcher Lernziele auf den verschiedenen Niveaustufen drängt sich eine Klassifikation solcher Lernziele auf. Dies wird mit Hilfe einer Taxonomie vorgenommen. Bei Lernzieltaxonomien als Ordnungssystem der eigenen Lehrplanung handelt es sich dann primär um ein hierarchisch gegliedertes Klassifikationsschema, das in Hinsicht auf ein theoretisches Bezugssystem konsistent ist (Isenegger, 1972; Krathwohl, Bloom & Masia, 1964).

Solche Taxonomien sollten für jeden in der Lehre zu fördernden Bereich in sich geschlossen bzw. gesondert formuliert werden. Hier liegen bereits vielfältige Ordnungssysteme vor, die allerdings in sich nicht immer stimmig oder schlüssig erscheinen und sich an verschiedenartigen Ordnungssystemen orientieren. Für den kognitiven Bereich wird beispielsweise die folgende Taxonomie vorgeschlagen (Metzger, 1975; Bloom, 1973; Krathwohl, Bloom & Masia, 1964).

Lernzieltaxonomie lediglich in Bezug auf das Erinnern von Wissen:

1. Kenntnis von einzelnen Begriffen und Fakten
2. Kenntnis von Klassifikationen bezüglich der Inhalte
3. Kenntnis von Kriterien bei der Inhaltszusammenstellung
4. Kenntnis von Methoden zur Bewältigung der Stufen 2 und 3
5. Kenntnis von Regeln und Gesetzmäßigkeiten bei der Anwendung

Lernzieltaxonomie in Bezug auf intellektuelle Operationen:

1. Fähigkeit zur Analyse unter Anwendung des deduktiven Wissens
2. Fähigkeit zur Anwendung des Wissens am praktischen Ergebnis
3. Fähigkeit zum Verstehen des bereits angewandten Wissens
4. Fähigkeit zur Synthese bezüglich Eigen- und Fremdproduktion
5. Fähigkeit zur Bewertung dessen nach differenzierten Maßstäben

Lernzieltaxonomie in Bezug auf affektives Erleben und Verhalten:

1. Aufnahme (Gewahrwerdung, Wille und Kontrolle zur Aufnahme)
2. Reaktion (Bereitschaft zum Antworten und Befriedigung dadurch)
3. Wertung (Billigung bzw. Bevorzugung von und Einsatz für Werte)
4. Organisation (Begriffliche Fassung und Integration in ein System)
5. Gesinnung (Eigene Werthaltung und Weltanschauungsentwicklung)

Vorteil dieser expliziten Lernzielformulierung ist erstens, dass der Lehrende ein hohes Maß an Planungssicherheit erhält und die Lehrveranstaltung für alle Beteiligten zu jeder Zeit Transparenz aufweist. Zweitens führt eine detaillierte und differenzierte Zielformulierung zu einer adäquaten Organisation sowohl auf inhaltlicher als auch auf methodischer Ebene. Drittens würden auf diese Art und Weise Leistungen möglicherweise seminarübergreifend eher miteinander vergleichbar und damit schließlich viertens angemessener kontrollierbar.

Dem gegenüber führt eine solche Feinlernzielformulierung allerdings zur Einschränkung der Lehrfreiheit, während sich gleichzeitig nicht alles, was für einen ganzheitlichen und subjektorientierten Bildungsprozess bedeutsam ist, direkt planen und kontrollieren lässt. Damit keine Trivialisierung bzw. Verflachung des Wissenserwerbes und Bildungsprozesses insgesamt geschaffen wird, empfiehlt es sich, die Lernziele zur eigenen Seminarplanung und -kontrolle zu verwenden, während seitens der Studierenden Kompetenzformulierungen vorgenommen werden sollten, die der Individualität des Einzelnen und schließlich dem subjektiven und fachwissenschaftlichen Bildungsprozess insgesamt gerechter werden. Dies wird nach der Zielformulierung konkretisiert.

Bei der Bewusstwerdung der Lehrintention unterstützt eine schriftliche und operationalisierte Lernziel- und Kompetenzzuwachsformulierung, die dem nachfolgenden Schema entsprechen kann und sich von einem abstrakten bzw. allgemeinen Niveau zunehmend konkretisiert und damit auf die gesetzten Akzentuierungen spezialisiert.

Richtziel:

1. Die Studierenden lernen die grundlegenden psychologischen und didaktischen Lehr- und Lerntheorien kennen, wenden sie in bestimmten Situationen an und reflektieren sie kritisch bezüglich ihrer Aussagekraft. Des Weiteren können sie die aus jenen abgeleiteten zentralen Aussagen und Implikationen im Rahmen organisationaler Lehr- und Lernprozesse nutzen und zielführend ein- und umsetzen. Zudem werden sie durch die Anwendung und Reflexion kreativer und kooperativer Methoden des Lehrens und Lernens sowie eines komplexen Arrangements von Problemgenerierungs- sowie -lösungsverfahren befähigt, eine lernförderliche Unternehmenskultur zu beschreiben, theoriebasiert zu gestalten, selbstständig anzuwenden und schließlich bezüglich praxisrelevanter Fragestellungen kritisch und theoriegeleitet zu reflektieren.

Groblernziele:

1.1 Ausgewählte Expertengruppen erarbeiten wissenschaftliche Texte zum Lernfeld „Lernen und Lerntheorien" (EWS). Sie sind im Stande, den wissenschaftlichen Abhandlungen die zentralen Aussagen zu entnehmen und diese auf einer sozio-technischen Lernplattform mit anderen Teilnehmern zu diskutieren und zu reflektieren (Wiki).

1.2 Die Seminarteilnehmer wenden verschiedene Methoden des Kennenlernens an, kommen dadurch mit anderen Studierenden in Kontakt, bringen kommunikativ Interessen und Gemeinsamkeiten in Erfahrung und erlangen damit eine lernförderliche Einstellung und tragen zur Gestaltung einer angenehmen und kooperativen Arbeitsatmosphäre bei.

1.3 Die Studierenden können die Hauptaussagen des Behaviorismus, des Kognitivismus sowie des Konstruktivismus erfassen, einander gegenüberstellen, bewerten und schließlich für die organisationale Praxis nutzbar machen und diesbezüglich kriterienorientiert bewerten und beurteilen.

1.4 Die Lernenden erarbeiten durch den Einsatz verschiedener Methoden in lernkooperativer Form bedeutsame Aspekte zur Gestaltung einer lernförderlichen Unternehmenskultur und leiten angemessene Anwendungsimplikationen für diese ab.

1.5 Arbeitsteilig und kooperativ setzen die Seminarteilnehmer diverse Methoden und Verfahren ein, um ausgewählte didaktische Modelle in ihren wesentlichen Aussagen zu erfassen, den anderen zu präsentieren, mit diesen gemeinsam im Plenum zu diskutieren und bezüglich ihres Beitrags für die Unternehmenspraxis zu bewerten und beurteilen.

1.6 Die Teilnehmer lernen das Verfahren sowie die theoretische Fundierung des Solution Cycles als komplexes Lern- und Problemlösungsverfahren kennen. Sie wenden ausgewählte und den einzelnen Phasen dieses Verfahrens zugeordnete Methoden zielführend zur Problemgenerierung sowie -lösung an und reflektieren den diesbezüglichen Beitrag zur Planung, Durchführung und Bewertung unternehmerischer Lern- und Problemlösungsprozesse.

1.7 In diesem Zusammenhang lernen die Studierenden Methoden der Unternehmensdiagnose, -therapie und -prozessreflexion kennen, zielführend einzusetzen und ergebnisorientiert zu reflektieren.

1.8 Die Seminarteilnehmer fassen in Kürze die in den beiden Kompaktphasen kennen gelernten (didaktischen) Methoden inhaltlich zusammen und beurteilen ihre Vor- und Nachteile für Lern- und Lehrprozesse in Gruppen.

1.9 Die Studierenden lernen verschiedenartige Evaluationsverfahren kennen, wenden sie praktisch an und erörtern ihren Anwendungsnutzen sowie ihre Aussagekraft für individuelle, kollektive und organisationsinterne Lehr- und Lernprozesse.

Eine operationalisierte Feinlernzielformulierung der zuvor genannten Groblernziele erfolgt nun exemplarisch anhand des zuletzt aufgeführten Beispiels 1.9. Eine derartige Formulierung für alle Grob- und Feinlernziele vorzunehmen würde den Inhalte dieser Arbeit sprengen. Allerdings ist sie immer dann vonnöten bzw. empfehlenswert, wenn ihr besondere fachliche, didaktische oder subjektive Intentionen zugrunde liegen.

Feinlernzielformulierung (für das Groblernziel 1.9)

Die Lernenden informieren sich mittels des methodischen Arbeitsblattes über die Evaluationshand. Dem Leseprozess schließt sich das Abzeichnen der eigenen Hand auf einem Zettel an, um dann die Evaluationskriterien, die in den einzelnen Fingern codiert sind, gemäß subjektiver Bewertungsmaßstäbe zu beantworten. Dies macht die Anwender für fünf unterschiedliche Beurteilungsbereiche sensibel, die sie folgend selbst zeiteffizient und arbeitsökonomisch – zugunsten der Teilnehmerorientierung und -involvierung – in verschiedenartigen Lehrvorhaben durchführen und auswerten können.

Zum einen können die zuvor genannten Ziele und Kompetenzzuwächse nicht allesamt bei jedem Studierenden und in ausreichend umfassender Form vom Dozenten seminarbegleitend oder von Dritten, beispielsweise im Rahmen einer (Fremd-/Gruppen-) Hospitation, bezüglich ihrer Realisierbarkeit nachvollzogen und überprüft werden. Zum anderen sind die notwendigen Groblernziele bereits hinreichend ausformuliert und -differenziert, um z.B. im Rahmen individuenorientierter Dialoge oder mündlicher Prüfungsgespräche bezüglich ihrer Erreichung überprüft werden zu können.

2.3.2 Kompetenzfacetten und -förderung

Während Ziele und Zielformulierungen primär der fachwissenschaftlichen Legitimation der eigenen Lehrveranstaltung sowie der Selbstkontrolle der tatsächlichen Zielerreichung dienen, ist es Sinn und Zweck der Kompetenzformulierungen, die Güte des Lernzuwachses seitens der Studierenden transparent und überprüfbar zu machen.

Ein Überblick bezüglich der Geschichte des Kompetenzbegriffes kann an dieser Stelle nicht gegeben werden, soll aber auch nicht Anliegen dieses theorieorientierten Praxisleitfadens sein. Schließlich ist die fachwissenschaftliche Auseinandersetzung vor allem in den letzten Jahrzehnten zunehmend dynamischer und komplexer geworden, so dass unterschiedliche Sichtweisen darüber existieren, warum eine Ausrichtung auf Kompetenzen sinnhafter ist, was eine Kompetenz im Allgemeinen meint, welche speziellen Kompetenzdimensionen und -facetten gegeben sind und wie diese schließlich gefordert und gefördert werden können (Gregg & Steinberg, 1980; Baumer, 2001; Euler, 2001; Erpenbeck & Rosenstiel, 2003; Klieme, 2004; Gnahs, 2007; Körber, Schreiber & Schöner, 2007; Schott & Ghanbari, 2008; Gapski & Tekster, 2009; Mugerauer, 2012).

Der Kompetenzbegriff bezieht sich demgemäß zusammenfassend stärker auf den Prozess der Handlungssteuerung, während Kompetenzen selbst die Basis zur Generierung von unterschiedlich gearteten (kognitiven) Aktivitäten darstellen, die einen flexiblen Umgang mit Problemsituationen und der Umwelt insgesamt ermöglichen (Weidenmann & Krapp, 2001; Weinert, 2001). In Anlehnung an die vielfältigen bzw. zuvor skizzierten Abhandlungen, was unter dem Konstrukt der Kompetenz subsummierbar ist, sollen in diesem Zusammenhang unter ihm sämtliche Fertigkeit, Fähigkeiten und Einstellungen sowie Wertehaltungen verstanden werden, die den Lernenden dazu befähigen, Aufgaben und Problemstellungen fachlich angemessen, zielorientiert und verantwortungsvoll zu bewältigen und zu bewerten, um das individuelle Handlungsrepertoire permanent weiter zu entwickeln. Dies zielt damit auf die Förderung der Handlungskompetenz ab, die sich in mannigfache Kompetenzdimensionen und -facetten aufgliedern lässt.

Der schillernde und vielfältige Kompetenzbegriff schmückt insbesondere die aktuellen Lehrpläne und curricularen Vorgaben in Nordrhein-Westfalen, die für Schulen rechtsverbindlich sind und im Hinblick auf den Kompetenzbegriff neu ausgerichtet und formuliert werden.

Eine solche Kompetenzorientierung stellt das erwartete Lernergebnis seitens der Lernenden in den Betrachtungsfokus und beschreibt dieses in verschiedenen Kompetenzfacetten. Jene expliziten Kompetenzausweisungen von verbindlichen Erwartungen stellen gleichermaßen auch einen Bezugspunkt für die Überprüfung von Lehr-Lern-Prozessen dar.

Allerdings wäre es falsch zu glauben, dass der Kompetenzbegriff lediglich ein erkenntnisleitendes Interesse bzw. Prinzip der schulischen Bildung darstellt. Schließlich heißt es bezüglich der Aufgaben der Universitäten im Hochschulrahmengesetz des § 2 (1): „Die Hochschulen dienen entsprechend ihrer Aufgabenstellung der Pflege und der Entwicklung der Wissenschaften und der Künste durch Forschung, Lehre, Studium und Weiterbildung [...]. Sie bereiten auf berufliche Tätigkeiten vor, die die Anwendung wissenschaftlicher Erkenntnisse und wissenschaftlicher Methoden oder die Fähigkeit zu künstlerischer Gestaltung erfordern."

In § 2 (2) wird explizit erwähnt, dass „die Hochschulen entsprechend ihrer Aufgabenstellung den wissenschaftlichen und künstlerischen Nachwuchs fördern." Des Weiteren sind es gemäß § 7 des Hochschulrahmengesetzes die Ziele des Studiums: „Lehre und Studium sollen den Studenten auf ein berufliches Tätigkeitsfeld vorbereiten und ihm die dafür erforderlichen fachlichen Kenntnisse, Fähigkeiten und Methoden dem jeweiligen Studiengang entsprechend so vermitteln, daß er zu wissenschaftlicher oder künstlerischer Arbeit und zu verantwortlichem Handeln in einem freiheitlichen, demokratischen und sozialen Rechtsstaat befähigt wird."

Dadurch ist u. a. die Förderung der Handlungskompetenz und der sie konstituierenden Kompetenzdimensionen sowohl eine Aufgabe als auch ein Ziel der Hochschule. Das eher theoretische und abstrakte Konstrukt der Handlungskompetenz soll folgend in die Dimensionen der Fach-, Selbst- und Sozial- sowie Methodenkompetenz ausdifferenziert werden (Roth, 1971, Reetz, 1999; Sonntag, 2000).

Unter Fachkompetenz wird dann jedes Fachwissen verstanden, das Studierende dazu befähigt, sich über fachliche bzw. fachwissenschaftliche Probleme zu erheben und Sachverhalte sowie (Sinn-) Zusammenhänge den theoretischen Anforderungen gemäß eigenverantwortlich und selbstständig zu bewältigen.

Die Humankompetenz wird hier in die Dimensionen Selbst- und Sozialkompetenz ausdifferenziert. Selbstkompetenz subsummiert sämtliche individuellen bzw. personenbezogenen Kompetenzen, wie beispielsweise Selbstbewusstsein, -einsicht, -ständigkeit, -steuerung und -verantwortung sowie selbstbezogene Urteilskompetenzen. Demgegenüber sind unter dem Konstrukt der Sozialkompetenz jene Elemente zusammengefasst, die sich auf die soziale Interaktion beziehen, z. B. kommunikative Kompetenzen, Empathie-, Team- und Konfliktfähigkeit, aber auch Kritikfähigkeit.

Methodenkompetenz meint dann die Kenntnis, Anwendung und Reflexion von Lern- und Arbeitsmethoden sowie -verfahren, die der Erschließung von selbstbezogenen und studien- bzw. berufsbezogenen Handlungsfeldern und Wirklichkeitsbereichen dienen.

Kompetenzformulierung auf Grundlage des Groblernziels 1.9

Fachkompetenz:

Die Studierenden lernen das Verfahren der Evaluationshand sowie fünf unterschiedliche Evaluationskriterien als Maßnahme zur Professionalisierung von Lehr-Lern-Prozessen zu bewerten und zu beurteilen, indem sie...

- den Informationstext zur Evaluationshand sinngenerierend lesen,
- die Methode auf ein Medium überführen und praktisch anwenden,
- die Kriterien für eine Lehrveranstaltung subjektiv bewerten,
- die Aussagekraft der Evaluationsergebnisse reflektieren und
- Möglichkeiten sowie Grenzen der Evaluation beurteilen.

Selbst- und Sozialkompetenzen:

Die Studierenden formulieren subjektiv empfundene positive und negative Emotionen und Kognitionen. In diesem Zusammenhang reflektieren sie ihr Verhalten als auch die Interaktion in einer Lehrveranstaltung, um angemessene und konstruktive Kritik zu üben, auf deren Grundlage Veränderungsprozesse einleitbar werden. Schließlich erkennen sie die Bedeutung, die eigene (professionsbezogene) Sichtweise um weitere Fremdbilder zu erweitern, damit zum einen die eigene Lehrprofessionalisierung und zum anderen die gemeinsame Arbeitsatmosphäre gefördert werden kann.

Methodenkompetenz:

Die Studierenden lernen das Verfahren der Evaluationshand als ein lehrökonomisches Evaluationsverfahren mit eingeschränkter inhaltlicher Komplexität kennen, anzuwenden und kritisch zu reflektieren.

2.4 Anwendungsbezug sowie Methodenauswahl und -einsatzplanung

Damit Wissen nicht nur auf einem abstrakten Niveau erworben, sondern an konkreten Anwendungsbeispielen anschaulich und dadurch besser begreifbar wird, sollten die wesentlichen Fakten, Erkenntnisse und logischen Sinnzusammenhänge an geeigneten (Fall-) Beispielen sowie in (Handlungs-) Situationen und damit in für den Einzelnen persönlich oder beruflich bedeutsamen Lebensbereichen vermittelt und erarbeitet werden.

Die Arbeits- und Organisationspsychologie ist hierfür außerordentlich geeignet, weil sie einen Schwerpunkt ihres Selbstverständnisses gerade auf jenen Aspekt als psychologische Anwendungsdisziplin legt. Dennoch muss es Ziel jeder (Fach-) Wissenschaft sein, den Anwendungsbezug und die Praxisrelevanz des theoretischen Wissens in der Lehre zu manifestieren, denn ein Lernender, der ein Problem hat und dies in einen handlungsrelevanten Kontext einzubetten weiß, ist jemand, der aktiv nach einer Lösung sucht.

2.4.1 Studierendenorientierter Anwendungsbezug

Die Inhalte und Arbeitsschwerpunkte des Seminars „Lehren und Lernen in Organisationen" werden originär an solchen Fallbeispielen und in jenen Handlungssituationen erarbeitet, die sich auf Grundlage der subjektiven Lernvoraussetzungen der Studierenden konstituieren bzw. aus diesen ableiten lassen. Dieses Vorgehen birgt den Vorzug in sich, dass die durch den Dozenten erhobenen Praxiserfahrungen der Seminarteilnehmer in ihnen bekannten und vertrauten Arbeitssektoren den wesentlichen Bezugs- bzw. Referenzrahmen für die Lehr- und Lernprozesse des Seminars bieten. Damit erhöhen sie nicht nur allgemein die Studierendenintegration. Die Involvierung durch Bekanntes und Vertrautes sollte schließlich bereits aus sich heraus motivieren, höheres Interesse wecken sowie nachhaltig fördern und insgesamt stärker anschlussfähig für bereits vorhandenes Wissen und erworbene Fertigkeiten sowie Fähigkeiten sein (Krapp & Prenzel, 1992; Weinert & Mandl, 1997).

Dadurch lassen sich Anwendungs- und Erarbeitungssituationen konstruieren, die nicht nur dem theoretischen Erfahrungsschatz der Lernenden entsprechen, sondern explizit von ihnen erlebt wurden, so dass zum einen die

Generierung eines tieferen Verständnisses begünstigt wird und sich zum anderen die Situation ergeben kann, dass bereits eingesetzte oder routinierte Denk- und Handlungsmuster auf den Prüfstand gestellt werden.

Das Prinzip der privaten und beruflichen Lebenswertorientierung sollte darüber hinaus dazu führen, dass die Studierenden stärker motiviert und interessiert sind, die Seminarinhalte zu internalisieren und von sich selbst aus diese erproben und reflektieren zu wollen. Dadurch wird im wahrsten Sinne des Wortes begreifbar, dass man für sein Leben lernt.

Dies bedeutet allerdings für die eigene Seminarvorbereitung, dass nicht alleinig auf in der wissenschaftlichen Literatur abgefasste und vorhandene Anwendungsbeispiele und -übungen zurückgegriffen werden sollte, sondern diese noch konkret – auf die Klientel abgestimmt – zu entwickeln sind.

Die zu erstellenden Anwendungs- und Übungssituationen dürfen in diesem Zusammenhang aber nicht allein ihrer selbst willen bzw. ausschließlich aus motivationsförderlichen Gründen konstituiert werden. Zusätzlich haben sie der fachimmanenten Logik ihrer Bezugswissenschaft zu dienen, damit sie deren Selbstverständnis und Erkenntnisinteresse transportieren und in besonderer Weise verdeutlichen (Huisinga & Lisop, 2004). Die Erarbeitungsphasen müssen geeignet sein, reduziert man sie ihres schmückenden und illustrierenden Beiwerks, zuvor Angesprochenes verstehbar, handhabbar und sinnhaft zu machen (Aebli, 1993; 1994).

Darüber hinaus sollte es sich zusätzlich um solche Lernsituationen handeln, die real existierenden Handlungsfeldern und -situationen entsprechen, einen persönlichen Bezug zur Lebenswelt des Studierenden schaffen und damit vorhandenes Wissen und Erfahrenes an diese Situationen anschlussfähig machen (Bader, 2003; Bader & Sloane, 2000). Das bedeutet konkret für den Dozenten, dass er sich über die Arbeitsfelder sowie Organisations- und Berufsbereiche informieren muss, oder aber tatsächlich selbst in diese hinein geht, damit jene Forderung in authentischer Weise realisierbar wird. Bedingt ist hierfür auch die theoretische Recherche geeignet.

Die Beschaffenheit der Berufs- und Handlungsfelder und der aus diesen abgeleiteten Handlungssituationen darf jedoch nicht vom eigentlichen Lern- und Erkenntnisinteresse ablenken und sollte im Idealfall einen Wiedererkennungswert in sich für die individuelle Lebenswelt, die theoretische Fachwissenschaft und die folgende Arbeits- bzw. Berufspraxis implizieren. Überfrachtete Beispiele, eine Anhäufung von der Sache ablenkender Bilder oder zu viele bzw. zu komplexe Methoden zur Handhabung der Situationen sind diesem Prozedere nicht dienlich.

In den einzelnen Lernsituationen können dann authentische und seminarthemenzentrierte Problemsituationen den Ausgangspunkt für die Erarbeitungsphasen sein, denn ein Studierender, der ein Problem hat, ist jemand, der eine kognitive Unvereinbarkeit beseitigen will. Kann dies nicht mit dem bereits vorhandenen Wissen und den erlernten Mitteln bzw. Methoden geschehen, ist das Individuum damit auszustatten bzw. wird es aktiv nach Wegen zur Problemlösung suchen (Aebli, 1994; Aronson, Wilson & Akert, 2008). Deshalb muss den Arbeits- und Lernmethoden und -strategien eine besondere Bedeutung beigemessen werden, denn schließlich gilt es neben der Tradierung und Erarbeitung von Fachwissen und -kompetenzen ebenfalls auf die Methoden- und Metakompetenzen sowie Selbst- und Sozialkompetenzen zu fokussieren, damit auch diese angemessen gefördert werden (Erpenbeck & von Rosenstiel, 2003; Klieme, 2004; Klieme & Hartig, 2007).

Dies erfordert, dass an den entsprechenden didaktischen Gelenkstellen zur Erarbeitung des Sachinhaltes auch vielfältig Techniken und Verfahren angeboten werden, die diesem Prozess dienlich sind bzw. die jeweilige Wissens- und Erkenntnisgenerierung initiieren und begünstigen. Gemäß dem Sprichwort, dass bereits der Weg das Ziel darstellt, muss sich neben der Fachwissenschaft und Didaktik zur Vermittlung dieser auch der Reflexion der adäquaten Methodik gewidmet werden.

2.4.2 Methodik, Methodenvielfalt und -einsatzplanung

Während sich die Didaktik primär mit der Ziel- und Inhaltsdimension von Lehr-Lern-Prozessen befasst, ist Gegenstand der Methodik die Wegedimension. Sie fokussiert vor allem auf die Frage, wie jene Ziele und Inhalte aufbereitet und vermittelt werden können (Riedl, 2004). Methoden dienen also dazu, dass der Einzelne nicht nur weiß, was er lernen soll, sondern Klarheit darüber erlangt, auf welche Art und Weise er das erreichen kann. Dadurch sind Methoden mit den beiden weiteren Grundkategorien der Ziele und Inhalte im Rahmen der Planung, Gestaltung und Reflexion von Lehre derart interdependent verbunden, dass sie einander beeinflussen, bedingen und aufeinander abzustimmen sind (Jank & Meyer, 2002). Sie dienen insgesamt der

Anregung, Förderung und inhaltlichen Zielerreichung in Lernprozessen und erfüllen damit vielfältige Funktionen (Bonz, 1999).

Sie sollen erstens die individuelle und subjektbezogene Entfaltung durch Förderung der aktiven Selbsttätigkeit ermöglichen. Zweitens gilt es konkret die Methodenkompetenz des Lernenden auszubauen, damit dieser auf ein breites Spektrum an Verfahren und Möglichkeiten zurückgreifen kann, um verschiedene Problemstellungen selbstbestimmt auf unterschiedliche Art und Weise bewältigen zu können. Drittens stellen Methoden im didaktisch und fachwissenschaftlich reflektierten Fall immer ein Bündel an Operationen dar, das in Bezug auf den zu erschließenden und übergeordneten Sachinhalt finalen Charakter aufweist. Dies bedeutet allerdings, dass Methoden in erster Linie grundsätzlich keinen Selbstzweck implizieren. Viertens hilft der gezielte Methodeneinsatz, wenn ihm eine fachwissenschaftliche Analyse und didaktische Rückanbindung sowie Legitimation zugrunde liegt, den Lernprozess zu strukturieren und sämtliche Kompetenzfacetten anzuregen und weiter auszubilden. Fünftens können Methoden ein Abbild instrumenteller Verfahrensweisen persönlicher bzw. beruflicher Handlungsfelder sein, die es kennen zu lernen, anzuwenden und zu reflektieren gilt.

Die Methodenauswahl geschieht demgemäß nicht ohne didaktische und fachwissenschaftliche Begründung, weshalb ebenfalls die Methodeneinsatzplanung einen intentionalen, strukturierten und interdependenten Reflexionsprozess darstellt. Aus diesem Grunde ist es zu vermeiden, Methoden lediglich deshalb einzusetzen, weil man sie persönlich präferiert, von ihnen gehört oder gelesen hat und sie deshalb ausprobieren und erproben möchte, oder dass sie lediglich dazu dienen sollen, die Lernenden zu aktivieren.

Methoden können auf unterschiedliche Art und Weise den Lernprozess unterstützen. Ihr Einsatz folgt immer einer intendierten und zielführenden Logik und Systematik, der sich wiederum auf verschiedenen methodischen Entscheidungsebenen realisieren lässt. Methoden werden damit einerseits den Zielvorgaben und der Gesamtkonzeption einer Lehrveranstaltung untergeordnet, andererseits können sie den konkreten Lehr-Lern-Prozessen unterschiedlicher Natur dienlich sein (Bonz, 1999).

Erstens dienen Methoden der Einflussnahme auf den Lernenden, beispielsweise direkt oder indirekt. Zweitens ermöglichen sie die soziale Organisation zwischen den anwesenden Seminarteilnehmern mittels unterschiedlicher Intensität (z. B. Einzelarbeit versus kooperative Lernform, dozentenzentrierte Vorlesung versus studierendenorientierte Plenardiskussion). Drittens helfen Methoden bei der Artikulation bzw. Gliederung des Lernens, beim Durchlaufen verschiedener Schritte, Stufen und Phasen. Viertens unterstützen methodische Verfahren Lehrinterventionen seitens des Dozenten. Fragen, Impulse, Moderationstätigkeiten und Arbeits- sowie Kooperationsanweisungen lassen sich unterschiedlich einsetzen, darbieten und visualisieren. Fünftens können Methoden auch komplexere Lehrtechniken, wie z. B. die des Informierens, Problematisierens oder Übens insgesamt begleiten. In diesem Zusammenhang gehen sie mit verschiedenen Medien bzw. medialen Formen eine sinnhafte und zielführende Koalition ein, wenn diese die ausgewählten Methoden unterstützen oder sogar verbessern. Ihrerseits dienen Medien wiederum – in Abhängigkeit vom methodischen Kontext – dem Lehrenden als Kommunikations- und Interaktionsmittel oder aber sie stellen eher indirekte Verfahren dar, deren Nutzung dem Lernenden hilfreich sein kann.

Im Seminar „Lehren und Lernen in Organisationen", das sich u. a. dem erkenntnisleitenden und -generierenden Prinzip der Handlungsorientierung verpflichtet sieht, werden Methoden als Techniken und Verfahren verstanden, die zum einen der Zielerreichung dienen und zum anderen den Kompetenzerwerb in seinen unterschiedlichen Facetten unterstützen sollen. Handlungsorientierte Methoden orientieren sich primär an jenen Lehr-Lern-Prozessen, deren Systematisierung mit der Ideen- und Informationsgenerierung sowie einer Analyse bezüglich des gegebenen Problems beginnt und von der Planung über die Ausführung hin zur Kontrolle und bewertenden Reflexion des Handlungsresultates reichen (Pätzold, 1992).

Damit werden die methodischen Verfahren nicht nur dem inhaltlichen fachwissenschaftlichem Erkenntnisinteresse und dem intendierten Kompetenzerwerb untergeordnet, sie lassen sich zudem bestimmten Phasen des Wissenserwerbs und der allgemeinen Erkenntnisgenerierung systematisch zuordnen.

Fast unüberschaubar ist die Auswahl an möglichen Methoden, die in Lehr- und Lernprozessen begleitend zum Einsatz kommen können (Meyer, 1987a; 1987b; Baumgartner, 2011; Macke, Hanke & Viehmann, 2012). Allerdings sind ob ihrer Beschaffenheit und zugrunde liegenden Intentionen nicht alle Techniken, Methoden und Verfahren geeignet, jede Form von Lehr- oder Lernprozess zu fordern und zu fördern. Methoden können allerdings nach ausgewählten Kriterien klassifiziert werden (Pätzold, 1992; Gudjons, 1997).

Eine lernpsychologisch und erkenntnistheoretisch fundierte sowie didaktisch begründete Möglichkeit der Klassifikation von Methoden innerhalb der Artikulation bzw. Phasenstruktur eines handlungsorientierten Lern- und Erkenntnisprozesses ist mit der nachstehenden Tabelle gegeben.

Phase des Lernprozesses	**Mögliche Methoden**
informieren und analysieren	Impulsreferat, Kartenabfrage, Brainstorming und -writing, Methode 6-3-5, Interview, Kartenabfrage, Kopfstandmethode
planen und strukturieren	Netzplan, Balkendiagramm, Kartenabfrage, Flussdiagramm, Maßnahmenplan, Zukunftswerkstatt, vom IST zum SOLL
begründen und entscheiden	Concept-Map, Entscheidungs-Matrix, Punktwertverfahren, Hearing-Diskussionsrunde, Pro- und Contra-Debatte
anwenden und ausführen	Concept-Map, Mind-Mapping, Szenario-Verfahren, Planspiel, Open Space, Expertenpuzzle, Simulation, Rollenspiel
kontrollieren und überprüfen	Advocatus Diaboli, Checklistenverfahren, Tagungskritik, Bewertungsmatrix, Stummer Dialog, Rück- und Ausblick
auswerten und bewerten	Stimmungsbarometer, Feld-Feedback, Gedächtnisplakat, Reflexionshand, Landkarte der Schwierigkeiten, Punkten
präsentieren und reflektieren	Thematische Landkarte, Museumsrundgang, Wandspeicher, Archäologenkongress, Vernissage, Plenardiskussion
evaluieren und beurteilen	Feedback-Fragebogen, ABC-Analyse, Punktwertmatrix, Lerntagebuch, Portfoliomethode, Kriterienliste, Brief an mich

Möglich ist es auch, Methoden primär den Facetten des individuellen, sozialen oder fachwissenschaftlichen Kompetenzerwerbs zuzuordnen oder sie derart zu katalogisieren, dass verschiedene Verfahren einer groben Lehrveranstaltungsstruktur zugeordnet werden (z.B. Kennenlernen, Einstieg, Erarbeitung und Ergebnispräsentation sowie -sicherung). Entscheidungsmöglichkeiten, die der Lehrende entsprechend seiner Intention zu treffen hat.

Aus den zuvor genannten Gründen werden Methoden in der konkreten Lehrveranstaltung vordergründig auf zweierlei Art und Weise in den Seminarablauf eingeplant:

Zum einen auf einer inhaltlichen Ebene mit der Perspektive, welche Methoden des Lehrens und Lernens die fachliche Inhaltserschließung sowie

Wissensgenerierung begünstigen und insgesamt bei der Problemlösung helfen. Zum anderen auf einer didaktisch-methodischen Ebene, auf jener man sich die Frage stellen muss und beantworten sollte, welche Methoden an welcher Seminarstelle angemessen sind und gleichermaßen den individuellen und subjektbezogenen Kompetenzerwerb fordern sowie fördern, aber auch der allgemeinen und gesellschaftlichen Erkenntnisgenerierung dienen.

Im Hinblick auf die Auswahl geeigneter Methoden ist es empfehlenswert, sich die folgenden Fragen seminarvorbereitend zu stellen (Lippmann, 2009):

- In welcher Handlungsphase (z.B. Problemerkennung, -analyse, -lösung, -reflexion) ist die Methode sinnvoll einzusetzen?

- Ist der Einsatz der Methode hilfreich, damit der Studierende bzw. Anwender sich den Inhalt einfacher oder vertiefter erschließen kann?

- Fördert die Methode Zielerreichung und Kompetenzzuwachs?

- Spricht die Methodenwahl den Studierenden ganzheitlich an und damit kognitiv, emotional und vor allem motivational?

- Welchen Reflexionsbedarf impliziert die Methode?

- Erhöht die Methode die Wahlfreiheit auf den Ebene des individuellen und professionellen sowie gesellschaftlichen Handelns?

Damit müssen Methoden derart der didaktischen Reflexion unterzogen werden, dass sie der Sache, dem Individuum und der Gesellschaft dienen und einerseits die Beziehungen jener Elemente zueinander verdeutlichen oder andererseits diese zu schaffen im Stande sind. Solche Methoden orientieren sich dann an einem gesellschaftsrelevanten und subjektbezogenen ganzheitlichen Handlungs- sowie Problemlösungsprozess. Innerhalb dessen lassen sich die einzelnen Verfahren dann den Kategorien von der Problemwahrnehmung und -erkennung über die Problemgenerierung, die Wissensintegration und -neukonfiguration bis hin zur Problemlösung sowie -reflexion zuordnen.

Weil viele Studierende im Rahmen der Umfragen zur Seminarausgestaltung den Wunsch äußerten, viele Methoden und Verfahren kennenlernen und anwenden zu wollen, die sich darüber hinaus vor allem in der Praxis einsetzen lassen, empfiehlt es sich einen Methodenpool zu schaffen. In diesem sollten dann in einem ersten Schritt alle Methoden gesammelt werden, die einem überhaupt bekannt und in der Anwendung vertraut sind. Des Weiteren kann die konkrete Erstellung eines Methodenreaders für die Lehrveranstaltung in einem zweiten Schritt nicht nur die Bedürfnisse der Studierenden befriedigen. Darüber hinaus ist die Möglichkeit gegeben, dass methodisch geübte und erfahrene Teilnehmer nicht mittels der vorgegebenen Methode arbeiten müssen, sondern andere, entweder ihnen bekannte oder durch den Reader vermittelte Verfahren auswählen und selbstgesteuert einsetzen können.

Denn in einer Lehrveranstaltung, die sich an Studierende unterschiedlicher Fachsemester und Fakultäten richtet, darf nicht vergessen werden, dass diese über verschiedene Methoden und Strategien verfügen und unterschiedlich ausgeprägte methodische Kompetenzen besitzen.

Zugunsten dieser Aspekte sowie zur Initiierung und Unterstützung eines ganzheitlichen Handlungs- und Problemlösungsprozesses kann dann die zur Verfügung gestellte methodische Variationsvielfalt im Rahmen eines Methodenreaders den Studierenden einen Markt an Möglichkeiten bieten, damit sie selbst auswählen und bestimmen können, welcher ihrer Meinung nach adäquaten Verfahren sie sich bedienen. Seminarbegleitend beugt ein solches Konvolut der Neigung einiger Studierender vor, alles zu jedem Zeitpunkt mitschreiben zu wollen, was von der eigentlichen Seminararbeit und der jeweiligen Problemlösung ablenkt. Darüber hinaus hat der Reader die Vorzüge, dass den Lernenden das Methodenwissen ob der schriftlichen Fixierung nicht verloren geht und sie über die Veranstaltung hinaus auf jenes Wissen zurückgreifen können.

Weil sich das Seminar zudem an Lehramtsstudenten richtet, folgt jeder Arbeitsphase nicht nur die Reflexion des Sachaspektes, sondern ebenfalls die der angewandten Methoden. Am Ende des Kompaktseminars wird es dann zusätzlich nötig, sämtliche, vor allem aus didaktischen Gesichtspunkten eingesetzte Methoden und Verfahren gleichermaßen inhaltlich zusammenzufassen und abschließend bezüglich ihres Nutzens sowie ihrer Vor- und Nachteile reflektieren zu lassen.

Des Weiteren kann den Studierenden die Möglichkeit gegeben werden, ausgewählte Verfahren im Rahmen eines schriftlichen Reflexionsberichtes darstellen und in Bezug auf ihren Nutzen bzw. ihre Vor- und Nachteile für Lehren und Lernen in Organisationen reflektieren zu lassen. Eine alternative Form der Leistungsdokumentation. Die Einstellung jener Berichte ins EWS würde den vorhandenen Methodenreader zusätzlich um weitere Verfahren, Sichtweisen und Reflexionselemente anreichern.

Ein methodisches Arrangement, das sich wiederum aus vielen verschiedenen Methoden konstituiert und den zuvor beschriebenen Aspekten in besonderer Art und Weise Rechnung trägt, ist der Open Space (Owen, 2001a). Da sich dieses metalogische Verfahren zur Problemlösung nahezu unabhängig vom jeweiligen Fachgebiet einsetzen lässt und ihm ebenfalls ein größerer Raum zur anwendungsbezogenen Erprobung in der Veranstaltung „Lehren und Lernen in Organisationen" eingeräumt wurde, soll jene Meta-Methode nun ausführlicher dargestellt werden (Maleh, 2000; Owen, 2001b; Bergmann & Daub, 2006).

Methodenmodul - **Der Open Space als metalogisches Verfahren der Problemlösung**

Das **Open Space** ist ein innovativer Ansatz des selbstbestimmten und eigenverantwortlichen Lernens innerhalb eines offen gestalteten Freiraums. Der ursprüngliche Erfinder des Open Spaces – Harrison Owen – stellte bei mehrtägigen internationalen Konferenzen, die er organisierte, fest, dass es entgegen der eigenen Intention nicht die Tagungsinhalte, sondern die Kaffeepausen waren, die sich besonderer Beliebtheit erfreuten und das beliebteste Ereignis waren. Deshalb unternahm Owen in der Folge diverse Versuche, sowohl die Merkmale einer guten und organisierten Konferenz mit den Aktivitäten und Begeisterungen von Kaffeepausen synegoistisch zu verbinden und daraus für die Gestaltung effektiverer Seminare zu lernen.

Die Anzahl der Teilnehmer, die an einer Open-Space-Konferenz teinehmen, ist nicht festgelegt und variiert von 10 bis 1000 Personen. Die Dauer eines Open Spaces kann, je nach Gruppengröße und Dynamik bzw. Komplexität des Themas, bis zu 3 Tage betragen. Gegen Anfang und Ende findet jeweils eine Konferenz statt, in der alle Anwesenden zugegen sind, in den Workshopphasen des Open Spaces wird das Forum in Einzelgruppen aufgeteilt. Die inhaltliche Arbeit der Konferenz zu Beginn beschränkt sich auf die Eruierung und Festlegung eines Rahmenthemas, bei dem es sich um ein relevantes Thema für alle betroffenen Personen einer Organisation handeln muss. Ziel ist es, bis zur Abschlusskonferenz ein Resultat oder einen Aktionsplan zu entwickeln, der folgend in der Praxis umgesetzt wird.

Die gemeinsame Arbeit beginnt also in der ganzen Gruppe, innerhalb derer jeder Teilnehmer die Gelegenheit bekommt, eine Thematik anzusprechen, die von Bedeutung ist und für diese eine Arbeitsgruppe zu initiieren. Liegt die Agenda bzw. das Programm für den Open Space fest, teilt sich die Großgruppe in kleinere Arbeitsteams auf. Diese sind nicht starr festgelegt. Jeder Einzelne kann in die anderen Gruppen oder Arbeitsräume hineinschnuppern und nach individueller Präferenz ein Thema vertiefen.

Beim Open Space gibt es ein Grundprinzip: **Das Gesetz der zwei Füße**

Es besagt, dass jeder eigenverantwortlich bestimmt, auf welche Art und Weise und an welchem Ort er die Zeit der Konferenz bzw. der Veranstaltung verbringt. Ob er die gesamte Zeit in einer Gruppe verbringt, oder als "Biene" bzw. "Schmetterling" von einer zur anderen wandert, ist gleichgültig. Selbst wenn sich ein Teilnehmer eine ganze Zeit lang zurückzieht und alleine arbeitet, ist dieses seine Entscheidung.

Des Weiteren gibt es beim Open Space **vier Richtlinien:**

- Wer auch immer kommt, ist gerade die richtige Person.
- Was geschieht, ist das, was geschehen kann und soll.
- Wann immer es beginnt, ist es die richtige Zeit dafür.
- Vorbei ist vorbei.

Im Rahmen eines Open Spaces kann davon ausgegangen werden, dass mannigfache individuelle und kollektive Energien und Erzeugnisse freigesetzt werden und damit ein unglaubliches Problemlösungspotential generiert wird. Kreativität, Innovation, Eigenverantwortung und Kooperation tragen die Atmosphäre. Allerdings muss zur Durchführung dieser Methode auch die passende Architektur bereitgestellt werden. Eine Halle mit unterschiedlichen Räumen ist vor allem für Großgruppen nahezu notwendig. Die konkrete inhaltliche und methodische Ausgestaltung liegt sowohl bei den Moderatoren als auch bei den Teilnehmern selbst.

Seitens der Initiatoren ist es besonders wichtig, dass verschiedene Arbeitstechniken und methodische Verfahren zur Verfügung gestellt werden und dass diese die Teilnehmer zur weiteren Arbeit anregen und motivieren. Das inhaltliche Spektrum kennt hier keine Grenzen. Es können einfache Verfahren der Ideengewinnung, wie z.B. das Brainwriting oder die 6-3-5 Methode eingesetzt werden. Es lassen sich auch kommunikativere und komplexere Methoden verwenden, z.B. die Denkhüte oder die Walt-Disney-Methode. Ebenfalls erfreuen sich bibliotheksähnliche Bereiche und elektronische Medien großer Beliebtheit. Soll der Open Space authentisch realisiert werden, darf es zudem an einem Ruheraum nicht fehlen.

Die Methode kann aber auch für Tagesworkshops genutzt werden. Durch die starke Teilnehmerorientierung und das hohe Maß an Eigenverantwortlichkeit eignet sich dieses Verfahren ebenfalls gut für den Einstieg in längerfristige Entwicklungs-, Umbruchs- oder Veränderungsprozesse.

Die Ergebnisse der Arbeitsgruppen innerhalb des Open Spaces werden von einem Moderator oder vorher ausgewählten Mitarbeiter jeder Gruppe auf einem Plakat oder einer Computerdatei festgehalten. Der Moderator selbst begleitet und unterstützt die Prozesse im Open Space lediglich noch methodischer Natur. Die Arbeitsergebnisse der einzelnen Gruppen der Räume werden dann mittels ihres ausgewählten Mediums auf Stellwänden angebracht, die einen öffentlichen Marktplatz darstellen. Nun haben alle Raum, ihre Ergebnisse den anderen vorzustellen und mit diesen zu diskutieren oder sich über die Ereignisse anderer Teams bzw. Räume zu informieren. Den Abschluss des Open Spaces sollte dann die Auswahl, Vorstellung und Begründung der Ergebnisse und Strategien sein, die künftig im Kreise der Betroffenen implementiert werden. Schließlich sollte auch ein Feedback bzw. eine Reflexion den Open Space selbst beenden.

Der Open Space stellt sowohl einen fachwissenschaftlich relevanten Inhalt als auch eine komplexe Problemlösungsmethode dar.

Inhaltlich lernen die Studierenden Verfahren kennen, die in Organisationen eingesetzt werden, um bevorstehende Probleme und Schwierigkeiten verstehbar, handhabbar und sinnhaft machen zu können (Bergmann & Daub, 2006). Der Open Space reicht von der Ideengenerierung bis hin zur Gründung konkreter Projekte. Er mobilisiert mit seinen Teilnehmern ein vielfältiges Potenzial, damit sich für Veränderungsprozesse in Bezug auf unbestimmt breite Problembereiche gerüstet werden kann. Diese Methode fördert die dialogische Kommunikation sowie die kooperative Interaktion auf Grundlage mannigfacher Problemlösungsverfahren, so dass schließlich aus Betroffenen Beteiligte werden, die voneinander lernen.

Innerhalb des Open Spaces lernen die Teilnehmer – je nach Planung und Ausstattung – ein immenses Methodenrepertoire kennen, durch das sie befähigt werden, auch dynamische und komplexe Problemstellungen analysieren, handhaben und verändern sowie reflektieren zu können. Mit der Vielzahl der Verfahren wird einerseits den Bedürfnissen und Interessen der Studierenden entsprochen, andererseits werden bei diesen verschiedene Sinne und Handlungskompetenzniveaustufen angesprochen. Die Teilnehmer werden zudem in ihrer Selbst- und Selbstkompetenz gefordert, weil sie eigenverantwortlich und selbstbestimmt entscheiden, ob und mit welcher Methode und ob das alleine oder im Team, angegangen wird. Das methodische Spektrum reicht von einfachen Verfahren der Ideengenerierung über Methoden, die ausgewählte Aspekte kritisch-rational bewertbar werden lassen bis hin zu dialogisch-kooperativen Diskussionsforen, in denen gemeinsam agiert werden kann. Die inhaltliche bzw. mediale Beschaffenheit der Verfahren ist gleichermaßen facettenreich. Internet und Fachlektüren können als Hilfsmittel ebenfalls in Betracht gezogen werden wie auch ästhetisch-kreative Materialien. Insgesamt eignet sich der Open Space wie kaum eine andere Lehr-Lern-Methode, um die Methodenkompetenz der Anwender umfassend und nachhaltig zu fördern.

Der Initiator eines Open Spaces bzw. der Lehrende sollte sich allerdings immer bewusst vor Augen führen, welchen räumlichen, zeitlichen und materiellen sowie organisatorischen Aufwand diese Methode in der Vorbereitung erfordert. Jene Aspekte sind es schließlich, die den Erfolg des Verfahrens bedingen und gewährleisten.

Der exemplarischen und ausführlichen Planung, Durchführung und Reflexion eines moderneren und erstmals in der Lehre eingesetzten methodischen Verfahrens bzw. Mediums – dem e-Learning – wird im folgenden Kapitel besondere Aufmerksamkeit geschenkt. Dabei handelt es sich um eine elektronische Lehr- und Lernform, die aufgrund ihrer Beschaffenheit und inhaltlichen Ausrichtung der Lehrveranstaltung sowohl Inhalt als auch Methode darstellt und demgemäß der Reflexion sämtlicher didaktischen Bedingungs- und Entscheidungsfelder bedarf.

2.4.3 E-Learning im Rahmen sozio-technischer Communities

Ein weiterer bedeutsamer Planungsaspekt des Kompaktseminars waren der Einsatz neuer Medien in Lehr- und Lernprozessen sowie die damit verbundenen facettenreichen Möglichkeiten des Onlineaustauschs. Im konkreten Fall wurden damit erstmals die Kommunikationsmedien Computer und Internet nicht nur zur Seminarorganisation genutzt, darüber hinaus sollten sie auch eine bedeutsame Lehreinheit im Vorfeld des eigentlichen Seminars sein und schließlich eine intensive Nacharbeit der Veranstaltung ermöglichen und damit insgesamt eine innovative Form des Lehrens – im Rahmen des e-Learnings – darstellen.

Generell subsumiert man unter der Bezeichnung des e-Learnings jene Aspekte, die Lehr- und Lernprozesse digital bzw. medial unterstützen (Arnold, Kilian, Thillosen & Zimmer, 2011). E-Books, Audio- und Videoplayer sowie der Computer stellen einige Medien dar, die im Rahmen dieses Prozesses als Werkzeuge genutzt werden können. Gemeinsam ist ihnen, dass sie verschiedene Sinnesmodalitäten nutzen, um Lernprozesse zu initiieren und zu unterstützen bzw. zusätzlich anzuregen (Stiller & Mate, 2003; Stiller 2006). Besondere Bedeutung wird in diesem Zusammenhang vor allem der Interaktivität jener Lehrmedien beigemessen, weil sowohl Lehrende als auch Lernende verschiedene Möglichkeiten haben, um sich innerhalb des Nutzungsprozesses einzubringen (Grissom, McNally & Naps, 2003). Auf diese Art und Weise lässt sich beispielsweise einerseits lediglich eine Frage formulieren und schriftlich fixieren, die durch einen festgelegten Rezipienten nur beantwortet werden soll, andererseits können mittels bestimmter Interventionen öffentliche Gruppendiskussionen initiiert, geführt und schließlich in ihrem Prozess und Ergebnis reflektiert werden. Die Formen des e-Learnings können daher von der einfachen e-Mail im Seminarvorfeld bis zur Abhaltung komplett virtueller Lehre – z. B. an Fernuniversitäten bereits Usus – reichen. Eine Form stellt das Blended Learning dar (Erpenbeck & Sauter, 2007; Fredebeul, 2012). Bei diesem elektronischen Lernprocedere werden sowohl Aspekte realer und klassischer Lehre und damit der tatsächlichen zwischenmenschlichen Interaktion als auch Elemente virtueller Art bzw. verschiedenartige Online-Lehreinheiten gleichermaßen genutzt und miteinander verzahnt.

Die Verzahnung ausgewählter Elemente des e-Learnings in der eigenen Lehrveranstaltung birgt vor allem den Vorzug in sich, dass mit den Medien Computer und Internet sowie Chatroom Elemente der Lebenswelt genutzt werden, die den Studierenden aus ihrem privaten Umfeld vertraut sind und zusätzlich oftmals allein schon wegen ihrer routinierten Nutzerfreundlichkeit motivieren (Loos, 2010). Des Weiteren helfen sie Informationen direkt und ohne größeren Aufwand allen Beteiligten zukommen zu lassen. Dies geschieht zudem raum- und zeitunabhängig, so dass beispielsweise keine Vortreffen und Präsenztermine in Bezug auf jene Aspekte geplant werden müssen. Umfangreiche Inhalte (Skripte etc.) müssen schließlich nicht bereitgestellt oder entliehen werden. Darüber hinaus schult e-Learning u.a. die Selbstkompetenz, weil der Nutzer sich derart organisieren muss, dass er seine Lernphasen eigenverantwortlich steuert. Des Weiteren ist die Möglichkeit gegeben, wenn verschiedene mediale Inhalte genutzt werden, nicht nur mehrere Sinne gleichzeitig anzusprechen, sondern auch individuellen Lerntypenausprägungen gerecht zu werden. Je nach Umfang des elektronischen Lernprojektes lassen sich unterschiedlich schwierige Aufgaben einstellen und bearbeiten, Rückmeldungen automatischer und dialogischer bzw. interaktiver Natur einsetzen sowie Lernniveau, -reihenfolge und -tempo stärker berücksichtigen (Niegemann et al., 2008; Rey, 2009).

Bestimmten Nachteilen des ausschließlichen e-Learnings wird entgegengewirkt, da sich nicht für die Durchführung eines reinen Online-Seminars entschieden wurde, sondern diese innovative Form der Informations- und Wissensgenerierung lediglich seminarvor- und -nachbereiten Charakter hat. Damit muss sich der Dozent nicht uneingeschränkt auf jene Medien verlassen und auch kein Experte auf dem Gebiet des computer- und internetgestützten Agierens sein. Zusätzlich wird vermieden, dass ein Seminar ohne direkten sozialen Kontakt nebst Interaktion gehalten wird. Schließlich beugt man dem

Umstand vor, dass Teilnehmer durch die reine Bildschirmnutzung ermüden oder infolge dessen erst gar nicht am Seminar teilnehmen wollen.

Dieser Seminarbestandteil wird primär aus didaktisch-methodischen bzw. gesellschaftlichen Implikationen in das „Seminar Lehren und Lernen in Organisationen“ implementiert. Zentral sollen demgemäß die Aspekte des motivierenden Charakters, der Begünstigung und Beschleunigung des Informationsaustausches, der Ermöglichung einer andersartigen Form der Wissenskonstruktion sowie der Förderung der individuellen Selbstorganisation sein (Salmon, 2000).

Konkret wird das e-Learning-WorkSpace (kurz EWS) der Universität genutzt. Dafür war lediglich ein Arbeitsraum mit dem Seminarnamen und unter Angabe des Semesters zu erstellen, über die Administration zu beantragen und von dieser frei schalten zu lassen. Beim EWS handelt es sich um eine internetbasierte Arbeits- und Projektumgebung, die Lehrveranstaltungen mittels netzbasierter Dienstleistungen unterstützt. Dadurch lässt es sich für die unterschiedlichsten Zwecke nutzen. Erstens können den Teilnehmern in einem öffentlichen und internen Arbeitsbereich Seminarunterlagen zur Verfügung gestellt werden, ohne diese aufwändig allen in Papierform zukommen lassen zu müssen. Diese Möglichkeit ist zudem den Studierenden gegeben, so dass sie eigene Materialien im EWS einstellen können, die dann, je nach Einstellung, für alle einseh- und nutzbar sind. Eine Vielzahl von Kommunikationstools hilft z.B. dabei, inhaltliche und organisatorische Mitteilungen über eine Mailing-Liste zuzustellen. Des Weiteren lassen sich diese alternativ auch im veranstaltungseigenen Forum diskutieren, wenn es notwendig erscheint. Das (Media-) Wiki steht schließlich zur Verfügung, damit Studierende ausgewählte Inhalte und Fachtexte kooperativ bearbeiten und zur weiteren Nutzung aufbereiten können.

Diese Form des e-Learnings wird auf zweifache Weise im Rahmen der Seminarvorbereitung genutzt. Zum einen kann über die E-Mail-Liste den Teilnehmenden umfassend alles Organisatorische mitgeteilt werden, zum anderen soll das Wiki allen Lernenden bereit stehen, damit allgemeine Grundlagentexte seminarvorbereitend eingesehen werden können. Einem Teil der Studierenden wird es zur Verfügung gestellt, so dass diese nach vorheriger Rücksprache ausgewählte fachspezifische Grundlagentexte selbstbestimmt, dialogisch und kooperativ bearbeiten und schließlich im Seminar selbst präsentieren können.

Bezüglich der Seminarorganisation helfen explizit eigene Webseiten, um auf Lehrveranstaltungen aufmerksam zu machen. Diese können mit der Homepage eines Lehrstuhls verknüpft sein, so dass der interessierte User auf adäquate Veranstaltungen bereits über die übergeordnete Fakultät aufmerksam wird. Damit erreicht man auf einfachem Wege eine Vielzahl Studierender. Selektiv schreibt man die Seminare dort bereits adressatenorientiert bzw. studiengang- und -fachspezifisch aus. Sämtliche Änderungen aktueller, organisatorischer oder inhaltlicher Natur lassen sich in diesen Medien problem- und umweglos vornehmen (z.B. Raumänderungen, Zeitvariationen, Anreicherung oder Reduktion von Inhalten), was mittels gedruckter Aushänge der Fakultät oder dem Vorlesungsverzeichnis als Printexemplar nicht mehr möglich ist.

Ebenfalls wird die Anmeldung zu einem Seminar dadurch für Studierende einfacher. Diese müssen dann nicht den umständlichen Weg des Besuches der Sprechstunde oder das Aufsuchen von Listen, in die man sich einzutragen hat, wählen. Des Weiteren kann jene Arbeits- und Organisationsform auch dem Dozenten seine Tätigkeit erleichtern und vereinfachen. So erhält dieser z.B. eine Übersicht über die Anzahl der Teilnehmer, hat die Möglichkeit der direkten Kontaktaufnahme und kann Zusatzinformationen umgehend übermitteln.

Allerdings wird mancherorts die Erfahrung gemacht, dass in diesem Zusammenhang vor allem die Hemmschwelle seitens der Studierenden fällt, sich entweder inflationär im Semestervorfeld für eine Vielzahl von Seminaren anzumelden und in der Folge an diesen nicht teilzunehmen – wobei die Kommunikation dessen scheinbar vergessen wird. Oder es soll gelegentlich dazu kommen, dass sich der Lehrende einer Flut an oftmals überflüssigen Anfragen ausgesetzt sehen muss: „Nett wäre, wenn Sie mir nun noch sagen könnten, in welchem Raum das Seminar stattfindet“ – „Kann ich das Seminar im Rahmen meines Bachelorstudiums Psychologie besuchen?“ – „Ist es möglich, die Seminartermine vorzuverlegen?“ – „Wie kann ich einen Leistungsnachweis erwerben?“ bzw. „Was versteht man denn unter einem Gruppenkolloquium?“

Jede einzelne Information kann bei entsprechender Vorplanung des Lehrenden, ebenfalls in ausführlicher Form online an den dafür vorgesehenen Stellen, präsentiert und damit von den Studierenden eingesehen werden. Dann reicht als Antwort beispielsweise ein Textbaustein, der auf die jeweilige Webseite verweist.

Sicherlich können über den elektronischen Kommunikationsweg auch vielfältige sinnhafte und für den Einzelnen bedeutsame sowie zielführende Fragen und Antworten ausgetauscht werden, beispielsweise wenn die Öffnung der Veranstaltung infolge des reichen Angebotes an Studiengängen schlicht vergessen wurde.

Die größte Bedeutung soll in diesem Kapitel allerdings dem EWS gewidmet werden. In diesem Arbeitsraum können sich Studierende für einzelne Lehrveranstaltungen anmelden, aber auch umfangreich über jene informieren. Diese Plattform eignet sich hervorragend, um sämtliches Organisatorisches im Vorfeld klären zu können, einen groben Seminarablauf zur Verfügung zu stellen sowie aktuelle Bekanntmachungen an alle zugelassenen Teilnehmer zu übermitteln. Zusätzlich ist die Möglichkeit gegeben, dass man den Interessierten keine seitenlange Liste mit Literaturvorschlägen zukommen lassen muss oder aber eine Kopiervorlage in Papierform zu erstellen braucht. Die relevanten Texte lassen sich dann selbst online in der Werkstatt des EWS einstellen oder man verweist auf andere Web-Seiten und Internet-Linke, auf denen die jeweiligen Fachtexte und -informationen vorhanden sind. Dies hat gleichzeitig den Vorteil, dass alle mit einheitlichen Informationen versorgt werden und weder die Bücher der Bibliothek von den Schnellsten sicherheitshalber dauerhaft ausgeliehen werden müssen noch die Papierzusammenstellungen auf dem Wege zum Kopierer verloren gehen können.

Darüber hinaus bietet das EWS weitere mannigfache Möglichkeiten, Lehren und Lernen zu begünstigen. Erstens kann nicht nur der Dozent mit den Teilnehmern Kontakt aufnehmen, dies ist zwischen jenen nun auch untereinander möglich. Zweitens können alle am Seminar Beteiligten ihre eigen erstellten Unterlagen sowie weitere – spannende, erkenntnisreiche und über das originäre Fach hinausgehende – Literatur einstellen und austauschen. Drittens lässt sich infolge der Diskussions- und Lernplattform Wiki das Seminar selbst zu einem bestimmten Teil online, persönlich und individualisiert sowie in Bezug auf die konkrete Thematik differenzierter durchführen.

Im EWS wurden für das Seminar „Lehren und Lernen in Organisationen" allgemeine und spezielle bzw. vertiefende Grundlagentexte eingestellt, die von allen vorbereitend zu lesen gewesen wären und seminareinleitend durch den Dozenten hätten referiert werden sollen. Aufgrund der fachlichen Inhalts- und Sachanalyse sowie dem regen Interesse der Studierenden wurde diesen eine alternative Option des Arbeitsvorgehens und damit auch des Prüfungsprocederes gewährt.

Zugunsten der Studierendenorientierung und -aktivierung ist nachträglich vom geplanten Vorgehen des einleitenden Vorlesungsstils abgewichen worden. Einigen Teilnehmern wurde aufgrund der Anfragen und des intensiven organisatorischen Austauschs die Möglichkeit zur Verfügung gestellt, einen Leistungsnachweis durch die lernkooperative Erarbeitung und Präsentation der vertiefenden Grundlageninhalte zu erwerben. Die notwendige Bekanntmachung und Informierung über jene Geschehnisse erfolgte ebenfalls mittels des E-Mail-Verteilers.

Es hatten sich 12 Teilnehmer für jene elektronische und in diversen Organisationen bereits typische Lernform angemeldet. Diese wurden nach Rücksprache bezüglich gegebener Präferenzen in Bezug auf die personelle Besetzung des Arbeitsteams und auf die inhaltliche Schwerpunktsetzung entsprechend ihrer Wünsche in drei Gruppen eingeteilt. In diesem Zusammenhang konnten ihnen dann die einzelnen Expertengebiete (für das Seminar „Lehre und Lernen in Organisationen" die grundlegenden Lerntheorien Behaviorismus, Kognitivismus und Konstruktivismus) und die dazugehörigen Arbeitsaufträge übermittelt werden. Der Dozent hatte sodann die Verlagerung jener vorab dozentenzentrierten Darstellungs- und Diskussionsphasen auf die Teilnehmer umzuplanen. Hierbei lassen sich dann Maßnahmen der individuellen Förderung und inneren Differenzierung schaffen, was explizit durch den Grad der Betreuung, Instruktionen und weiterführende Ausarbeitungsperspektiven realisierbar wurde.

In der ersten Zeit – der Einsatz des Wikis war sowohl für den Dozenten als auch alle Beteiligten neu – ereignete sich ein reger E-Mail-Austausch, mittels dessen geklärt werden musste: „Was" soll „wie" von „wem" auf „welche Art und Weise" bearbeitet werden. Nachdem die erste Unsicherheit seitens der Studierenden bezüglich des Einsatzes und Umgangs mit dem Wiki abgeflaut war, konnten erste Arbeitsphasen einsetzen. In dieser Zeit kann sich der Lehrende verstärkt zurücknehmen und sollte nur dann intervenieren, wenn vorab vereinbarte Rückmeldungen oder abgesprochene Termine, an denen der Bearbeitungsstand durchzugeben war, nicht eingehalten werden. Dann kann jedoch die Verunsicherung seitens des Dozenten wachsen, wenn das Wiki beispielsweise zwei oder drei Wochen lang unbenutzt bleibt.

Damit die nach der Lektüre intendierte Diskussion der Inhalte nicht zu oberflächlich ausfällt und über einen bestimmten Zeitraum auch dialogisch geführt und erkenntnisgenerierend aufrecht erhalten bleibt, sind an jener Stelle kurze und gezielte Impulse an die Teilnehmer zu senden.

Von der Gruppe, die das Themenfeld Kognitivismus bearbeitete, wurde bald eine eindrucksvolle Ablaufplanung, welcher Studierende mit der Bearbeitung welcher Inhalte bis zu welchem Zeitpunkt beauftragt ist, im EWS eingestellt. Schon bald ereignete sich die Präsentation der ersten Aufgabe – die Reduktion der Fachinhalte auf ihre zentralen Aussagen – in anschaulicher und ausführlicher Form, wovon sich auszugsweise in dem sich anschließenden Screenshot überzeugt werden kann.

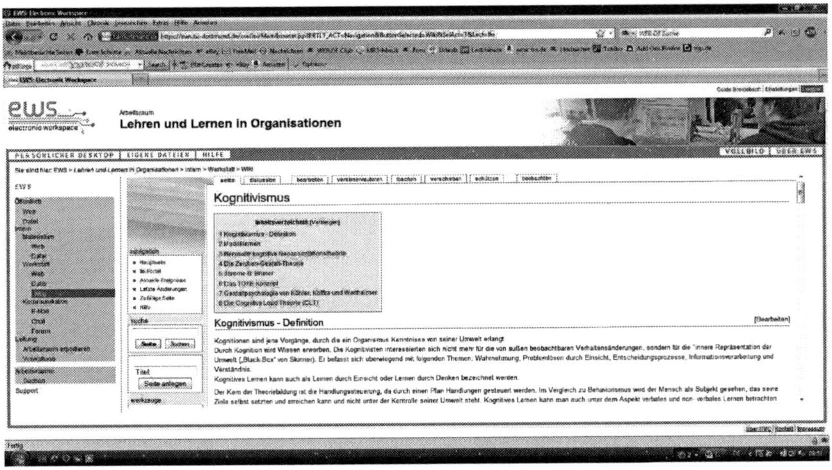

Dialogisch entwickelten die Studierenden dann eine strukturierte Darstellung des jeweiligen Theoriekomplexes. Weitere Anregungen ließen sich nun prozessbegleitend durch den Lehrenden vornehmen. Gleiches gilt auch für kleinere Änderungsempfehlungen explizit in der Darstellungsform. Dieses Vorgehen bzw. dieser Lernprozess hat den Vorteil, dass die einzelnen Beiträge ihren Verfassern zugeordnet werden können und dass ersichtlich wird, wie die jeweiligen Ausführungen ergänzt, diskutiert, revidiert und vor allem weiterentwickelt werden.

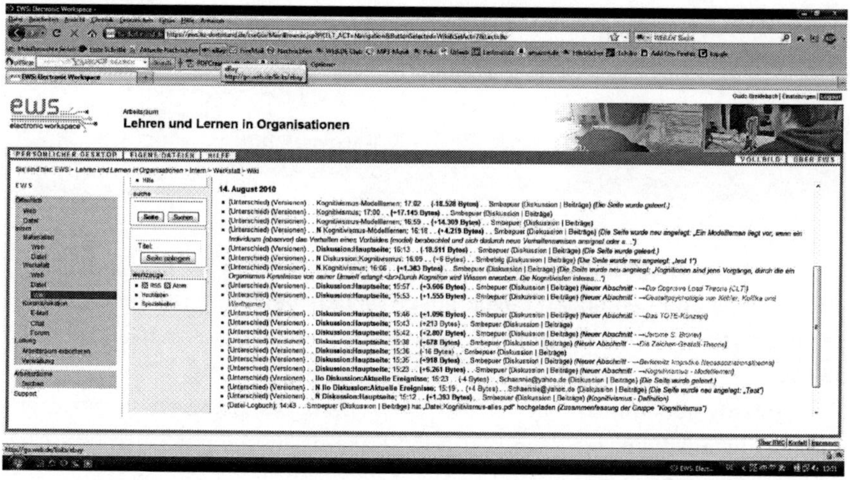

Gerade jene dialogisch, kooperativ und oftmals bidirektional sowie kritisch geführte Erkenntnisgenerierung war mit dem Einsatz des Wikis auch originär intendiert. Eine gleichermaßen fruchtbare Diskussion der Inhalte der themenfremden Arbeitsgruppen unterblieb, war allerdings auch in diesem Zusammenhang nicht derart geplant. Erwartet wurde dies schließlich erst – entsprechend der Seminarkonzeption – als integraler Bestandteil zu Beginn des ersten, eher theoretisch ausgerichteten Kompakttages. Dies ist darin begründet, dass an jener kritischen Diskussion und Reflexion alle Studierenden mitgestaltend teilhaben sollen.

Die Auseinandersetzung und Diskussion der Inhalte zu den anderen Aufgabenstellungen höherer Kompetenzstufen, nämlich der Anwendung und Bewertung sowie Beurteilung: „Welche Praxisimplikationen lassen sich daraus für Lehren und Lernen in Organisationen ableiten?“, „Wie lassen sich jene dann am besten konkret umsetzen?“ und „An welche Grenzen stößt die Aussagekraft der jeweiligen Lerntheorie?“, erfolgte ebenfalls nach kurzem Impuls äußerst zügig und durchgehend konstruktiv.

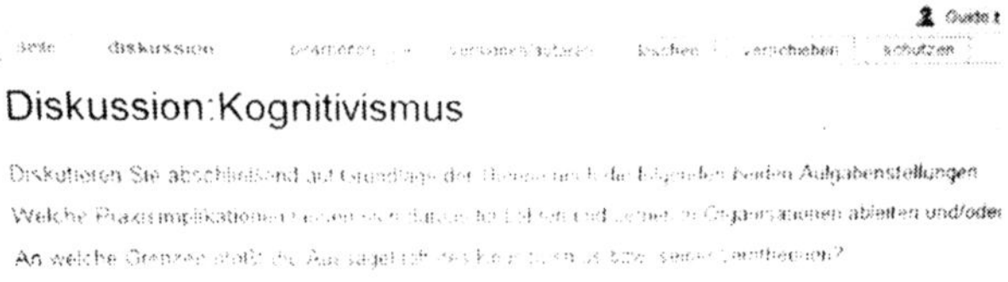

Auf Grundlage dieses Arbeitsvorgehens und -engagements kann dann auch seitens des Lehrenden davon ausgegangen werden, dass auch die Präsentation jener Inhalte im Seminar auf derart authentische und fundierte Art und Weise sowie in diskussionsfreudiger Manier erfolgen wird.

Allerdings kann es auch vorkommen, dass die Bearbeitung eines anderen Themenkomplexes – im konkreten Falle die des Behaviorismus – sich demgegenüber eher schleppend und weniger intensiv konstituiert. Dann sind die Ergebnisse, trotz vielfältiger Anregungen und Motivierungsversuche sowie intensiver Betreuungsangebote und -maßnahmen, schlussendlich über den Dozenten mit Anmerkungen und inhaltlichen Ausführungen zu ergänzen.

Abschließend wurde mit den Teilnehmern ein kurzer Termin ausgewählt, um didaktische und methodische Absprachen bezüglich der Seminarpräsentationen vornehmen zu können. Da der elektronische Austausch reibungslos funktionierte, war ein Erscheinen im Rahmen einer Sprechstunde nicht notwendig. Den Betroffenen wurden diverse didaktische Prinzipien für die Phasen des Einstiegs, der konkreten Präsentation und einer sich anschließenden Plenardiskussion mitgeteilt. Aus diesen sollten sie sich jeweils solche für ihren Vortrag aussuchen, die entweder zur inhaltlichen Thematik passten, ihren individuellen Präferenzen entsprachen oder aber besonders geeignet schienen, ihre Kommilitonen zu aktivieren.

Aufgrund der Komplexität und Dynamik des Themenfeldes e-Learning und der Facette des Einsatzes und der Nutzung sozio-technischer Communities sowie der Ausrichtung des Kompaktseminars auf die Grundlagen der Lern- und Lehrtheorien und deren Anwendungsimplikationen innerhalb von Organisationen, wurde jener Sachaspekt allerdings bewusst inhaltlich ausgespart. Weil diverse Institutionen diese Form der Informationsübermittlung und Wissensgeneriorung allerdings praktizieren, sollte zumindest ein anschlussfähiger Teil der Lehrveranstaltung den betroffenen Anwendern als Reflexionsraum eingeräumt werden.

2.5 Hochschulprüfungen – Funktionen und Formate

Hochschulprüfungen erfüllen an der Universität vielfältige Funktionen (Flechsing, 1976). Erstens dienen sie der Rekrutierung auf Grundlage von erbrachten Qualifikationsnachweisen und durch Mechanismen der Auslese und Platzierung. Zweitens haben sie eine Herrschafts- und Sozialisationsfunktion, ob ihrer Initiierungsriten in deren Anschluss ein bestimmter Status verliehen wird oder aber nicht. Drittens erfüllen sie eine didaktische Funktion. Hochschulprüfungen ermöglichen die Diagnose der Lernvoraussetzungen der Studierenden, orientieren sich im besten Fall an den Studienzielen und können nicht nur die Motivation des Prüflings fördern, sondern ihm auch ein Feedback über seinen Lernerfolg bieten. Gleichermaßen wird immer aber auch der Lehrerfolg des Prüfers bzw. wissenschaftlich Lehrenden zurückgespiegelt.

Im Rahmen dieser Arbeit wird kurz dargestellt, welche typischen Prüfungen gegeben und grundsätzlich möglich sind, bevor zum einen die formale Prüfungsvorbereitung und zum anderen die Durchführung und Reflexion mündlicher Prüfungen – explizit das Format des Gruppenkolloquiums – ausführlicher im Betrachtungsfokus stehen.

Bezüglich der abzunehmenden bzw. abzuleistenden Prüfungen helfen die erhobenen Lernvoraussetzungen der Teilnehmer eine erste Orientierung über die Präsenz bestimmter Studiengänge und damit gültiger Prüfungsordnungen zu erlangen. In einem ersten Schritt kann der Lehrende sich dadurch auf einer allgemeinen Ebene informieren, welcher Studierende welche Prüfungsform und -leistung zu erbringen hat bzw. absolvieren kann. Gelegentlich kommt es vor, dass Seminarteilnehmer hierüber selbst nicht immer ausreichend informiert sind. Des Weiteren entlastet jene Vorinformierung, damit dieses Prozedere nicht den Einstieg in das Seminar dominiert. Zugleich wird sondierbar, ob die Studierenden überhaupt gemäß ihres formalen Studienganges zur Teilnahme an der Lehrveranstaltung berechtigt sind. Zusätzlich wird ersichtlich, welche Prüfungsinformationen und -unterlagen noch bei anderen Fachbereichen oder staatlichen Institutionen angefordert werden müssen. Dies dient u. a. der Orientierung der Lehrenden, weil diese nicht über sämtliche Studiengänge sowie -ordnungen und damit abzunehmenden Prüfungen informiert sein können.

In einem weiteren Schritt hat der Lehrende an dieser Stelle ausreichend Zeit, um sich selbst zu vergewissern, welche Prüfungsformen seinen individuellen Neigungen entsprechen und ob es das gegenwärtige universitäre Tagesgeschäft zulässt, beispielsweise schriftliche Arbeiten intensiv genug zu betreuen oder aber ob mündliche Prüfungen bereits ausreichend sicher vorbereitet und geführt werden können.

Ein typisches Hochschulprüfungsverfahren stellt die Klausur dar. Sie birgt die Vorteile in sich, dass relativ standardisierte Bedingungen für eine große Menge Studierender geschaffen werden können. Im Rahmen der schriftlichen Wissensabfrage lassen sich komplexe und umfangreiche Fragestellungen generieren, die in der Auswertung sowie der Beurteilung – beispielsweise wenn sich an einer Musterlösung orientiert wird – grundsätzlich als objektiv gelten können. Schließlich stellt die Klausur ein für Studierende gut bekanntes Prüfungsformat dar.

Klausuren implizieren jedoch auch diverse Nachteile in sich. Erstens ist dieses relativ anonyme Verfahren eher eine Massenabfertigung, die weder dem Anspruch der Individualität gerecht wird, noch im Stande ist, die Vielzahl der Prüflinge gleichermaßen zu motivieren. Zweitens können schlagwortartige Abfragen und unverständliche Fragestellungen dazu führen, dass der Lernende nicht in adäquater Weise sein Wissen darstellen kann. Drittens ist bei mangelhaften Leistungsdokumentationen nicht die Möglichkeit der Eruierung gegeben, ob diese auf ein Wissensdefizit des Studierenden oder gar auf das eigene Unvermögen, angemessene Fragestellungen zu generieren, zurückzuführen ist. Ein besonders gravierender Nachteil ist schließlich darin gelegen, dass gerade schriftliche Leistungsabfragen unter Aufsicht den Prüfling stark unter Druck setzen, Prüfungsängste evozieren, auf die dann eingangs bzw. während der Leistungsabfrage nicht mehr eingegangen werden kann, um ihnen intervenierend entgegenzuwirken.

Schriftliche Hausarbeiten stellen eine weitere Form der Leistungsdokumentation und -abfrage dar. Sie zeigen zusätzlich, inwieweit die Kompetenz, wissenschaftliche Fragestellungen zu generieren, angemessen zu untersuchen und darzustellen sowie abschließend zu reflektieren, vorhanden ist. Hierbei sollte man sich jedoch im Klaren darüber sein, dass sie – will man Hausarbeiten angemessen und vor allem professionell betreuen – ebenfalls höchst arbeitsintensiv für den Lehrenden sind. Explizit Studierende der ersten Semester verfügen noch nicht über die Kompetenzen, jene Arbeiten angemessen inhaltlich darzustellen, dabei den formalen Ansprüchen zu genügen und sie in einer angemessen wissenschaftlichen Schriftsprache zu verschriftlichen. Der Dozent sollte sich in jenen Fällen darüber im Klaren sein, dass er die Bereitschaft und zeitlichen Ressourcen besitzt, eventuell in die Wissenschaftspropädeutik einzuführen oder als Schreibcoach fungieren zu müssen.

Mündliche Prüfungen stellen ein Äquivalent schriftlicher Prüfungsleistungen dar, die eine persönliche und fachliche Interaktion zulassen. In bestimmten Fällen ist zudem ein elaborierendes Nachfragen möglich. Gleichzeitig kann seitens des Prüflings inhaltlich nachjustiert bzw. der eigene Standpunkt vertreten werden, während die Gestaltungsmöglichkeiten des Kolloquiums seitens des Prüfers und seitens des Geprüften gegeben sind. Dabei sollte man sich jedoch bewusst sein, dass insbesondere sozialpsychologische Mechanismen wirken, die sowohl zur fachinhaltsunabhängigen Bevorzugung oder Benachteiligung des Teilnehmers führen können. Eine angemessene Objektivierung dieses Prüfungsformates für alle Beteiligten ist zudem nur schwer möglich. Schließlich erfordert es ein hohes Maß an Professionalität, mündliche Prüfungen angemessen durchzuführen.

Für alle Prüfungsformen gilt jedoch, dass sie sich an verschiedenen Bezugsnormen orientieren sollten (Dubs; 2006). Erstens an einer individuellen Bezugsnorm, damit dem Prüfling sein Lernfortschritt vergegenwärtigt wird. Zweitens an einer sozialen Norm. Ihr Bezugspunkt ist die Gruppe der Teilnehmer oder Studierenden, so dass darauf Obacht gegeben wird, wie sich die Einzelleistung in Relation zu den weiteren Niedrigst- bzw. Höchstleistungen verhält. Drittens muss eine Prüfung immer an einer kriterialen Norm orientiert werden. Dies impliziert Klarheit darüber, welche Anforderungen insgesamt gestellt werden können, welche Leistungsdokumentation erbracht werden muss, um eine Prüfung überhaupt zu bestehen und mittels welcher Leistungsnuancen die einzelnen Leistungsnoten erreicht sind.

Des Weiteren darf nicht vergessen werden, dass Lernen, Lehren und Prüfungsleistungen eng miteinander verwoben sind. Im Rahmen dieser Arbeit wurde dargelegt, dass fachwissenschaftliche Inhalte, formulierte Ziele und intendierte Kompetenzzuwächse und ausgewählte Lern- bzw. Lehrmethoden einen Implikationszusammenhang aufweisen, der auch in Prüfungen zu berücksichtigen ist (Biggs & Tang; 2007).

Als prüfungsordnungskonformes Verfahren zum Erwerb eines Leistungsnachweises im Seminar „Lehren und Lernen in Organisationen“ wird, neben der Beurteilung der schriftlichen Arbeitsergebnisse des Wiki-Projektes samt ihrer Präsentation, die Verfassung eines Reflexionsberichtes angeboten.

Dieser entspricht formal einer schriftlichen Hausarbeit, richtet den inhaltlichen Schwerpunkt jedoch verstärkt auf die praktische Anwendung und kritische Reflexion der erarbeiteten Inhalte und Methoden. Des Weiteren kann eine mündliche Prüfungsleistung im Rahmen eines Gruppenkolloquiums erworben werden. Für diese Prüfungsform wurde sich entschieden, weil sie eine studierenden- und damit ressourcenorientierte Abfrage neben einer flexibleren und vertiefenden Gesprächsführung zulässt.

Prüfungsvorbereitend kann mit den angemeldeten Seminarteilnehmern vorab eruiert werden, welche Prüfungspräferenzen bestehen. Eine Konkretisierung der formalen und inhaltlichen Anforderungen sollte mit den Studierenden abgestimmt werden, wenn diese eine konkrete Leistungserbringungsform ausgewählt haben. Ein allgemeines Schriftdokument, das Prüfungsformen, Inhaltsanforderungen und vielleicht sogar Beurteilungskriterien beinhaltet, kann eine Unterstützung für diesen Entscheidungsprozess sein.

Da für den Prüfer das Gruppenkolloquium eine neue Prüfungsform darstellte, wurde dieser besondere Beachtung geschenkt. Eine Klärung der notwendigen Modalitäten erfolgt gemeinsam mit den betroffenen Teilnehmern im Anschluss an das Seminar. Zum einen kann dann Grundlegendes bezüglich Erwartungen und Ablauf mitgeteilt werden, zum anderen erscheint dieser Zeitpunkt angemessen, konkrete Termine und Inhalte abzusprechen, damit in der Folgezeit benötigte Unterlagen organisiert und Räume angemessen gestaltet werden können.

2.5.1 Planung und Vorbereitung mündlicher Prüfungen

Es empfiehlt sich, die wesentlichsten formalen und inhaltlichen Aspekte, die zur Prüfungsvorbereitung und -durchführung bedeutsam sind, in einer selbsterstellten Checkliste festzuhalten. Darüber hinaus ist es hilfreich, sowohl eine Formulierung geeigneter Prüfungsfragen einige Zeit vor dem Kolloquium vorzunehmen und diese in einem Fragenpool zu sammeln und sogar schon nach gegebenen Schwierigkeitsgraden zu klassifizieren, als auch verschiedene Bewertungskriterien zu generieren und gleichermaßen, beispielsweise in einem Beobachtungs- und Bewertungsbogens, zu fixieren (Stary, 2006).

Die Checkliste zur Planung und Vorbereitung von mündlichen Prüfungen unterstützt nicht nur prüfungsunerfahrenere Dozenten, einen Überblick bezüglich formaler und inhaltlicher Notwendigkeiten und Hilfsmittel zu erlangen. Auch erfahrenen Prüfern kann sie dienlich sein, möglichen Unwägbarkeiten vorzubeugen.

Checkliste zur Planung/Vorbereitung mündlicher Prüfungen	☑
Prüfling ist aus den eigenen Veranstaltungen bzw. Seminaren bekannt Name/ Semester des Studierenden:	☐
Es wurde ein Gesprächstermin vereinbart (Kennenlernen, Absprachen, Ablauf der Prüfung im Allgemeinen, Literaturempfehlungen)	☐
Die eigene Veranstaltung wurde bezüglich ihrer Inhalte, zu erwerbender Kompetenzen und im Hinblick auf die intendierten Ziele reflektiert	☐
Zweitprüfer ist bestellt und in den Prüfungsprozess involviert (Datum, Uhrzeit, Thematik)	☐
Prüfungs- und Studienordnung sind bekannt bzw. wurden eingesehen (Welche werden benötigt?)	☐
Prüfungs- und Protokollierungsunterlagen stehen zur Verfügung (siehe Prüfungsamt/ Fakultät)	☐
Schreibmaterial und Arbeitsutensilien sind vorhanden (Welche werden benötigt?)	☐
Termin wird eingehalten bzw. wurden abgesagt und verlegt Datum/Uhrzeit:	☐
Störquellen (privates Handy, Telefon, Außengeräusche…) sind beseitigt. Sekretariat wurde informiert.	☐
Prüfungsfragen wurden erstellt und liegen schriftlich vor (Checkliste wurde angefertigt)	☐
Prüfungsbeurteilungsbogen wurden erstellt und liegt vor (Beurteilungsbogen ist angefertigt worden)	☐

Gleiches gilt auch für den Prüfungsfragenpool. Selbstverständlich ist einem Hochschullehrenden klar, welche Inhalte durch ihn vermittelt wurden und welche Aspekte damit im Rahmen von Kolloquien sinnvollerweise abprüfbar sind. Ad hoc ist einem jedoch nicht immer gleichermaßen bewusst, welches Kompetenzniveau mittels einzelner Fragestellungen gefordert wird. Für das Seminar „Lehren und Lernen in Organisationen“ wurden verschiedene Kompetenzen formuliert, die sukzessiv aufeinander aufbauen, interdependent miteinander verbunden sind und über die reine Speicherung und Reaktivierung deklarativen Wissens hinaus gehen. Demgemäß sollten auch Prüfungsfragen diesen Prinzipien folgen und das Kompetenzspektrum von reinem Abrufen sowie Benennen bis hin zur Beurteilung und Bewertung abdecken.

Ähnlich der Klassifikation menschlicher kognitiver Prozesse lassen sich auch Prüfungsfragen unterschiedlicher und aufeinander aufbauender Schwierigkeitsgrade generieren (Dubs, 2006).

Auf einer ersten Prozessstufe wird die Erinnerung und Wiedergabe von Informationen angenommen. Sie impliziert primär die Reproduktion des Erlernten in relativ unveränderter Art und Weise. Auf einer zweiten Stufe ist das Verstehen und Anwenden dieser Informationen angesiedelt. Dabei geht es darum, Wissen sinngemäß abzubilden und in der Folge die erlernten Strukturen auch auf andere Situationen anwenden und in neuen Kontexten einbetten zu können. Die dritte Stufe umfasst die Erzeugung von Informationen und damit die Bearbeitung von Problemen. Dies umfasst beispielsweise die kriterienorientierte und systematische Analyse von Sachverhalten, auf deren Grundlage im Rahmen der Synthetisierung ein neuartiges Ganzes entwickelt wird und abschließend anhand fachlicher Kriterien beurteilt und bewertet werden kann.

Lehrerfahrenere und prüfungsroutiniertere Dozenten greifen in Prüfungen nicht nur auf jene kognitive Dreiteilung menschlicher Fertigkeiten und Fähigkeiten zurück, sie sind – wenn auch intuitiver Natur – darin geübt, parallel kompetenzorientiert zu prüfen (North, 2005; Wild, 2006).

Dann steht z. B. in einem ersten Schritt die Informationswiedergabe und -generierung im Vordergrund, aus deren Vernetzung sich Wissen entwickelt, welches sich über die Anwendung im Können widerspiegelt. Wird dieses dann aktiv eingesetzt, manifestiert es sich in konkretem Handeln und entspricht bei angemessener Anwendung dem eigentlichen Kompetenzbegriff. Geschieht dies in verantwortungsvoller Art und Weise, kann sogar von Professionalität gesprochen werden.

Eine Verzahnung beider Vorgehensweisen entspräche dann einem professionellen Abprüfen wissenschaftlicher Fachinhalte auf unterschiedlichen Niveaustufen bei gleichzeitiger Evozierung erworbener Kompetenzen seitens des Prüflings. Ein Beispiel für einen Prüfungsfragenpool, der sich an beiden Aspekten orientiert, ist für ausgewählte Inhalte in der nachstehenden Tabelle enthalten. Mögliche Fragen wurden sukzessiv – gemäß ihres Anforderungsniveaus – aufeinander aufbauend formuliert.

Lernen und Lerntheorien:

Was ist Lernen?
Wann kann davon gesprochen werden, dass jemand etwas gelernt hat?
Definieren Sie den Lernbegriff (und benennen Sie zentrale Aspekte des Lernens).
Welche Aspekte impliziert der Lernbegriff eher nicht?
Welche bedeutsamen Lerntheorien kennen Sie?
Beschreiben bzw. skizzieren Sie eine Lerntheorie des Behaviorismus/ Kognitivismus bzw. Konstruktivismus.
Was sind die zentralen Annahmen des Behaviorismus/ Kognitivismus bzw. Konstruktivismus?
Verdeutlichen Sie die Lerntheorie des Behaviorismus/ Kognitivismus/ Konstruktivismus an einem selbst ausgewählten Beispiel.
Welche Aspekte sind für Lernen in der Praxis bzw. in Organisationen bedeutsam?
Stellen Sie die Lerntheorien des Behaviorismus/ Kognitivismus/ Konstruktivismus einander gegenüber.
Welche zentralen Unterschiede sind für die einzelnen Lerntheorien charakteristisch?
An welche Grenzen stößt die Aussagekraft des Behaviorismus/ Kognitivismus/ Konstruktivismus?
Beurteilen und bewerten Sie ein Paradigma des Behaviorismus/ Kognitivismus/ Konstruktivismus.
Wie sollte Lernen in Organisationen gemäß eines ausgewählten lernpsychologischen Paradigmas organisiert werden? Wie eher nicht?

Solution Cycle:

Was ist der Solution Cycle? Was beschreibt der Solution Cycle?
In welche Phasen gliedert sich der Solution Cycle konkret?
Wie hängen die einzelnen Phasen des Solution Cycles miteinander zusammen?
Welche Methoden und Verfahren lassen sich im Rahmen des Solution Cycles einsetzen? Begründen Sie Ihre Entscheidung.
Auf welchen theoretischen und empirischen Grundlagen fußt der Solution Cycle?
Was ist eine Kompetenz? Welcher Kompetenzbegriff liegt dem Solution Cycle zugrunde?
Welche Sichtweise des Lernens und Lehrens impliziert der Solution Cycle?
Welche Aspekte bleiben aus welchen Gründen eher ausgeblendet?
Sie haben die Aufgabe, das Verfahren des Solution Cycles in der Praxis ein- und umzusetzen. Wie gehen Sie vor? Was sollte darüber hinaus bedacht werden?
Was ist bisher unberücksichtigt geblieben?
Auf welche Probleme und Widerstände könnten Sie stoßen? Welche Modifikationen könnten in diesen Fällen getroffen werden?
Was haben Sie für sich aus der Theorie und/ oder der Praxis des Solution Cycles lernen können?

2.5.2 Durchführung mündlicher Prüfungen

Ebenfalls die Durchführung und Reflexion der eigentlichen mündlichen Prüfung stellt ein komplexes Prozedere dar, das nicht unvorbereitet unternommen werden sollte.

Nun gilt es nicht mehr nur formalen Ansprüchen zu genügen, zusätzlich sind Prüfling, Zweitprüfer und die eigene Prüfungskompetenz mit in den Blick zu nehmen. Augenscheinliche Banalitäten, wie z. B. ein Stören durch Dritte, weil kein Prüfungsschild an der Tür angebracht war, das Fehlen prüfungsrelevanter Unterlagen oder gar Unsicherheit – im Falle länger zurück liegender Seminare – welche Themen hinreichend behandelt wurden, können das Prüfungsgeschehen für alle Beteiligten erschweren.

Eine Prüfung ist weitaus mehr als die reine Abfrage und Bewertung von Wissen und Kompetenzen. Sie sollte dem Prüfling die Möglichkeit geben, sich angemessen darstellen und entfalten zu können und immer auch eine Rückmeldung für die persönliche und fachliche Weiterentwicklung beinhalten. In diesem Zusammenhang gilt es ebenfalls die eigene kommunikative, soziale und generelle Interaktionskompetenz kritisch zu begutachten und zu reflektieren.

Professionell agierende Prüfer sind sogar darauf bedacht, sich bezüglich ihres Prüfungsverhaltens ein Feedback vom jeweiligen Prüfling einzuholen, damit die Blinden Flecke in der Selbstwahrnehmung aufgedeckt werden. Schließlich lassen sich daraus Entwicklungsmöglichkeiten für künftige Prüfungen ableiten.

Die nachstehende Checkliste beinhaltet beispielsweise einen Auszug möglicher Kriterien, die im Rahmen einer mündlichen Prüfung und im Anschluss an diese beachtet werden können.

Checkliste zur Durchführung/Reflexion mündlicher Prüfungen	☑
Für (die eigene) Nahrung bzw. Getränke ist gesorgt	☐
Sitz- und Schreibgelegenheit wurde angemessen gestaltet	☐
Im Büro selbst sind nur Prüfungsbeteiligte anwesend	☐
Prüfungsschild „Bitte nicht stören" ist vorhanden und wird ausgehängt	☐
Prüflinge werden empfangen und über den Prüfungsbeginn informiert	☐
Small-Talk lockert die Situation auf (Wetter, Weg zur Uni…)	☐
Hinweis auf Utensilien werden für den Bedarfsfall gemacht (Flip-Chart, Stifte, Papier…), ohne Nutzungszwang zu erzeugen	☐
Sprachliche Gestaltung eigener Ausführungen orientiert sich am Gegenüber	☐
Sprachliche Gestaltung ist sachlich und wertschätzend	☐
Urteilsverzerrungen sind einem bewusst bzw. werden reflektiert	☐
Non-verbale Kommunikation wird gezielt kongruent und förderlich eingesetzt	☐
Fragen werden geschlossener und offener Natur gestellt	☐
Fragen zielen aufeinander aufbauend auf verschiedenen kognitiven Stufen ab (Wissen, Anwenden, Transfer, Reflexion)	☐
Dem Prüfling wird selbst Raum zugestanden, die Prüfung zu steuern	☐
Der Zweitprüfer wird gezielt/ unterstützend in den Prozess mit einbezogen	☐
Die eigene Wahrnehmung und die des Zweitprüfers wird dargelegt	☐
Diskrepanzen in der Wahrnehmung werden reflektiert	☐
Das Urteil orientiert sich an zuvor festgelegten Standards	☐
Das eigene Urteil kann begründet und nachvollziehbar dargelegt werden	☐
Dem Prüfling wird eine Stellungnahme abverlangt (ohne Notendiskussion)	☐
Ein Termin für ein Entwicklungsgespräch wird vereinbart	☐
Prüfungsergebnis wird formal fixiert und dem Prüfungsamt mitgeteilt	☐
Eigenreflexion: Ich habe mich in der Prüfung wohl/ unwohl gefühlt (warum?)	☐
Ich sehe Änderungsbedarf in meinem Prüfer-/Prüfungsverhalten (was?)	☐

Des Weiteren ist genereller Konsens darüber gegeben, was einen professionellen Prüfer auszeichnet (Müller, 2008). Dieser formuliert klare Lernziele und Wissensbereiche und orientiert sich bei der Beurteilung auch an diesen, achtet gleichzeitig jedoch immer auch auf die individuelle und soziale Bezugsnorm. Ein professioneller Prüfer sorgt dafür, dass die Lehrinhalte mit den Inhalten und vor allem den Anforderungen der Prüfung auch übereinstimmen. Zudem scheut er sich nicht, Fachkollegen mit in den Prozess der Prüfungsfragengenerierung zu involvieren bzw. die eigenen Frage- und Aufgabenstellungen kritisch prüfen zu lassen. Des Weiteren werden nicht nur Fragen eines Schwierigkeitsgrades formuliert, sondern beginnen auf einem einfacherem Niveau, um den Einstieg zu ebnen, reichen dann aber bis hin zu einem solchen Niveau, das einer differenzierten Leistungsdiagnostik fähig ist. Schließlich sorgt ein professioneller Prüfer beispielsweise auch in Kolloquien für eine angenehme Architektur und Atmosphäre, macht im Vorfeld der Prüfung seine Inhalte und Bewertungskriterien transparent, ist während ihr für Fehlerquellen sensibel und gibt immer – soweit möglich – eine individuumsbezogene Rückmeldung.

Das Prüfungsgeschehen selbst kann mittels eines Smalltalks eingeleitet werden, damit einer möglichen inneren Anspannung der Teilnehmer bereits im Vorfeld prüfungsförderlich begegnet werden kann und gleichzeitig eine angenehme Atmosphäre geschaffen wird. Bezüglich der Architektur empfiehlt es sich, die Studierenden nicht vor dem eigenen Schreibtisch zu platzieren und sich selbst hinter jenem zu verschanzen. Ein separater Tisch, der lediglich prüfungsrelevante Unterlagen beherbergt, erscheint am adäquatesten. Ein Schild mit der Aufschrift „Prüfung. Bitte nicht stören", das an der Tür angebracht ist, vermeidet unnötige Störungen.

Folgend sollten organisatorischer und inhaltlicher Ablauf des Gruppenprüfungsgespräches kurz vorgestellt werden, bevor dieses selbst beginnt. Dadurch wird den Prüflingen einerseits die verstärkt moderierende und protokollierende Funktion des Prüfers verdeutlicht, andererseits ist es wichtig – explizit in Bezug auf gruppendynamische und -typische Prozesse – Transparenz im eigenen Vorgehen zu schaffen. Gerade bei Gruppenprüfungen kann sich eine gegenseitig anregende und inspirierende Fachdiskussion ergeben, wenn die Prüflinge ihre ersten Hemmungen überwunden haben. Im Fokus jenes Prüfungsgeschehens sollte – soweit möglich – die Überprüfung des vorhandenen Wissens stehen. Lediglich die Suche nach fachlichen Lücken und Problemen ließe das Geschehen für beide Seiten zunehmend frustrierend werden. Der Prüfer interveniert insbesondere, um thematische Impulse und Akzente zu setzen. Gleiches gilt für die Fälle, in denen einige wenige nicht zu Wort kommen oder um der Rededominanz besser vorbereiteter oder eloquenterer Studierender zu begegnen.

Je nach Neigung des Lehrenden und der Lernenden kann darauf aufmerksam gemacht werden, dass Papier, Schreibutensilien und vielleicht sogar eine Flip-Chart mit in die Prüfung einbezogen werden können. Dies sollte allerdings kein zwingender Pflichtbestandteil sein.

Die Frage nach der Teilnehmerverfassung und Prüfungsfähigkeit leitet schlussendlich das Kolloquium ein. Das intendierte Gruppenkolloquium zur Leistungsfeststellung bietet dem Veranstalter in Bezug auf Lern- und Kompetenzstanderhebung diverse Vorteile, wenn einige wenige, aber bedeutsame Aspekte beachtet werden (duz Werkstatt, 2008; Müller, 2008).

Erstens sollte der Einstieg in das Thema teilnehmerorientiert sein und ggf. demjenigen zur Verfügung gestellt werden, der sich direkt dazu im Stande sieht, die Prüfung beginnen zu wollen. Schüchterne oder gar ängstlichere Personen werden auf diese Art und Weise nicht direkt genötigt, in das Verfahren einsteigen zu müssen und können negative Emotionen und Gedanken vielleicht zunehmend mit der Erkenntnis, dass grundsätzlich kein Grund zur Prüfungsangst bestehen muss, regulieren. Wurde in Vorgesprächen bereits explizit Kenntnis über Prüfungsängstlichkeit eines Kandidaten in Erfahrung gebracht, wäre es ratsam, diesen früh genug auf mögliche Prä- und Interventionsmaßnahmen hinzuweisen. Ein intensives Vorgespräch mit dem Prüfer, Strategien der individuellen Gedankenkontrolle, Prüfungssimulationen mit vertrauten Personen oder Mitstudierenden, die Aneignung verschiedenartiger Lernstrategien sowie körperliche oder geistige Entspannungsverfahren sind hierfür besonders geeignet (Metzig & Schuster, 1999; duz 2005).

Ein stark am Prüfling orientierter Einstieg wäre u. a. mit der Aufforderung zur Darstellung folgender Aufgabe gegeben: „Wenn Sie ein Buch über das Thema ‚Lehren und Lernen in Organisationen – Ein Praxisleitfaden' schreiben müssten, wie würden Sie dieses dann gliedern?" Aufgrund der Stellungnahme eines Einzelnen oder denen der Gruppe würde ersichtlich, welche Inhalte vorbereitet worden sind und welche notfalls noch durch den Dozenten zu ergänzen wären. Den Prüflingen ist dadurch gleichzeitig die Gelegenheit gegeben, ihre gewünschten thematischen Akzentuierungen für das Kolloquium setzen zu können.

Zweitens empfiehlt es sich insgesamt zunehmend offenere Fragen zu formulieren, es sei denn, dass explizit konkretes Fakten- bzw. Fachwissen abgeprüft werden muss. Die Prüfungsfragen sollten allerdings nicht nur auf eine Abfrage jenes Wissens hin ausgerichtet werden. Auf Grundlage der Lehrintention und konkreten Seminargestaltung muss der Fragenschwerpunkt zusätzlich immer auch auf die Anwendung, Bewertung und Beurteilung sowie Reflexion des erworbenen Wissens hin ausgerichtet sein. Die Verdeutlichung an konkreten bzw. selbst erlebten Praxisbeispielen begünstigt dies. Schließlich können auch solche Fragen gestellt werden, die den fachlichen Kompetenzzuwachs neben dem Erwerb bestimmter Selbst-, Sozial- und Methodenkompetenzen eruieren.

Drittens unterstützt nicht nur der vom Prüfer erstellte Fragenpool diesen im Rahmen des Kolloquiums. Ebenso bedeutsam kann eine Verlaufsdokumentation sein, die in einem bereits vorbereiteten Raster fixiert wird. Liegen keine vorgefertigten Protokollformulare vor, kann jene Liste zusätzlich als Verlaufs- und Ergebnisprotokoll dienen. Dieses Dokument sollte Raum für inhaltliche Stichpunkte und fachliche Schwerpunktsetzungen bieten. Gleichzeitig ist darauf zu achten, dass von Beginn an für jeden Prüfling eine gesonderte Spalte vorhanden ist, in der entsprechend des offerierten Kompetenzniveaus positive und negative Bewertungen festgehalten werden. Ein Einschreiten des Prüfers in den Prüfungsverlauf ist vor allem dann geplant, wenn es zu Verständnisproblemen seitens der Teilnehmer kommt, sich Rede- und Antwortstützpunkte bei einigen wenigen Studierenden bilden, wenn sich der eine oder andere Teilnehmer verstärkt zurücknimmt oder aber ein thematischer Wechsel notwendig wird. Damit sind Organisation, Leistungs- und Kompetenzfeststellung, Moderation und Prüfungsdokumentation die wesentlichen Funktionen des Lehrenden.

Ein Beispiel für ein Prüfungs- bzw. Verlaufs- und Ergebnisprotokoll ist in der nachstehenden Abbildung visualisiert.

<table>
<tr><td colspan="5">Name/ Veranstaltung/ Thematik:</td></tr>
<tr><td colspan="5">Persönliche Bemerkungen aus Erfahrungen mit dem Prüfling:</td></tr>
<tr><td>Fachinhalte der Prüfung:</td><td>Kom.-stufe I</td><td>Kom.-stufe II</td><td>Kom.-stufe III</td><td>Sonstiges</td></tr>
<tr><td>Sonstige Anmerkungen:</td><td colspan="4">Gesamturteil:</td></tr>
</table>

Die Teilnehmerantworten, die stichpunktartig und mittels bewertender Kommentare bzw. Symbole schriftlich in dem selbst erstellten Prüfungsraster fixiert werden, dienen – z. B. auch in Gruppenprüfungen – der Dokumentation und Übersicht, welcher Prüfling welche fachlichen Inhalte auf welche Art und Weise sowie auf welchem Kompetenzniveau offerieren konnte. Gleichzeitig bietet das Prüfungsprotokoll im Rahmen des Bewertungsfeedbacks im Anschluss an das Kolloquium dem Prüfer eine Unterstützung, die vergebene Note und das Prüflingsverhalten insgesamt zu beurteilen, zu bewerten und zu begründen.

Die Notenverkündung samt kurzer aber pointierter Begründung mit Tipps zur persönlichen Weiterentwicklung des Prüflings erfolgt schlussendlich für jeden Teilnehmer separat. Erscheint es sinnvoll, kann ebenfalls die Darstellung einer prägnanten Selbstsicht des Studierenden eingefordert werden. Professionelle Prüfer fordern darüber hinaus nach der Notenvergabe noch ein Feedback zu ihrem Prüferverhalten ein.

2.6 Der Einsatz von Evaluationsverfahren zur Sicherung und Förderung der universitären und eigenen Lehre

Rückmeldungen im Sinne bewertender Evaluation sind Maßnahmen, um die Qualität der universitären Lehre im Allgemeinen zu sichern und die eigene Lehre reflektieren und nachhaltig verbessern zu können (Braun & Gusy, 2006; Voss, 2002). Insbesondere die Erklärung von Bologna führte an den europäischen Hochschulen zu vielfältigen Reformen, die explizit die Lehrtätigkeit der Dozenten und den durch diese initiierten Kompetenzerwerb seitens der Studierenden in den Betrachtungsfokus rückten (Wehr & Ertel, 2007). In diesem Zusammenhang wurden verschiedene Formen des Qualitätsmanagements entwickelt und etabliert, die den Lehrenden bei jenem Prozess unterstützen sollen.

Ein Bestandteil dieser Maßnahmen stellen u. a. standardisierte Evaluationsverfahren dar, die auf Grundlage ausgewählter Kriterien ein studentisches Feedback ermöglichen, das Auskunft darüber gibt, welche Kriterien gemäß welcher Güte in den einzelnen Lehrveranstaltungen gegeben sind (Beywl, Bestvater & Friedrich, 2011).

Eine Evaluation lediglich in Form einer Befragung von Studierenden, beispielsweise im Plenum im Rahmen der letzten Veranstaltungssitzung oder ad hoc – zwischendurch – wie sie in ihren Anfängen und teilweise auch gegenwärtig vielerorts noch betrieben wird, erscheint wenig geeignet, um Lehre nachhaltig verbessern zu können. Evaluation muss als förderliche Bewertung verstanden werden, die auf empirische Methoden und eine gesicherte Datenbasis zurückgreift. Ihre inhaltlichen Kriterien müssen in diesem Zusammenhang für alle Beteiligten transparent und nachvollziehbar sein (Beywl, Bestvater & Friedrich, 2011).

Die eingangs angesprochene allgemeine studentische Veranstaltungskritik birgt mannigfache Probleme in sich (Auferkorte-Michaelis, 2006). Rückmeldungen von Seminarteilnehmern spiegeln in erster Linie individuelle Vorlieben wider, während sie nur bedingt in der Lage sind, die fachliche und vor allem didaktische und methodische Qualität einer Lehrveranstaltung kompetent zu beurteilen. Des Weiteren fehlt es oftmals an verbindlichen Maßstäben, die Lernenden hierfür bekannt sein müssen und Lehre transparent und bewertbar machen.

Eine sinnvolle Lehrevaluation darf nicht originär von zufälliger und unsachlicher bzw. launischer Kritik seitens der Studierenden abhängig sein. Darüber hinaus gibt es Aspekte, etwa die zur Verfügung stehenden Lehrmedien und die gegebene Architektur betreffend, deren Gestaltungsmöglichkeiten nicht oder nur bedingt vom Dozenten beeinflussbar sind. Schließlich muss Lehrkritik immer auch die Studierkritik beinhalten, da Seminarteilnehmer selber in starkem Maße für ihren Studiererfolg verantwortlich sind.

Insgesamt sind mannigfache Probleme, z. B. bezüglich notwendiger Evaluationsstandards, der Validität einer Evaluation, der Beurteilungskompetenz der Lernenden, des zeitlichen und allgemeinen Aufwandes sowie schließlich der Qualitätssicherung im Allgemeinen gegeben. Ebenso bleibt vielfach fraglich, welche Schlussfolgerungen aus den Lehrevaluationsergebnissen gezogen und auf welche Art und Weise diese umgesetzt werden können.

An vielen Hochschulen ist es derweilen üblich, dass mehr oder weniger standardisierte Lehrevaluationsbögen am Ende eines Semesters von den Studierenden ausgefüllt werden. Diese sollten sich dann jedoch immer auf mehrere Seminarkatogorien beziehen und nicht nur ausgewählte Facetten bzw. alleinig den fachwissenschaftlichen Inhalt in den Betrachtungsfokus nehmen. Nach Möglichkeit beziehen sie bereits parallel zur Abfrage und Bewertung fachlicher Inhalte auch die vielfältigen Ziele und Kompetenzbereiche des Lernenden mit ins Geschehen ein.

Jene Bewusstwerdung ist ebenfalls für den Lehrenden bedeutsam, denn um ein möglichst umfangreiches und adäquates Feedback zu erhalten (Voss, 2002; Richthofen & Lent, 2009), sollte dieser über die Evaluationskriterien informiert sein und sich demzufolge über die Planung und Identifizierung von bzw. mit rein fachwissenschaftlichen Kompetenzen hinaus auszeichnen wollen und können.

Ein Aspekt universitärer Lehrevaluation muss die Beurteilung der Fachkompetenz des Dozenten sein. Zusätzlich sollte jedoch immer auch in Augenschein genommen werden, ob ein Dozent aktuelle Forschungsergebnisse und -entwicklungen, die über sein originäres Forschungsinteresse hinausgehen, nebst überfachlicher Aspekte, in die Veranstaltung einbezieht und schließlich fachlich nicht nur sicher wirkt, sondern aus einer kritischen Distanz heraus selbstreflexiv und flexibel agiert.

Zweitens sollte die Methodenkompetenz evaluiert werden und damit erhoben werden, ob die Teilnehmer durch verschiedene Arbeitstechniken und -verfahren aktiviert wurden, diese zielführend erschienen und ein Wechsel bzw. eine Abstimmung von methodischen Verfahren, Medien und Inhalten eingesetzt worden ist und genutzt werden konnte.

Drittens gilt es darüber hinaus die didaktische Kompetenz, z. B. mittels der Fragestellungen, ob schwierige Sachverhalte nachvollziehbar und begreifbar erklärt werden konnten, nicht zu vernachlässigen. Eine anschauliche, exemplarische und praxisbezogene Aufbereitung und Vermittlung der Fachinhalte trägt schließlich maßgeblich zum Verständnis dieser bei.

Viertens sollte ein Lehrender offen für konstruktive Verhaltenskritik, die explizit seine Selbst- und Sozialkompetenz betrifft, sein. Hierzu zählt u. a. die Beurteilung, ob angemessen vorgetragen bzw. hinreichend auf Fragen der Teilnehmer eingegangen wird, ob der Dozent sein Organisationsgeschick für die Veranstaltung unter Beweis stellen konnte und auch außerhalb des Seminars zur Verfügung stand. Bezüglich der sozialen Kompetenz ist vornehmlich ein empathischer und wertschätzender Interaktionsstil – in Bezug auf die Studierenden – wichtig und deshalb gleichermaßen zu beurteilen.

2.6.1 Verschiedene Möglichkeiten der Fremdevaluation

Im Rahmen dieses theoriebasierten Berichtes samt seiner praktischen Implikationen wird den verschiedenen Kompetenzbereichen der Studierenden eine zentrale Bedeutung beigemessen. Demgemäß gilt es, das vorhandene Maß an Kompetenzen in den unterschiedlichen Bereichen bzw. Dimensionen korrekt einzuschätzen und mitunter gezielt zu fordern und zu fördern. Eine Lehrevaluation muss dann aber auch die tatsächliche Förderung und Entwicklung jener Kompetenzen messbar und nachweisbar machen.

Mittels eines Evaluationsitems „Ich habe in der Veranstaltung viel gelernt" ist diesem Aspekt nicht in ausreichender Form Rechnung getragen. Aufgrund des eigenen Selbstverständnisses sowie der Ausrichtung der Lehre auf die eigene Zielrealisierung und den studentischen Kompetenzerwerb muss zusätzlich evaluiert werden, ob erfolgreiches Handeln derart möglich war, dass neben den kognitiven Fertigkeiten und Fähigkeiten gleichermaßen auch Metakompetenzen, beispielsweise im Sinne einer flexiblen Problemlösungskompetenz, sowie individuelle, soziale und methodische Kompetenzen gezielt gefördert wurden (Mandel & Krause, 2001; Weinert, 2002).

Der nachfolgende Evaluationsbogen, der typischerweise in den unterschiedlichsten Fachbereichen verschiedener Hochschulen eingesetzt wird, deckt jene Bereiche teilweise gut, teilweise aber auch nur bedingt ab.

Deshalb wurde er um einzelne Items ergänzt bzw. sind bestimmte Items umformuliert oder ausgespart worden, weil diese in einigen Fällen mit einem Statement zwei Verhaltensweisen gleichzeitig oder aber identische Inhalte über verschiedene Items mehrfach erhoben hätten.

Lehrevaluation

Dozent: ____________ Seminar: ______________________________________

Ich befinde mich im ____ Semester und studiere ______________________

	trifft voll zu	trifft zu	trifft kaum zu	trifft gar nicht zu	Keine Angabe
Seminar					
Das Seminar war übersichtlich und dadurch nachvollziehbar strukturiert					
Das Seminar behandelte das Themengebiet gemäß der Vorgaben gut					
Hilfsmittel waren ausreichend vorhanden bzw. wurden bereitgestellt					
Das Seminar hielt eine Balance zwischen Wissensvermittlung und Diskussion					
Im Seminar konnte erworbenes Wissen erprobt und angewendet werden					
Die erworbenen Inhalte erscheinen mir auch für mich persönlich bedeutsam					
Im Seminar konnten Bezüge zu anderen Veranstaltungen geschaffen werden					
Die Praxisrelevanz der Seminarinhalte wurde angemessen verdeutlicht					
Die Veranstaltung förderte mein Interesse am Themengebiet					
In dem Seminar herrschte allgemein eine gute Arbeitsatmosphäre					

Dozent					
Der Dozent spricht klar und verständlich					
Der Dozent wirkt fachlich versiert					
Der Dozent erklärt komplexe Zusammenhänge gut verständlich					
Der Dozent verhält sich gegenüber den Teilnehmern respektvoll					
Der Dozent berücksichtigt beim Seminarablauf die Interessen der Studierenden					
Der Dozent steht auch außerhalb des Seminars beratend zur Verfügung					
Der Dozent gibt die Möglichkeit, Fragen zu stellen					
Der Dozent ist selbst offen für Anregungen und Kritik					
Der Dozent holt sich Feedback von den Studierenden ein					
Der Dozent gestaltet die einzelnen Seminareinheiten abwechslungsreich					
Der Dozent scheint nicht nur an einem Fachkompetenzzuwachs interessiert					

	trifft voll zu	trifft zu	trifft kaum zu	trifft gar nicht zu	Keine Angabe
Anleitung der Studierenden					
Die Studierenden hatten die Möglichkeit, sich mündlich einzubringen					
Die Studierenden hatten genügend Gelegenheit zur aktiven Mitarbeit					
Die Studierenden konnten eigene Erfahrungen einbringen					
Die Studierenden wurden zur Kooperation angeregt					
Die Studierenden konnten sich persönlich entfalten					
Der Dozent gab Hilfestellungen, wenn etwas unverständlich war					
Der Dozent nahm sich zu Gunsten der Teilnehmeraktivität zurück					
Der Dozent moderierte die kritische Diskussion der Inhalte					
Der Dozent hat Beiträge von Studierenden angemessen gelobt					
Der Dozent stellte inhaltliche Bezüge zwischen Seminar und Studierenden her					
Der Dozent konnte die Praxisrelevanz der Veranstaltung verdeutlichen					

Anforderungen					
Der Schwierigkeitsgrad der Veranstaltung war zu hoch					
Der Stoffumfang des Seminars war angemessen					
Das Tempo der Veranstaltung war zu langsam					
Ich habe in der Veranstaltung inhaltlich viel lernen können					
Ich konnte in der Veranstaltung mit anderen kooperieren					
Ich habe in der Veranstaltung methodisch viel lernen können					
Ich wurde nicht nur fachlich durch die Inhalte gefördert					
Ich habe in der Veranstaltung für mein Praxisfeld viel lernen können					

Sonstiges					
Der Medieneinsatz wechselte und weckte Aufmerksamkeit und Interesse					
Die äußeren Rahmenbedingungen waren angenehm gestaltet					
Der Dozent schien nicht nur inhaltlich gut vorbereitet zu sein					
Die ausgeteilten Materialien erachte ich als hilfreich					
Der methodische Einsatz war meines Erachtens zielführend					
Das inhaltliche Vorgehen des Seminars war transparent gestaltet					
Die Feedbackkultur erschien mir konstruktiv					
Dem Dozenten war an einer guten Arbeitsatmosphäre gelegen					

Bemerkungen, Anregungen, positive und negative Kritik...

Es ist nochmals darauf hinzuweisen, dass es sich bei jenem Evaluationsvordruck um ein Konglomerat aus universitären Statements und individuellen Items handelt, die gemäß des eigenen Erkenntnisinteresses sowie der selbst gesetzten inhaltlichen Akzentuierungen formuliert wurden. Eine reflexionslose Übernahme in andere Veranstaltungen, die beispielsweise ein anderes didaktisches Format implizieren, nicht auf Ziel- und Kompetenzgenerierung ausgerichtet sind oder in dessen Rahmen sich nicht hinreichend selbstkritisch mit der Weiterentwicklung der eigenen professionellen Rolle auseinander gesetzt wurde, erscheint wenig sinnstiftend.

In jenen Fällen sind dann einzelne Items zu eliminieren bzw. muss der Evaluationsbogen um solche Bewertungsmaßstäbe ergänzt werden, deren Förderung gemäß der individuellen Lehrintention tatsächlich geplant und realisiert worden ist.

Lehrevaluation sollte nicht nur die standardisierte Rückmeldung am Ende eines Semesters sein, die von der Universität bzw. einer Fakultät vorgegeben und eingefordert wird. Es existieren weitere Evaluations- bzw. Feedbackverfahren, die sich schnell und effektiv in der laufenden Lehre einsetzen lassen und damit eine prozessorientierte Evaluation und professionelle Lehrentwicklung begünstigen, weil mittels ihrer Verwendung ein frühzeitiges Intervenieren infolge unterschiedlicher Problemursachen möglich wird.

Der Kompaktveranstaltung „Lehren und Lernen in Organisationen" wurde vom Dozenten eine Subjektbildungstheorie zugrunde gelegt, die als übergeordnetes Erkenntnisinteresse die Förderung des ganzheitlichen Humanpotenziales zum Ziel hat, damit sich der Einzelne entfalten kann und ihm Weltverfügung ermöglicht wird (Huisings & Lisop, 1999; 2004). Aus diesem Grund kamen die folgenden Evaluations- bzw. Feedbackverfahren seminarvorbereitend und -begleitend zur Anwendung, die nicht nur den Lehrenden im Betrachtungsfokus haben, sondern auch den Lernenden in seinen Bedürfnissen, Interessen und damit mehr als nur in seinen kognitiven Determinanten und Dimensionen begreifen:

Erstens wurden die Interessen der angemeldeten Teilnehmer via E-Mail zur Zeit der Seminarplanung eruiert, damit die inhaltliche Konstitution einen dialogischen Austauschprozess impliziert und das Seminar dadurch nicht ausschließlich der subjektiven Präferenz des Lehrenden entspricht bzw. dessen Neigungen widerspiegelt.

Zweitens dient die Methode „Meine Frage an das Seminar" in der Kennenlernphase der Veranstaltung zum einen dazu, dass die Lernenden ihr originär inhaltliches Interesse an der Veranstaltung formulieren und somit eine direkte Teilnehmerinvolvierung evoziert wird. Zum anderen ist damit die Möglichkeit gegeben, am Ende des Kompaktseminars konkret zu überprüfen, ob und inwieweit der Studierendenintegration auch tatsächlich entsprochen worden ist.

Drittens soll das flexibel gestaltbare Stimmungsbarometer der Erhebung von überfachlichen, nämlich primär emotionalen, motivationalen und/ oder kognitiven Befindlichkeiten dienen, die sich während des Seminarverlaufs spontan ergeben und zu unterschiedlichen Problemen führen können.

Viertens kommt das Verfahren der „Evaluationshand" am Ende des ersten Kompakttages zum Einsatz, weil es verschiedene Kriterien, die für den Erfolg eines Seminars relevant sind, kurz und bündig erhebt. Dieses ökonomische Evaluationsverfahren gewährleistet, dass das geplante Lehrkonzept des Folgetages nach- bzw. neukonfiguriert werden kann, um sich stärker an den Teilnehmerinteressen und -bedürfnissen zu orientieren.

Ausgespart wurde an dieser Stelle allerdings eine sehr ertragreiche Form der Fremdevaluation, nämlich die der Peerevaluation und damit durch einen erfahrenen Fachkollegen. Dieser könnte z. B. vor der Veranstaltung gebeten werden, ausgewählte Aspekte, deren Ausprägung und Förderung einem selbst bedeutsam sind, kritisch in Augenschein zu nehmen. Zusätzlich ist dem Fremdevaluierenden natürlich immer auch die Möglichkeit gegeben, eigene Kriterien anzulegen, festzustellen und anschließend dialogisch-kooperativ mit dem zu Evaluierenden zu reflektieren.

Diese Form des Lehrfeedbacks beugt vermutlich am besten und in sehr geeigneter Art und Weise den blinden Flecken der eigenen Lehrwahrnehmung vor. Sowohl Lehranfänger als auch sehr routinierte Dozenten sollten deshalb von jener Verfahrensweise in regelmäßigen Abständen Gebrauch machen.

Die verschiedenen und unterschiedlich umfangreichen Evaluationen durch die Seminarteilnehmer dienen mannigfachen selbstbezogenen, didaktischen, methodischen und (fach-) wissenschaftlichen Erkenntnis- sowie Evaluationszwecken. Methodik und Intention werden folgend ausführlicher dargestellt.

Die Formulierung und schriftliche Fixierung der Interessen der Teilnehmer kann problemlos im Vorfeld eines Seminars erfolgen. Steht für dieses Vorgehen ein elektronischer Arbeitsraum oder ein E-Mailverteiler zur Verfügung, kann mittels eines kurzen Anschreibens, wie es im Rahmen der Erhebung der subjektiven Lernvoraussetzungen geschehen ist, Persönliches und Fachliches zur Veranstaltungsplanung abgefragt werden.

Die Erhebung jener Angaben dient damit neben der Seminarplanung und -vorbereitung auch der Veranstaltungsevaluation, weil sich mit etwas zeitlichem Abstand zum Seminar selbstkritisch gefragt werden kann, welche Aspekte an welcher Stelle, auf welche Art und Weise sowie welcher Ausprägung realisiert wurden. Bedeutsam ist zudem die Reflexion, welchen Angaben nicht entsprochen wurde und worin dies begründet sein könnte.

Die Studierenden werden in jenen Prozess bewusst nicht mit einbezogen, weil sie an den unterschiedlichsten didaktischen Gelenkstellen genügend Raum zur Verfügung gestellt bekommen, um individuelle und bewertende Rückmeldungen vorzunehmen. Dieses Procedere dient originär der kritischen Selbstreflexion und soll sowohl die eigenen Hard als auch Soft Skills fordern und fördern.

Dieses Evaluationsverfahren wird schließlich in ähnlicher Weise, allerdings um einiges pointierter, im Rahmen der Kennenlernphase zu Beginn des konkreten Seminars mittels einer Kartenabfrage realisiert. Zur Verdeutlichung des Inhaltes und der Einsatzmöglichkeiten dieser Methode ist das Arbeitsblatt zur Kartenabfrage in etwas umfangreicherer Form nachstehend abgedruckt.

Methodenmodul - **Die Kartenabfrage**

Die Kartenabfrage kann zur Informationssammlung in kleinen und großen Gruppen eingesetzt werden. Dabei wird eine Fragestellung formuliert und an einer Pinnwand visualisiert. Alle Teilnehmer antworten entweder allein oder in Kleingruppen, indem sie ihre Antworten auf Moderationskarten schreiben. Die Karten werden dann eingesammelt und gemeinsam weiterverarbeitet.

Die Kartenabfrage eignet sich für individuelle und fachliche Fragestellungen:
- „Welche Ursachen hat...?"
- „Wenn ich Lehrender der Universität wäre, würde ich besonders Wert legen auf..."
- „Meine Ziele für dieses Seminar sind..."

Der Vorzug der Kartenabfrage ist darin begründet, dass alle Teilnehmer in gleicher Weise mitmachen, starke Redner gebremst und Schüchterne aktiviert werden. Außerdem wird diese Methode gerne bei Fragestellungen eingesetzt, deren Beantwortung das persönliche Interesse oder das Fachwissen der Gruppe erfordert. Wegen des systematischen Vorgehens wird oftmals die Problemlösung begünstigt.

Durchführung:

1. Frage stellen und erläutern
Wichtig ist, dass der Moderierende dafür sorgt, dass jeder Teilnehmer die Fragestellung versteht und akzeptiert.

2. Teilnehmer schreiben ihre Ideen oder Interessen auf
Es sollte immer nur eine Idee pro Karte festgehalten werden. Druckschrift und Großschreibung erleichtern die weitere Verarbeitung. Anschließend werden die Karten eingesammelt und an eine Pinwand gehängt.

3. Verständnis klären und Karten ordnen
Entweder wird nun jede Karte betrachtet und deren Bedeutung geklärt (z.B. bei der Abfrage von Teilnehmerinteressen) oder thematisch ähnliche Inhalte werden gemeinsam mit der Gruppe betrachtet, bei Verständnisfragen erklärt und diskutiert und bzw. oder thematisch zusammengefasst (z.B. bei der Sammlung von Lernwiderständen in Organisationen). Die Teilnehmer haben immer ihr eigenes Interesse darzustellen, der Moderator bleibt außen vor. Ebenfalls entscheidet die Gruppe, wohin welche Karte gehört. Mehrere Karten mit gleicher Aussage werden zueinander geordnet.

4. Weiteres Vorgehen und Verarbeiten
Wird die Kartenabfrage zur Eruierung der Teilnehmerinteressen durchgeführt, sollte an ausgewählten und geeigneten Stellen, z.B. am Ende einer Seminareinheit, erhoben werden, welche Karteninhalte erfüllt worden sind. Manchmal eignet sich die Kartenabfrage auch lediglich zur Erhebung von Stimmungen und Meinungen oder zur Erkenntnis, welcher Wissensstand bereits vorhanden ist. Dient die Kartenabfrage der inhaltlichen Arbeit, kann nun in Kooperation mit den Teilnehmern abgestimmt werden, welches Vorgehen sich weiterhin empfiehlt.

Die Kartenabfrage wurde im Seminar „Lernen und Lehren in Organisationen“ derart verwendet, dass jeder Teilnehmer innerhalb der Vorstellungsrunde eine Antwort auf „Meine Frage an das Seminar“ zu finden und zu formulieren hatte. Die individuellen Studierendenforderungen sollen einerseits die Involvierung der Lernenden in das Seminargeschehen erhöhen und aus Betroffenen Beteiligte machen. Andererseits sind sie Teil einer Fremdevaluation, deren Realisierung unmittelbar im Anschluss an die Praxisphase stattfindet. Entgegen der via E-Mail erhobenen Teilnehmerinteressen hat sich der Dozent bei dieser Methode konkret den Studierenden und der Überprüfung bzw. Realisierung jener Aspekte zu stellen.

Ein weiterer Nutzen für den Einzelnen ist darin gelegen, dass bestimmte Inhalte und Anforderungen für einen persönlich verbindlich sind und bedeutsamer werden. Damit soll gewährleistet werden, dass das Seminar nicht nur den Interessen des Dozenten genügt, sondern auf Grundlage der Studierendenbedürfnisse konzipiert wurde und eben auch an diesen Standards orientiert dialogisch evaluiert wird.

Ähnliches gilt ebenso für den Einsatz der Evaluationshand. Diese stellt ein eher kreatives und ökonomisches Verfahren dar, um ein Zwischenfazit ziehen zu können, damit beispielsweise Modifikationen während der Seminardurchführung oder für den folgenden Kompakttag ergreifbar werden. Ein weiterer Vorzug dieser Evaluationsmethode ist darin gegeben, dass keine direkten, ausschließlich durch den Dozenten vorformulierten inhaltlichen Vorgaben zu beurteilen sind. Die Evaluationshand konstituiert sich lediglich aus inhaltlichen und thematischen Akzentuierungen, deren Konkretisierung von den Studierenden vorgenommen wird. Mit dem nachstehend abgedruckten Methodenmodul werden Inhalt und Durchführung jenes Evaluationsverfahrens transparent.

Methodenmodul - **Die Evaluationshand**

Wenn etwas schnell evaluiert werden soll, kann die Evaluationshand eingesetzt werden. Zur Durchführung braucht man als Material im Prinzip nur einen Stift, ein Blatt Papier und seine Hand, die auf das vorliegende Blatt abgezeichnet wird und an der man die fünf Schritte jenes Evaluationsverfahrens durchführt.

Jedem Finger der Hand wird in diesem Zusammenhang eine Phrase zugeordnet, die es von den Lernenden bzw. Teilnehmern zu beantworten gilt. Diese fünf Phrasen orientieren sich quasi an der umgangssprachlichen und symbolischen Bedeutung der menschlichen Finger.

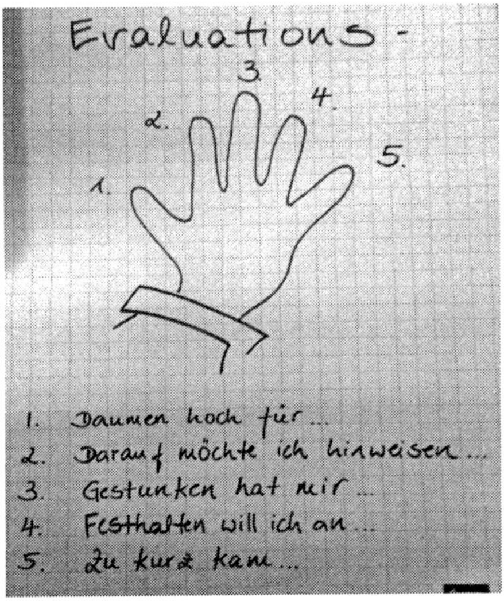

Jeder bewertet dann durch die Beschriftung seiner umrandeten Finger:

im Daumen: „Daumen hoch für" „Das war super! Mir hat gefallen, dass..."
im Zeigefinger: „Darauf möchte ich hinweisen! „Ich möchte aufzeigen, dass..."
im Mittelfinger: „Mir hat gestunken bzw. mich hat genervt, dass..."
im Ringfinger: „Mein Gefühl individuell und kollektiv war, dass..."
im kleinen Finger: „Zu kurz gekommen ist mir, dass..."

Hierbei sind vielfältige Varianten möglich. Beispielsweise kann beim Ringfinger (Bindung durch den Ring) formuliert werden „Daran möchte ich gerne (zukünftig) festhalten..." oder beim kleinen Finger (der kleiner als die anderen ist): „Als kleinen Hinweis möchte ich anmerken..."

Wichtig ist, dass jeder etwas zu jedem seiner Finger schreibt.

Mittels der Evaluationshand wird durch die groben Vorgaben, was gut war, was missfallen hat oder aber beispielsweise zu kurz kam, den Ansprüchen und Erkenntnisinteressen des Dozenten Rechnung getragen, dass die Studierenden sowohl in Planungs-, Durchführung- und vor allem bewertende Reflexionsprozesse mit einbezogen werden. Infolge der konkreten Akzentuierungen und Ausformulierungen innerhalb dieser Bereiche wird darüber hinaus individuellen Bedürfnissen, Interessen und Kritiken der Studierenden Raum gegeben.

Eine professionelle Lehrgestaltung richtet den Evaluationsfokus allerdings nicht ausschließlich auf die Eruierung didaktischer und fachlicher Inhalte bzw. Probleme. Schließlich kann es vorkommen, dass trotz intensiver und gründlicher Inhaltsauswahl und Vorbereitung sowie Einplanung abwechslungsreicher Aktivitätsphasen Hemmnisse und Widerstände zu Tage treten. Dies erfordert, wenn man einen weiterhin erfolgreichen Seminarablauf nicht gefährden will, direkte Interventionen durch den Dozenten.

Punktbewertungsverfahren bzw. das Stimmungsbaromter sind Methoden, die neben der Reflexion fachlicher Inhalte und kognitiver Befindlichkeiten gezielt ihren Betrachtungsfokus auf emotionale und motivationale Faktoren richten, die wiederum einen bedeutsamen Einfluss auf die Informationsaufnahme, -verarbeitung und -speicherung nehmen.

Methodenmodul - **Punktwertverfahren und Stimmungsbarometer**

Innerhalb eines Seminars ist es oft notwendig, Argumente zu bewerten, Stimmungen zu erfragen oder Entscheidungen zu fällen. Vor diesem Hintergrund können Methoden wie die Punktabfrage, die Entscheidungsmatrix oder das Stimmungsbarometer zur Anwendung kommen.

Die Punktabfrage dient dazu, die Gruppe zu aktivieren, ihre Zusammensetzung zu erfahren, oder um Stimmungen und allgemeine Eindrücke der Gruppe zu erfragen. Diese Methode wird eingesetzt, indem alle Teilnehmer bezüglich einer vorgegebenen Frage (z.B. „Wie fühle ich mich gerade" oder „Bin ich inhaltlich noch im Bilde") gleichzeitig einen Klebepunkt in einem vorgegebenen Diagramm fixieren oder mittels eines Stiftes einen Punkt auf einem Plakat vergeben. Damit wird ersichtlich, welche Meinung im Seminar insgesamt gegenwärtig gegeben ist. Durch die Frage "Warum haben Sie hier gepunktet" lassen sich solche ökonomischen Abfragen auch qualitativ auswerten. Ist der Inhalt, der bewertet und beurteilt wird, etwas sensibler, empfiehlt es sich, dass der Dozent dem Punktvergabeprozess nicht beiwohnt. Anschließend ist dann die Möglichkeit gegeben, auf Grundlage der „anonymen" Punkte mit allen gemeinsam das Ergebnis zu reflektieren.

Das Stimmungsbarometer selbst ist etwas differenzierter in seiner Gestaltung und Aussagekraft als die einfache Punktabfrage, obgleich das Vorgehen und die Auswertungsprinzipien im Rahmen der Methode identisch sind. Beim Stimmungsbarometern sollen die Seminarteilnehmer mindestens zwei Aspekte gleichzeitig bewerten, z. B. „Wie fühle ich mich gerade" und „Wie motiviert bin ich zur Zeit". Dabei kann Bezugsrahmen das Seminar insgesamt, ein bestimmter Sachgegenstand oder eine angewandte Methode sein. Alternativ lassen sich auch Kooperationsbereitschaft der Teilnehmer und/oder die generelle Seminaratmosphäre bewerten.

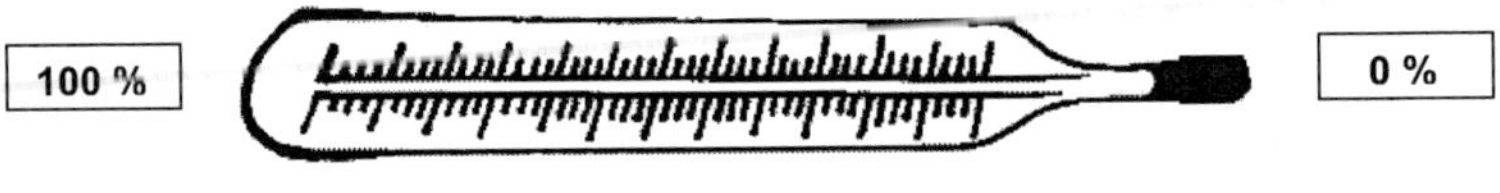

Die eingangs dargestellte und das eigentliche Seminar abschließende standardisierte Evaluation dient mit den anderen Verfahren der Fremdevaluation als ein ganzheitliches Bewertungskonglomerat primär der Weiterentwicklung der eigenen Lehre. Die Erhebungen orientiert sich in ihrem Zusammenspiel an den Evaluationsstandards universitärer Fakultäten, aktuellen Forschungserkenntnissen bezüglich dessen, was „gute" Lehre ausmacht, und den individuellen Maßstäben aller Seminarbetroffenen. Derart kann der gesamte Lehr- und Lernprozess samt seiner Determinanten differenziert, unterschiedlich detailliert und ganzheitlich beurteilt sowie bewertet werden.

Aus diesen Aussagen lassen sich dann mögliche Präventions- und Interventionsmaßnahmen für die folgenden Lehrprojekte ableiten und erproben. Der Vergleich der vier Evaluationsverfahren miteinander verzahnt damit Selbst- und Fremdsicht, erhärtet den Ertrag und die Realisierung der eigenen Intention bezüglich Seminarplanung, -durchführung und -reflexion an den Erfahrungen und Erkenntnissen der Studierenden und schafft dadurch ein individuums-, inhalts- und prozessorientiertes Konglomerat, das relativ umfangreiche und umfassende Aussagen für vergangene, aktuelle und noch folgende Lehr- und Lernprozesse zulässt (Wottawa & Thierau, 1998; Kromrey, 2001).

2.6.2 Das Lehrportfolio als Form der Selbstevaluation

Die Selbstevaluation findet über die Methode eines komplexen Lerntagebuches bzw. im konkreten Fall treffender über das Verfahren des Lehr-Portfolios statt. Sie wird primär dem Motto „Lehrerfolg durch Lernengagement und Lernerfolg" unterstellt, was sich insbesondere in der Teilnehmeraktivierung sowie dem Kompetenzerwerb der Studierenden und der Zielerreichung insgesamt widerspiegelt.

Ziel des Lehr-Portfolios ist es, dass ein vertieftes Verständnis der fokussierten und dokumentierten Lehraspekte generiert wird. Eine adäquate Planung, die systematische Datensammlung und die Dokumentation der eigenen Beobachtungen stellen neben der permanenten kritischen Selbstreflexion jener Elemente wesentliche Voraussetzungen dar (Zubizarreta, 2004). Die individuellen Schwerpunktsetzungen innerhalb jenes Prozesses und die mit diesem verbundene Reflexion kann sich auf die eigene Rolle als Dozent, geplante Lerninhalte, formulierte Ziele und Kompetenzzuwächse sowie aktuelle Frage- oder Problemstellungen beziehen. Das Portfolio dient dann einerseits der stärkeren Bewusstwerdung der eigenen Planungs-, Durchführungs- und Reflexionskompetenz, andererseits dokumentiert es jene als eine mögliche Form der Selbstevaluation. Dadurch können seminarvor- und -nachbereitend mannigfache Prozesse sinnhafter, handhabbarer, verstehbarer und damit veränderbar werden. Mittels dieses recht aufwändigen Procedere können sich eigene persönliche, fachliche und/oder didaktisch-methodische Stärken vergegenwärtigt werden, zum anderen lassen sich ebenfalls Schwachstellen in diesen Bereichen aufdecken, an deren Behebung in der Folge gearbeitet werden kann. Das Lehr-Portfolio dient damit explizit als Mittel der individuellen Förderung und nicht nur als Kontrollinstrument. Entgegen der meisten anderen Verfahren wird es daher nur bedingt quantitativ, sondern vordergründig qualitativ, im Sinne der selbst vorgenommenen Reflexionsschwerpunkte, subjektiv ausgewertet (Richter, 2006; Zubizarreta, 2004).

Wird diese Methode aus selbstevaluativen Zwecken und zur Erlangung eines höheren Professionalisierungsgrades eingesetzt, sollte das Lehr-Portfolio in jedem Fall intentional und strukturiert angegangen werden. Schließlich muss ein bestimmtes Volumen zeitlicher Ressourcen zur Verfügung stehen.

Durch das Portfolio erlernt der Anwender beispielsweise – gemäß der sich gesetzten Akzentuierung und Schwerpunkte – Inhalte auszuwählen und aufzubereiten, Teilnehmer intensiver wahrzunehmen und aktiv in Planungs- und Durchführungsprozesse der Lehre zu involvieren, intendierte Kompetenzen auch konkret zu formulieren sowie überprüfbar zu machen und schließlich die Implikationszusammenhänge, die zwischen diesen Bedingungs- und Entscheidungsfeldern gegeben sind, insgesamt zielgerichteter in ihrer Komplexität und Verwobenheit zu reflektieren und damit zu durchdringen (Brunner, Häcker & Winter, 2006).

Die schriftliche Fixierung jener Geschehnisse führt nicht nur zu einem tieferen Verständnis, sie kann darüber hinaus helfen, Emotionen stärker zu fokussieren, innere Widerstände aufzuspüren und bereits erste Ideen für weitere Lehrprozesse zu eruieren. Damit stellt das Lehr-Portfolio für den Dozenten die Dokumentation seines Entwicklungsprozesses sowie eine Methode zum aktiven, konstruktiven und selbstgesteuerten Lernen für ihn dar.

Das vorliegende Portfolio „Professionelle Hochschuldidaktik“ wurde in regelmäßigen Abständen geführt und überarbeitet, damit die Rückschau auf die vielfältigen Determinanten und Sinnzusammenhänge nicht zusätzlich erschwert wird.

Einleitend sollte diese Methode beinhalten, was der Anlass ihrer Erstellung ist. Folgend gilt es Planungs- und Realisierungsprozesse zu dokumentieren und zu erläutern, wobei selbstgesetzte innovative Neu- und Andersartigkeiten besonders zu betonen sind. Prozessbegleitende und abschließende Reflexionen bilden den Archimedischen Punkt der Selbstevaluation, aus denen zahlreiche Schlussfolgerungen für künftige Lehrunternehmungen ableitbar werden (Zubizarreta, 2004).

Aus dem Portfolio wird immer auch die eigene Lehrphilosophie erkennbar. Diese kann explizit formuliert werden, manifestiert sich jedoch zudem in der Sichtweise auf die Studierenden, deren Integration in das Lern-/ Lehrgeschehen sowie in der Interaktion mit diesen, in der Auswahl der Inhalte und Methoden, in den an den Teilnehmern orientierten Prüfungsverfahren oder gar den initiierten Fremdevaluationsmaßnahmen.

Persönliche Anmerkungen, Gedanken und Gefühle können eine erwünschte Bereicherung des individuellen Lehr-Portfolios sein. Zudem ist die Aufnahme eigener und fremder Arbeitsproben nicht untypisch, sondern sogar erwünscht, da diese jene Methode um einiges authentischer und anschaulicher werden lassen (Gläser-Zikuda & Hascher, 2007). Darüber hinaus dient das Lehr-Portfolio nicht nur der Reflexion, Bewertung und Beurteilung der eigenen Lehre, sondern ist auch eine Form des Eigenmarketings jener Professionalität, weil es eine ausgewählte Sammlung sowie kritische Reflexion des eigenen Schaffens und Wirkens darstellt und damit die individuelle Lerngeschichte fortschreibt.

3 Ablaufdokumentation der Veranstaltungsdurchführung „Lehren und Lernen in Organisationen“

Im Folgenden wird das konkret durchgeführte Seminar dargestellt. Dies soll zum einem dem Nachweis der durchgeführten thematischen Inhalte sowie Arbeits- und Sozialformen dienen, zum anderen lassen sich begründete Abweichungen von der Seminarplanung besser aufzeigen, die es dann didaktisch nachträglich zu legitimieren gilt. Schlussendlich dient dieser Prozess der eigenen Seminarreflexion sowie den Studierenden als Gedächtnisstütze, welche Inhalte Gegenstand waren und zur Erinnerung an aktive und angenehme Seminarphasen. Das Einverständnis der Lernenden zur Fotodokumentation wurde eingeholt. Ihnen ist zugesagt worden, dass die entsprechenden Materialien im EWS hinterlegt werden.

An einigen wenigen, aber dafür bedeutsamen Gelenkstellen der Veranstaltung wurde von der ursprünglichen Planung im Rahmen der Durchführung abgewichen:

Zum einen wurde den Präsentationen der Wiki-Projektgruppen mehr Zeit als ursprünglich eingeplant zur Verfügung gestellt, weil sich zumindest zwei Arbeitsteams intensiv im Vorfeld mit der Thematik beschäftigten, diese ansprechend in einer Powerpoint-Präsentation aufbereiteten und ausführlich zu referieren wussten. Zum anderen gelang es den Themenexperten meistens bereits selbstständig, fruchtbare Diskussionen anzuleiten, in denen für die Praxis relevante Implikationen erarbeitet werden konnten.

Damit alle Gruppen über einen zeitlich gleichwertigen Präsentations- und Diskussionsintervall verfügten und in etwa die selbe Aufmerksamkeit und Mitarbeit von den anderen Semiarteilnehmern erhalten konnten, entschied der Lehrende, die zweite Arbeitsphase auszudehnen und vor der Mittagspause durchzuführen und abzuschließen. Nach längeren Mittagspausen sind Lernende erfahrungsgemäß oftmals weniger aktiv, was sich negativ auf intensive Konzentrationsarbeiten auswirkt.

Des Weiteren wurden die thematischen Inhaltsblöcke anders angeordnet, weil es unmittelbar vor dem Seminarbeginn logischer erschien, die zu thematisierende und gestaltende Kultur, die Lernen und Lehren begünstigt, erst nach der Erarbeitung dieser beiden Theorie- und Praxisblöcke anzuschließen. Weil die Studierenden die Arbeits- und Sozialformen, in denen vielfältige Methoden selbstständig anzuwenden und in der Folge kritisch zu reflektieren waren, sehr engagiert und motiviert annahmen, wurden einige theoretische Aspekte zu Gunsten der selbstständigen Er- und Bearbeitung weiterer, von den Studierenden eingebrachter Problemstellungen, ausgespart. Deshalb konnten bestimmte Facetten dafür umso intensiver erschlossen werden.

Da sich einige im Prozess der Handlung verloren hatten, kamen jedoch an der einen oder anderen Stelle die individuellen Pausen zu kurz, weil die pflichtbewussten Teilnehmer eher auf diese verzichteten – bzw. jene kürzten – als unvollständige Arbeitsergebnisse präsentieren zu müssen. Zudem wurde das Negativ-Blitzlicht nicht durchgeführt, weil die Lernenden mittels ausreichend eingesetzter Evaluationsverfahren die Möglichkeit hatten, das Seminar auch kritisch mitzubestimmen.

Das Seminar „Lehren und Lernen in Organisationen“ fand an zwei aufeinander folgenden Kompakttagen, jeweils in der Zeit von 09.00 Uhr bis 18.00 Uhr, statt.

Da es vorkommt, dass Teilnehmer verspätet eintreffen, ist in den ersten 15 Minuten der persönliche Kontakt zu den bereits anwesenden Studierenden gesucht und gestaltet worden. Dieser Smalltalk trug als Eisbrecher dazu bei, eine angenehme und kommunikative Arbeitsatmosphäre einzuleiten. Zudem hätte ein pünktlicher Start dazu geführt, dass die Nachzügler die allgemeinen organisatorischen Anmerkungen nachgefordert hätten und der konkrete Einstieg mittels aktivierender Kennenlernmethoden unterbrochen worden wäre.

Als geklärt war, wer welchen Beitrag erbringen muss, um einen Leistungsnachweis erwerben zu können, sind die Seminar- und Pausenzeiten mit den Lernenden abgestimmt worden, da diese variabler gestaltet werden müssen, um die Arbeitsphasen nicht infolge von Zeitrestriktionen zu stören bzw. zu unterbrechen. Dann erfolgte die Vorstellung der Inhalte sowie der Abweichungen vom des im EWS eingestellten Fahrplans und Vorgehens, um der fachlichen Konstitutionslogik und den intendierten Arbeits- sowie Sozialformen gerecht zu werden.

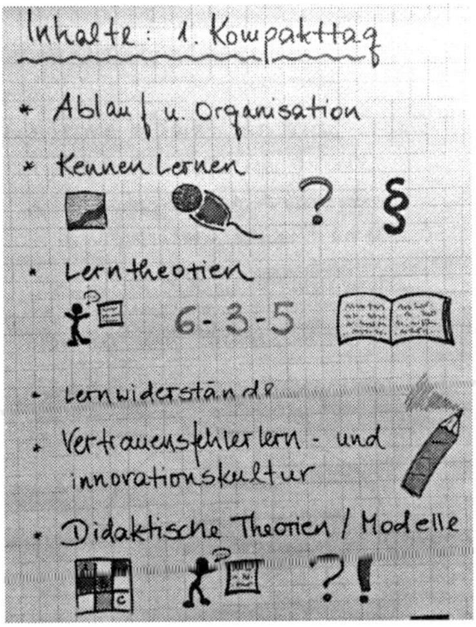

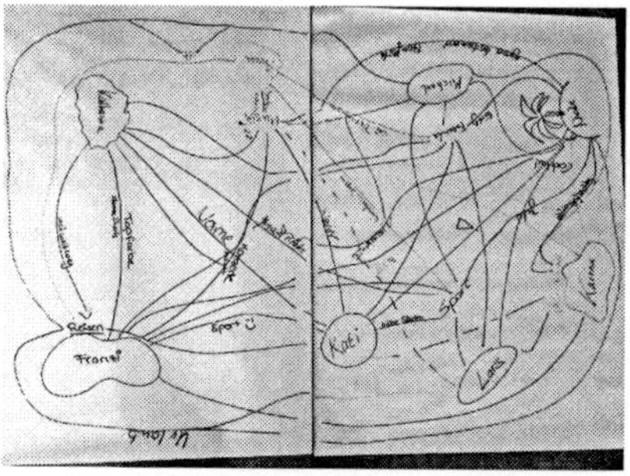

Der konkrete Einstieg in die Thematik erfolgte über verschiedene Methoden des Kennenlernens. Die Lernenden wurden aufgefordert, eine Landkarte persönlicher Gemeinsamkeiten zu gestalten. Dabei galt es bereits fachspezifisch zu berücksichtigen, welche Übereinstimmungen in Bezug auf das Thema Lernen bestehen (bevorzugte Lernorte und -strategien, Erlernen des Spielens von Instrumenten, oder in der Vergangenheit schon einmal angewandte Lernmethoden etc.). Wegen der Größe der Gruppe wurde diese zweigeteilt. Es entstand ein reger und aktiver Austausch zwischen den Studierenden. Einige Aspekte, welche die Teilnehmer interessierten, wurden im Plenum erneut angesprochen.

Dann trafen alle wieder in der Großgruppe zusammen und jeder Lernende erhielt eine gelbe Karte, auf der er seine individuelle und vom Seminar zu beantwortende Frage zu fixieren hatte. Mit seinem Sitznachbarn war zudem ein Interview zu führen aus dem hervorging, wie der Einzelne heißt, was er unter Lernen versteht, was er als letztes gelernt hat und was seiner Meinung nach Lehren in Organisationen begünstigt und blockiert. Anhand dieser Informationen wurde dann der Interviewpartner vorgestellt, bevor er selbst jene Angaben um seine Frage, die er im Seminar beantwortet haben möchte, ergänzte. Diese Methode dient generell dem Kennenlernen und ist geeignet, seminarrelevante Vorerfahrungen zu erheben.

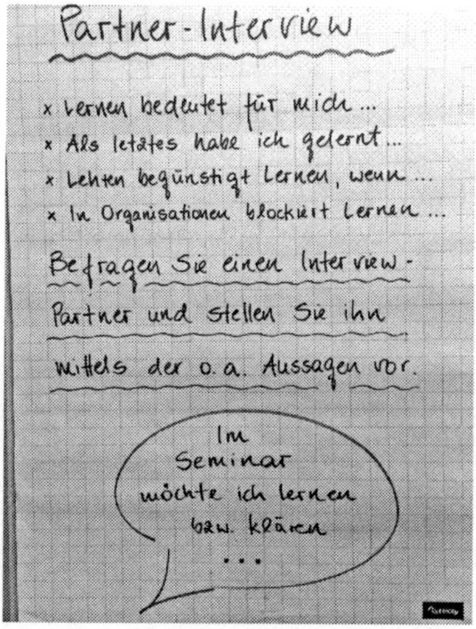

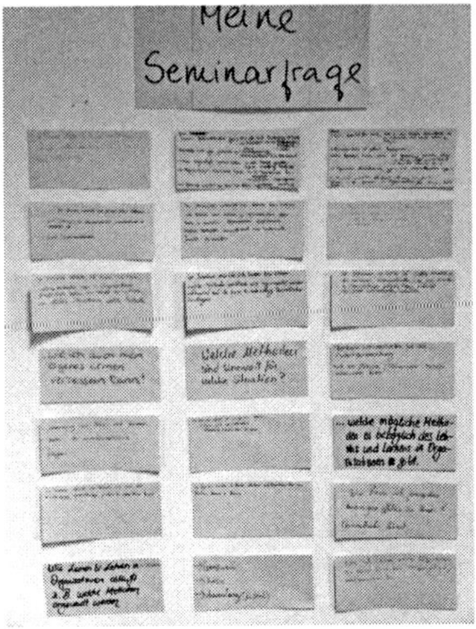

Weiterhin bedeutungsvoll im Rahmen der Vorstellungsrunde war die Seminarfrage der Teilnehmer. Die Studierenden sollten sich zum einen darüber klar werden, mit welchen Inhalten sie rechnen und welche Erwartungen sie zur Teilnahme bewogen haben. Zum anderen war dem Lehrenden ein Überblick darüber gegeben, ob die im Vorfeld erhobenen subjektiven Lernvoraussetzungen ausreichend berücksichtigt wurden, oder durch die Setzung thematischer Nuancen zu konfigurieren sind. Zusätzlich steigt die Identifizierung der Lernenden mit den Seminarinhalten durch jene Interessenintegration. Die Fragen lassen sich am Ende der Veranstaltung auswerten, können aber auch dem Einstieg in eine Seminarphase dienen.

Darüber hinaus wurden nicht nur die Erwartungen inhaltlicher Natur eruiert, ebenfalls sind erwünschte und unerwünschte Verhaltensweisen von den Teilnehmern und dem Dozenten für den Seminarverlauf formuliert worden.

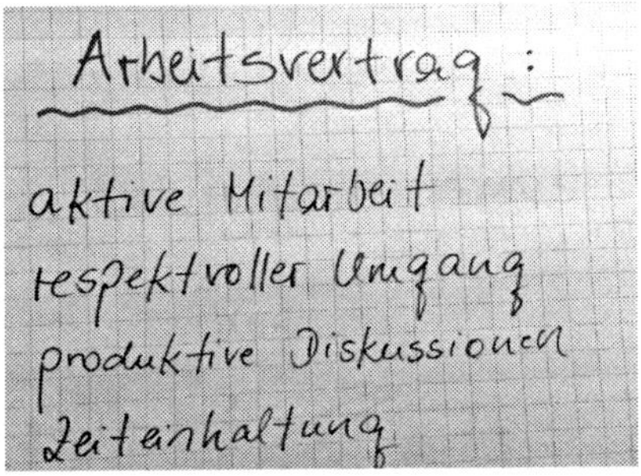

Die Gruppe legte gemeinsam fest, welche Interaktionsregeln nötig sind, damit man sich wohl fühlt und effektiv miteinander arbeiten kann. Daraus resultierte die Vereinbarung, dass Lehrender und Lernende für die Einhaltung und Sanktionierung dieses gemeinsamen Arbeitsvertrages zuständig sind. Der Vertrag enthält ausschließlich Teilnehmerforderungen und stiftet damit ein hohes Maß an Identifizierungs- und Einhaltungspotenzial.

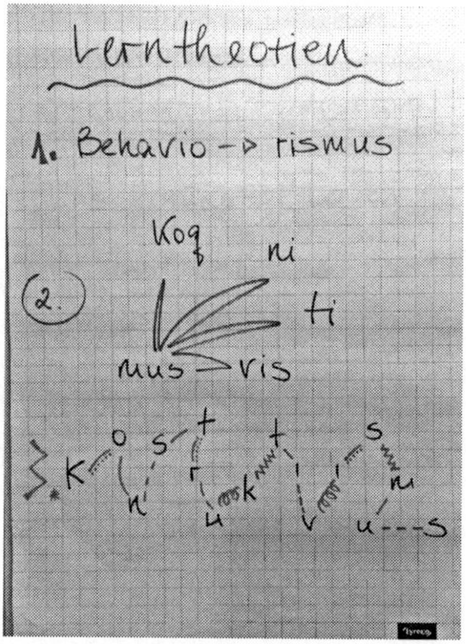

Die gemeinsame Definition dessen, was unter Lernen verstanden werden soll, bot die Grundlage der sich anschließenden Präsentationen der drei Wiki-Projektgruppen, die sich – wie schon geschildert wurde – ausführlich und intensiv im Vorfeld mit den wesentlichen lerntheoretischen Strömungen befasst hatten. Gemäß der Vorgaben referierten die Gruppen ihren Inhalt in ausreichender theoretischer Intensität, bevor sie über die Darstellung diverser Praxisbeispiele in eine Diskussion überleiteten und das Plenum zum Anwendungsbezug der konstruktivistischen, kognitivistischen und behavioristischen Theorien einluden. Bei jedem Vortrag kamen die Medien Computer und Power-Point zur Anwendung und alle drei Gruppen berücksichtigten die im Vorfeld erteilten didaktischen Hinweise, um das Plenum aktiv in die Präsentationen einzubeziehen. Ebenfalls wurden die Diskussionsphasen intensiv geführt. Einerseits kamen Verhaltensweisen zur Sprache, die sich im alltäglichen Arbeitsleben ereignen und mittels jener Theorien erklären lassen, andererseits war zudem reflektiert worden, welche Handlungsempfehlungen sich aus den Theorien für praktisches bzw. organisationales Lernen ableiten lassen. Eine Gegenüberstellung der Theorien durch den Dozenten schloss diese Phase ab. Man verständigte sich dialogisch darauf, dass es nicht sinnvoll ist, die eine Theorie aus Sicht der anderen zu kritisieren, sondern viel fruchtbarer erscheint, einzelne Aspekte miteinander zu verzahnen. Die von den Studierenden abgeleiteten Empfehlungen, um Lernen in Organisationen zu begünstigen, wurden parallel zur Diskussion schriftlich an einer Wandzeitung fixiert, damit die Ergebnisse nicht verloren gingen und sich die Teilnehmer primär auf den Austausch konzentrieren konnten.

Anschließend wurde arbeitsteilig in Expertengruppen erörtert, welche konkreten Aspekte, Erkenntnisse und Handlungsstrategien sich aus den einzelnen Lerntheorien ableiten und für Lernen und Lehren in Organisationen fruchtbar machen lassen. Hierfür wurden Arbeitsteams gebildet, in denen ein Gruppenleiter zugegen war, der zuvor einer der Wiki-Projektgruppe angehörte.

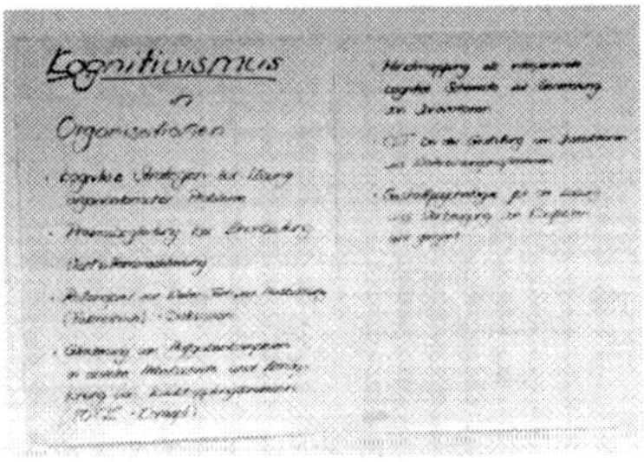

Dies hatte den Vorzug, dass jener vertiefte Impulse geben konnte, während sich die anderen Teilnehmer verstärkt auf die Formulierung der Anwendungsimplikationen konzentrieren konnten. Schließlich waren die Wiki-Experten gleichermaßen im Stande, Verständnisfragen kompetent zu beantworten. Auf Wandplakaten wurden die zentralen praxisrelevanten Aussagen fixiert, bevor diese im Plenum vorgestellt und innerhalb dieses abschließend diskutiert worden sind.

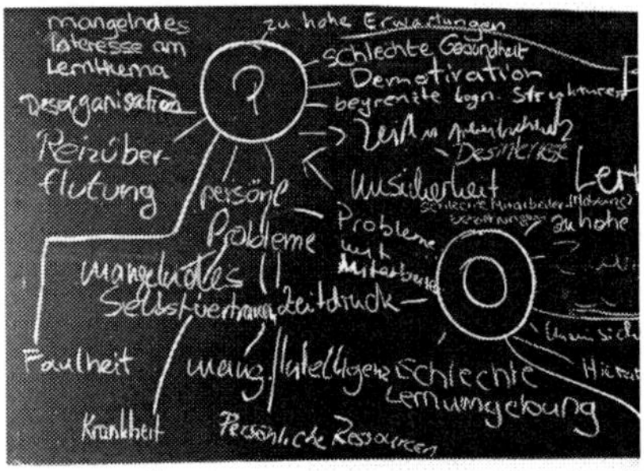

Fragend-entwicklend leitete der Dozent folgend in die Grundlagen der Organisationspsychologie über und stellte ein typisches Betrachtungs- und Klassifizierungsschema vor – differenziert nach Person, Situation und Organisation. Dann galt es die Hemmnisse und Widerstände zu sammeln, die in der Praxis gegeben sind und Lernen negativ limitieren. Diese konnten von den Studierenden zahlreich genannt werden und wurden von ihnen in Form eines Mind-Mappings an der Tafel gesammelt. Dabei hatten die Teilnehmer zu beachten, dass ihr genanntes Merkmal den das Klassifikationsschema konstituierenden Determinanten zuzuordnen war. Von jedem musste dann ein Aspekt aufgegriffen und detaillierter erläutert und reflektiert werden. Dies stärkte die Teilnehmeraktivierung vor allem nach den vorangegangenen theoretischen Phasen.

Daraufhin wurden die Studierenden in Gruppen eingeteilt und vor die Aufgabe gestellt, drei Problemaspekte auszuwählen und mögliche Problemlösungsstrategien mittels der 6-3-5 Methode zu generieren. Bedeutsam ist bei diesem Verfahren, dass nach jeder Rotation auf den Lösungsansatz des Vorgängers einzugehen ist, ganz gleich ob man diesen unterstützte, negierte oder weiterentwickelte. Diese Methode wurde von den Teilnehmern sehr engagiert durchgeführt und äußerst positiv reflektiert. Ihre Einsatzbeschreibung folgt anbei.

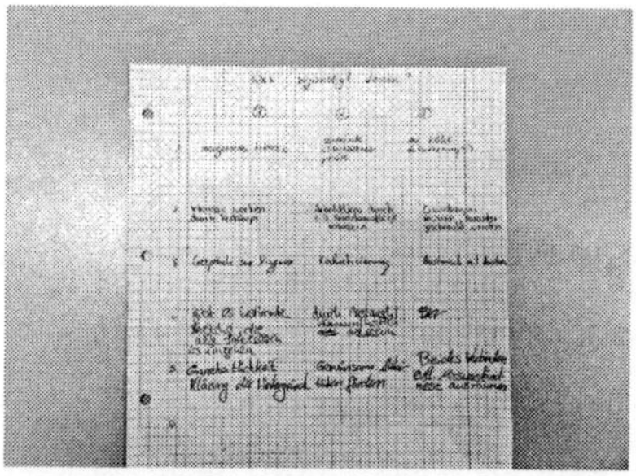

Methodenmodul - **Die 6-3-5 Methode als Erweiterung des Brainwritings**

Bei dieser Methode schreiben: 6 Teilnehmer bzw. Teilnehmerinnen
3 Ideen in Zeitabschnitten von je
5 Minuten auf.

Durchführung: Das Problem wird vorgestellt, besprochen und die genaue Problemstellung definiert. Jeder Teilnehmer trägt in die erste Zeile seines Blattes drei Ideen ein und hat dafür 5 Minuten Zeit. Die Blätter werden dann reihum getauscht. In die Blätter des Vorgängers werden wiederum drei Ideen eingetragen, die:

- eine Ergänzung der Vorgängerideen
- eine Variation der Vorgängerideen oder
- völlig neue Ideen sein können.

Die Blätter werden wieder in der gleichen Richtung weitergegeben. Das Verfahren ist beendet, wenn jeder sein Blatt zurück erhalten hat.

Gestaltungsvorlage für die Arbeitsblätter der 6-3-5-Methode:

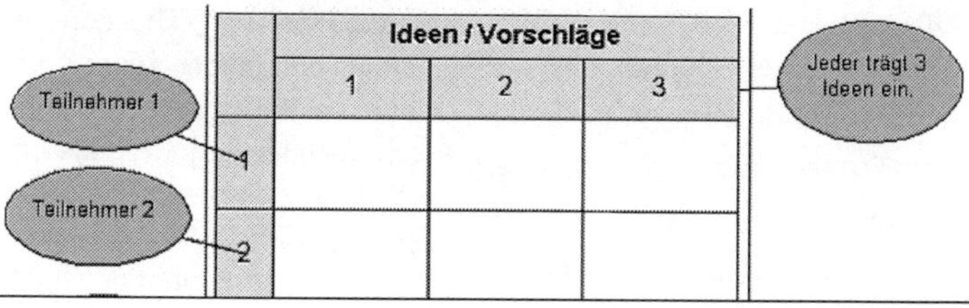

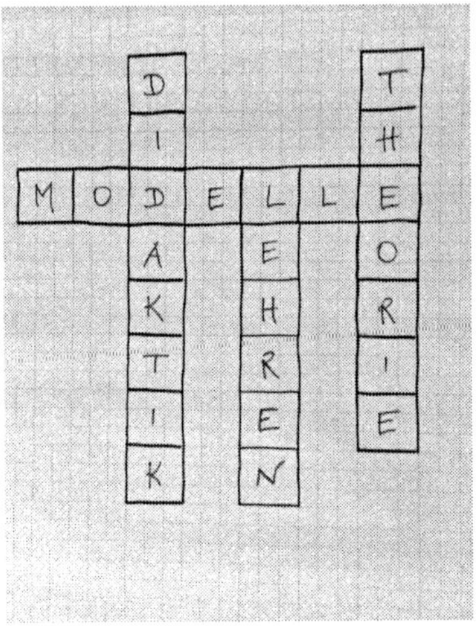

Nach einer Pause wurde mittels eines Scrabbels in das Thema Lehrtheorien bzw. didaktische Modelle eingeleitet. Die Studierenden sollten sich in 5-er Gruppen aufteilen, einen vorgegebenen Begriff auswählen und im Sinne des Spiels um thematisch stimmige Begriffe bzw. Assoziationen ergänzen und weiter entwickelten. Zudem war der Aspekt den Teammitgliedern zu erläutern. Auf jene Art und Weise kann ein hervorragender Überblick bezüglich des vorhandenen Wissens der Studierenden erworben werden, damit ausgewählte Inhalte intensiver oder straffer thematisiert referiert werden.

Eine Arbeitsdefinition aufgrund des vorhandenen Wissens zu entwickeln, gelang nun über ausgewählte Bilder und Zitate, die für den Didaktikbegriff konstituierende Elemente enthielten und um das Verständnis der Lernenden angereichert werden konnten. Von dieser Grundlage ausgehend führte der Dozent in das Themenfeld ein. Zentrale didaktische Theorien und Modelle wurden dargestellt, mit den Assoziationen der Studierenden verknüpft und an Beispielen des schulischen Kontextes veranschaulicht. Es konnten Verständnisfragen gestellt und erste Transferleistungen offeriert werden, welche Bedeutung sich daraus für die organisationale Praxis ergeben.

„Ich habe in der Ausbildung noch nicht kapiert, was unter Didaktik zu verstehen ist und weiß es heute auch noch nicht."

„Ich bin Entertainerin, Trösterin, Mama, Pflegerin, Therapeutin, alles in einem und immer zuerst. Ich helfe ihnen die Welt positiv zu sehen. Wenn es im Sommer regnet, sage ich, wie gut, dass es dabei warm ist. Wenn die Kinder glücklich sind, dann kommen sie. Dies ist mein didaktisches Grundkonzept."

Auf Grundlage des Methodenreaders wurde mit den Studierenden dann die Methode des Museumsrundgangs erarbeitet. Als das weitere Vorgehen dieses Präsentationsverfahren allen verständlich war, wurden arbeitsteilige Gruppen gebildet, die sich intensiv mit den bildungstheoretischen, kritisch-konstruktiven, kybernetischen, systemischen und dialogischen sowie lerntheoretischen Theorien ausgewählter Denker befassten. Arbeitungsschwerpunkt war nicht nur die intensive Durchdringung der Theorien und Modelle, darüber hinaus musste kritisch reflektiert werden, inwieweit sich diese Erkenntnisse auf organisationale Lernprozesse anwenden und zur Förderung dieser nutzen lassen.

Nach einer ausführlichen und diskussionsfreudigen Arbeitsphase waren die neu gewonnenen, erörterten und dargestellten theoretischen sowie praktischen Implikationen im Rahmen des Museumsrundganges den anderen Teams vorzustellen und mit diesen auf den Gruppenplakaten an der Wand um neue Ideen zu ergänzen. Die Experten der didaktischen Modelle und Theorien hatten dazu in einem ersten Schritt die eigenen Arbeitsergebnisse zu referieren, konnten dann Verständnisfragen der anderen klären und in einem zweiten Schritt mit ihnen dialogisch sowie kritisch-konstruktiv über die Inhalte diskutieren. Beim Museumsrundgang ist der Vorzug gegeben, dass es sich bei dieser Methode um ein Präsentationsverfahren handelt, in dem arbeitsteilig und kooperativ ein Inhalt erschlossen wird, der anschließend den themenfremden Studierenden vorzustellen ist. Weil hier ein Rotationsprinzip zur Anwendung kommt und jeder das Thema zu einer bestimmten Zeit präsentiert, kann sich keiner der Gruppenarbeit entziehen – siehe Methodenmodul.

Methodenmodul - **Präsentation und Diskussion im Museumsrundgang**

Der Museumsrundgang ist eine Präsentationsmethode, mit der in kurzer Zeit vielen Arbeitsgruppen sehr effektiv verschiedene Aspekte eines Themas nahe gebracht werden kann. Die Themengebiete werden durch die Teilnehmer aufbereitet, in der Folge von ihnen präsentiert und abschließend im Plenum mit den Lernenden der anderen Gruppen diskutiert.

Mittels bestimmter Arbeitsaufträge werden Informationen erarbeitet, auf Plakaten schriftlich fixiert und im Seminarraum an verschiedenen Stellen platziert. Für den Museumsrundgang werden dann gleichgroße Gruppen gebildet, die jeweils an einer der Station starten. An jeder Station muss allerdings ein Vertreter eines Arbeitsteams sein. In unterschiedlich langen Zeitintervallen haben die Einzelnen dann, sich mit den Informationen an ihrer Station auseinander zu setzen. An jedem Plakat ist immer einer anwesend, der auch an der Erstellung mitgewirkt hat. Nach einem Zeitsignal wandern die Präsentationsgruppen dann zur nächsten Station, an der sie sich erneut mit den jeweiligen Informationen auseinander setzen.

Der Museumsrundgang kann entweder mit oder ohne Experten ablaufen. Allerdings empfiehlt es sich – je nach Komplexität und Diskussionsdynamik des Themas – solche Präsentationsgruppen einzuteilen, in denen immer ein Plakatverantwortlicher präsent ist. Dieser kann dann im Falle inhaltlicher Fragen intervenieren.

Mit den Inhaltsexperten findet der Museumsrundgang statt, wenn die rotierende Gruppe zu jeder Station eine Person hat, die mit dem erstellten Inhalt vertraut ist. Dies ist z. B. als Abschluss einer Teamarbeitsphase praktisch, wenn die Gruppen an verschiedenen Themen gearbeitet haben. Diese Form bietet sich auch an, wenn beispielsweise zur kritischen Diskussion unterschiedlicher Aspekte eines Themenfeldes angeregt werden soll.

Dieses Präsentationsverfahren ist eine gute Wahl, wenn neben dem fachlichen Inhalt auch kommunikative und interaktionistische Kompetenzen gefördert werden sollen. Da die Gruppen beim Museumsrundgang zu unterschiedlichen Zeitpunkten und mit unterschiedlichen Voraussetzungen zu den jeweiligen Stationen kommen, ist es ratsam im Vorfeld strukturierte Vorgaben zu geben, beispielsweise mittels eins Fragenkatalogs oder gezielter Impulse.

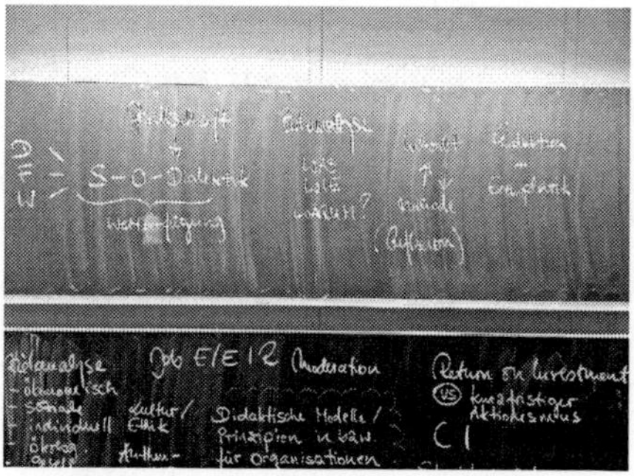

In der Folge galt es dann dozentenzentriert eine bildungstheoretische Lehrtheorie zu konstituieren, die sich aus den bedeutendsten Elementen und Aussagen sämtlicher zuvor bearbeiteter didaktischer Theorien und Modelle zusammen setzt. Jene wurde strukturiert in einem Schema an der Tafel erarbeitet und fixiert, damit eine Referenzrahmung entsteht, welche mannigfache Reflexionsmomente, die für Lehr- und Lernprozesse bedeutsam sind, umfasst. Seine bildungstheoretische Legitimierung erhielt dieses Modell, als ihm das Prinzip der individuellen Weltverfügung als handlungsleitendes Moment und übergeordnetes Erkenntnisinteresse zugrunde gelegt wurde. Schlussendlich wurde jene Bildungstheorie bezüglich ihrer Realisierbarkeit in Schule, Hochschule und öffentlichen Institutionen bzw. ökonomisch orientierten Organisationen diskutiert. Diesem Prozedere schloss sich die Ergänzung um solche Erfahrungen an, welche die Studierenden im Rahmen ihrer Praktika oder beruflichen Tätigkeiten gemacht hatten. Abschließend wurden konkret praktische Gestaltungsrichtlinien aus dem bisherigen Theoriewissen abgeleitet und erneut in der Wandzeitung des Seminarraums fixiert. Diese ergänzten wiederum die Eingangsideen, bauten auf ihnen auf oder stellten sie teilweise sogar in Frage.

Den Seminartag schloss die Vorstellung und Anwendung der Evaluationshand ab. Die Studierenden mussten nicht nur für das Seminar, sondern allgemein für Lehren und Lernen bedeutsame Statements weiter ausführen bzw. bewerten. Diese wurden am gleichen Abend vom Dozenten gesichtet, damit dieser Klarheit hatte, was sich bisher im inhaltlichen und methodisch-didaktischen Vorgehen bewährt hat und an welcher Stelle vielleicht noch Modifikationen für den folgenden Tage vorzunehmen sind.

In den zweiten Seminartag ist mit einem Stimmungsbarometer eingeleitet worden, auf dem sich die Lernenden bezüglich ihrer kognitiven, motivationalen und emotionalen Befindlichkeit zu positionieren hatten. Der Dozent thematisierte, was den erarbeiteten Angaben entnommen werden konnte, bevor gemeinsam mit der ganzen Gruppe erörtert wurde, was beispielsweise alles für das von den Teilnehmern als positiv bewertete emotionale Wohlbefinden ursächlich sein mag. Mit Nennung der Arbeitsatmosphäre konnte dann sogar in den ersten Theorieteil des Tages, zur Vertrauens-Fehler-Lern-Innovations-Gesundheits-Kultur übergeleitet werden. Nach einem ca. 45-minütigen Vortrag, in dem die Grundannahmen dieser Kultur nebst ihrer konstituierenden Elemente dargestellt wurden, ließen sich die für das Seminar bedeutsamen Aspekte erneut pointiert auf der Wandzeitung des Veranstaltungsraumes festhalten. Eine vertiefte Eruierung der einzelnen Determinanten unterblieb vorerst, da der Vortrag die Studierenden bereits stark forderte und diese nun aus ihrer eher passiven Rezeptionshaltung herauszuholen waren.

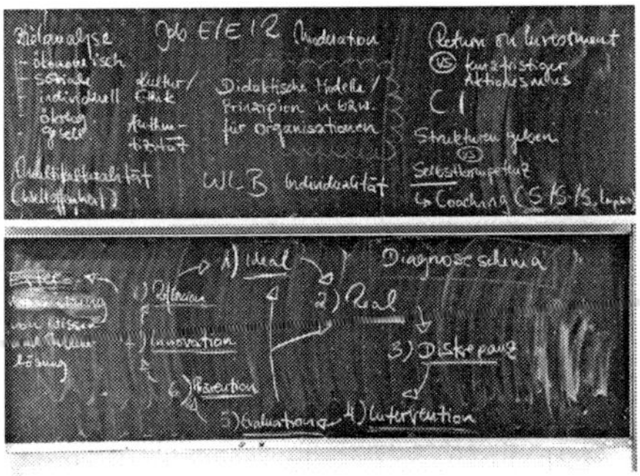

Nach Klärung und Diskussion einiger Verständnisfragen ist auf den Vortag referiert worden. Anschließend wurde gemeinsam überlegt, welche dort erarbeiteten Konzepte ebenfalls stark vom organisationskulturellen Kontext abhängig sind und inwieweit dieser von ihnen lern- und lehrförderlich mitgestalten werden kann. Dann wurde mit den Studierenden ein Diagnoseschema erarbeitet, das jene theoretischen Facetten in den Blick nimmt und sich darüber hinaus in der Praxis einsetzen lässt, um das schillernde Phänomen der Kultur erfassbar, beschreibbar und veränderbar zu machen.

Folgend überlegte man gemeinsam, warum es im Rahmen der Organisationsdiagnose sinnvoll ist, mit der Beschreibung und Gestaltung eines Ideals zu beginnen, bevor man sich dem Real und dann den mit diesem verbundenen Diskrepanzen der betrachteten Organisation widmet. Nachdem dies geschehen war, führte der Dozent methodenreaderbasiert in das Verfahren des Expertenpuzzles ein. Hierbei handelt es sich um eine Methode, die arbeitsteilig ein vertieftes Beschäftigen mit einer Thematik begünstigt. Zu Beginn werden Stammgruppen gebildet, die sich dann im konkreten Fall einer Facette der betrachteten Kultur intensiver widmen.
Zur Auswahl standen die Bereiche Vertrauen, aus Fehlern lernen, Innovation und Gesundheit. Die Studierenden hatten nun die Aufgabe, sich lernkooperativ in Expertengruppen mit ihrem Bereich zu beschäftigen. Grundlage hierfür waren traditionelle und aktuelle Theorien, Modelle sowie Erkenntnisse der gesamten Spannbreite psychologischer Forschung.

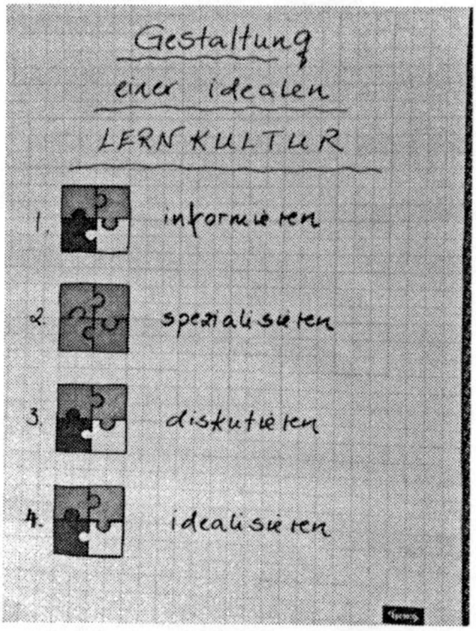

Die Veranstaltungsteilnehmer sollten nun auf dieser fachwissenschaftlichen Basis ihre Idealvorstellung einer Lernkultur entwerfen.
Bedingung hierfür war nicht nur die arbeitsteilige Spezialisierung, zusätzlich sollten sie noch ein weiteres Verfahren aus dem Methodenreader zum Seminar auswählen, um ihr Vorgehen zu strukturieren und den Inhalt anschließend auf angemessene Weise zu präsentieren. Der Dozent stand während dieses komplexen Unterfangens für inhaltliche und methodische Fragen bereit.

Ziel war es nun, dass nicht nur der reine fachwissenschaftliche Inhalt erschlossen wird, zusätzlich sollten auch adäquate Methoden der Erarbeitung und Darstellung genutzt werden, die dem Fachinhalt dienlich waren. Weil das Expertenpuzzle eine geeignete Möglichkeit ist, Studierende selbstgesteuert und selbstorganisiert inhaltlich arbeiten zu lassen, soll sein Inhalt und Ablauf mit dem folgenden Methodenmodul wiedergegeben werden.

Methodenmodul - **Das Experten- bzw. Gruppenpuzzle**

Das Expertenpuzzle ist eine Lernmethode, die mehrere Phasen umfasst. Hierbei handelt es sich um eine Methode, bei der Lernende gleichzeitig auch als Lehrende agieren, weil sie selbstständig Wissen über einen Themenkomplex erarbeiten, mit ihren Teammitgliedern generieren, klären und diskutieren, bevor sie es an die Experten der anderen Arbeitsgruppen weitergeben. Alle erarbeiten sich somit ein gemeinsames Wissen, was die Erschließung komplexer Themeninhalte in ihren Teilfacetten ermöglicht.
Es wird mit einer doppelten Gruppenstruktur gearbeitet: einer Stammgruppen und einer Expertengruppen. Die Lernenden erarbeiten in einem ersten Schritt in Einzelarbeit einen Themenausschnitt. Dann tauschen sie sich derart mit ihren Mitgliedern aus, so dass alle über einen gemeinsamen Wissenstand in ihren Expertengruppen besitzen. Anschließend informieren sie ihre Lernpartner in der Stammgruppe über ihren Themenaspekt und werden von den Lernenden über deren Themengebiete informiert. Sich Notizen zu machen, ist bei diesem komplexen Prozedere fast unumgänglich.

Schema der Phasen eines Gruppenpuzzles:

1. Phase: Stammgruppen

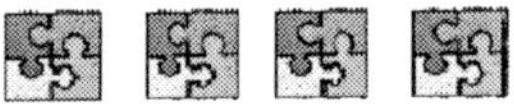

- Erstinformation (Material lesen und erarbeiten)
- Problemstellung (Aufgabe andenken/ andiskutieren)

2 Phase: Expertengruppen.

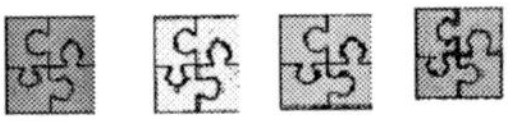

- Aus jeder Gruppe treffen Experten zusammen, die Begriffe klären und sich einen gemeinsamen Wissensstand erarbeiten
- Folgend beschäftigen Sie sich mit der Aufbereitung ihres spezifischen Themen

3 Phase: Rückkehr in die **Stammgruppen**

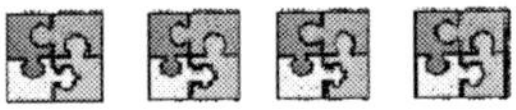

- Jeder Experte informiert die anderen über seinen Teilbereich und diese vice versa
- Gemeinsame Bearbeitung der gestellten Aufgabe zu einem ertragssichernden Endprodukt

Einführend sollte der Lehrende das Themengebiet vorstellen und den Ablauf der Methode erläutern (Fokus: Aufteilung des Gesamtthemas in einzelne Teilgebiete). Die Themenerarbeitung erfolgt zuerst in Einzelarbeit und damit selbstständig. In der Expertenrunde treffen sich dann alle, die ein und dieselbe Thematik bearbeiteten. Sie besprechen die Informationen und das Gelernte, bringen ihre individuellen Erkenntnisse ein, klären untereinander offene Fragen und unterstützen sich kooperativ, auf dem Weg ein Experte zu werden. Dann überlegt die Expertenrunde, wie sie ihr Wissen am besten den anderen vermitteln kann. Dazu können verschiedene Medien genutzt werden. In einer dritten Phase treffen sich die Stammgruppen ein zweites Mal, um aus den Wissensständen der einzelnen Experten ein Endprodukt herzustellen. Ein Vorteil dieser Methode liegt in der effektiven Erarbeitung und Vermittlung von Informationen. Ein Nachteil kann der große Vorbereitungsaufwand sein.

Eine Gruppe erarbeitete die Kulturfacette des Vertrauen beispielsweise mittels kreativer und gestalterischer Mittel. Sie hatte die Aufgabe, die Informations- und Forschungstexte zur Thematik Vertrauen zu erarbeiten, wichtige Aspekte schriftlich zu fixieren und miteinander auszutauschen und zu diskutieren, um dann schlussendlich das Ideal einer Vertrauenskultur erstens mittels Fingerfarben auf einem Poster und zweitens über ausgeschnittene Bilder in einer Collage abzubilden. Besonders bemerkenswert war die Funktionslust der Teilnehmer während dieses ästhetischen Bildungsprozesses. Jenes Vorgehen ließ in der Plenarbesprechung mannigfache Analyse- und Deutungsmöglichkeiten zu.

Ein weiteres Arbeitsteam näherte sich der Konzeption einer Fehlerlernkultur gleichermaßen durch die Erschließung psychologischer Forschungsarbeiten. Es wollte sein Thema bzw. das Ideal einer solchen Kultur im Rahmen eines stummen Dialogs diskutieren und aufbereiten. Hierfür wurden zwei Wandplakate aufgehängt, auf denen dialogisch und sukzessiv aufeinander aufbauend – allerdings in rein schriftlicher Interaktionsform – wichtige Aspekte und kreative Ideen, die zur Konstitution jener Kultur vonnöten sind, fixiert worden sind. Die individuellen Erkenntnisse konnten dann von den mitlernenden Experten erweitert und ergänzt werden, bevor die Ergebnisprodukte im Plenum der Gesamtpräsentation dienten. Vor allem introvertiertere und schreibengagierte Studierende, oder jene, die der öffentlichen Diskussion leid sind, erfreuten sich an dieser Methode.

Eine andere Gruppe gestaltete die Idealvorstellung einer Innovationskultur mittels der eher kreativeren Walt Disney Methode.

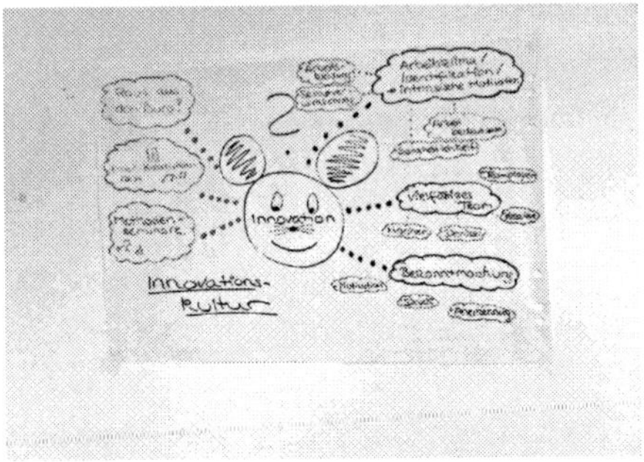

Hierfür hatten die Lernenden im Anschluss an ihre Lektürephase die Rollen eines Träumers, eines Kritikers und eines Realisten zu übernehmen, um nicht nur vielfältige Ideen zu generieren, sondern auch deren Realisierbarkeit kritisch zu überprüfen und nach einem eher rationalem Entscheidungsprozess festzuhalten. Auf einem Plakat wurden ganz, im Sinne der Methode, die auf Grundlage der Fachtexte entwickelten Ideen fixiert. Von diesen ausgehend konnten dann konkrete Maßnahmen für die unternehmerische Praxis abgeleitet werden, welche die Gruppenmitglieder in einer Checkliste festhielten.

Im Anschluss an die Präsentation und Reflexion der idealen Lernkulturfacetten erfolgte die Vorstellung eines komplexen Lern- und Problemlösungsverfahrens: des Solution Cycles. Daher war in unterschiedliche Wissenschaftstheorien, wie Kybernetik, Chaostheorie und Systemtheorie sowie in den auf diesen fußenden Kompetenzbegriff einzuführen. Dieser impliziert verschiedene Wissens- und Transferstufen des Lernens und offeriert zudem die Idee einer Metakompetenz, im Sinne einer allgemeinen übergreifenden Problemlösefähigkeit. Dieses Problemlösungsverfahren wurde u. a. aus den vielfältigen Erkenntnissen der verschiedenen und am ersten Seminartag thematisierten Lern- und Lehrtheorien entwickelt, orientiert sich am menschlichen Erkenntnisprozess und konstituiert sich aus mehreren Phasen, denen spezifische Methoden der Problemgenerierung und -lösung zugeordnet sind. Der Solution Cycle, verwoben mit der Methode des Open Spaces, begünstigt das individuelle Einbringen mannigfacher Denk- und Handlungsstrukturen und ermöglicht die Nutzung unterschiedlicher Kompetenzen und Potenziale vieler.

Entsprechend der allgemeinen lernbiologischen Leistungskurve des Einzelnen hatten die Studierenden am gegenwärtigen Morgen erst selbstständig wissenschaftliche Fachtexte zu erarbeiten, bevor sie der verstärkten Rezeption komplexen Theoriewissens durch den Dozenten ausgesetzt waren. Zugunsten eines weiterhin motivierenden und studierendenorientierten Vorgehens empfahl es sich in der Folge, das breitgestreute Theoriewissen nun innerhalb eines adäquaten Kontextes selbst anzuwenden. Damit wurde nicht nur die Lern- und Problemlösungsmethode des Open Spaces aktiv angewandt, sie eignete sich auch der selbstbestimmten und kooperativen Erschließung, wie sich eine lern- und lehrförderliche Unternehmenskultur in Organisationen entwickeln und etablieren lässt. In diesem Zusammenhang war zudem zu fokussieren, auf welche möglichen Probleme und Widerstände man trifft und mittels welcher Prä- und Interventionen diesen entgegengewirkt werden kann. Das komplexe methodische Arrangement des Open Spaces eignet sich hierfür und wird auszugsweise, nachdem Problemsondierung und Fragestellung eruiert worden sind, dargestellt.

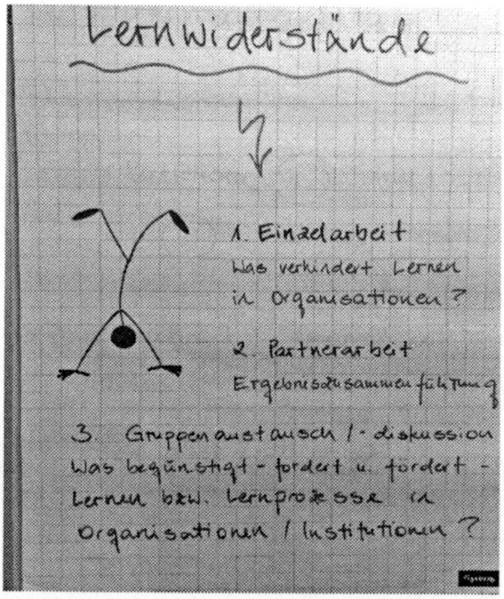

Mittels der Kopfstandmethode hatte jeder Teilnehmer für fünf Minuten die Aufgabe, Bedingungen zu sammeln, welche die zuvor beschriebenen Aspekte eines förderlichen Lernens sowie den Open Space als Methode des Lernens und Problemlösens in Organisationen hemmen (think). Dann galt es die Ergebnisse in Partnerarbeit zu sammeln und zu ergänzen (pair), bevor im Plenum sämtliche Probleme angesprochen und an der Tafel durch den Dozenten moderierend fixiert wurden. Damit waren Inhalts- und Zielrichtung bestimmt, so dass die eigentliche Problemstellung nun im Rahmen des Open Spaces angegangen werden konnte. Welche Methoden die Studierenden hierfür ausprobieren wollten, blieb ihnen überlassen. Sie hatten lediglich eine Zeitvorgabe von 90 Minuten, bevor die abschließende Plenarreflexion (share) stattfindet.

Eine Gruppe widmete sich der Problematik im Rahmen verschiedener Methoden des kreativen Schreibens. So konzipierte man auf der einen Seite entweder einen individuellen und handschriftlichen, in die ferne Zukunft gerichteten Brief, dem man auf der anderen Seite ein sachliches und teilweise digital verfasstes Gutachten gegenüber stellte.

Beide Verfahren implizieren vor allem beschreibende subjektive oder eher objektiv gültige Elemente und Kriterien, die verschiedenartige und vielfältige Wahrnehmungen darlegen und miteinander verzahnen. Während der persönliche Brief, wie das Problem in 10 Jahren aussehen könnte, eher intuitiv sowie kreativ ist und ein immenses Immaginationsvermögen voraussetzt, kann der Verfasser des Gutachtens auf sein vorhandenes Praxis- und Theoriewissen zurückgreifen und die Problemstellung rational und sachlogisch angehen und in entsprechendem Stil fixieren.

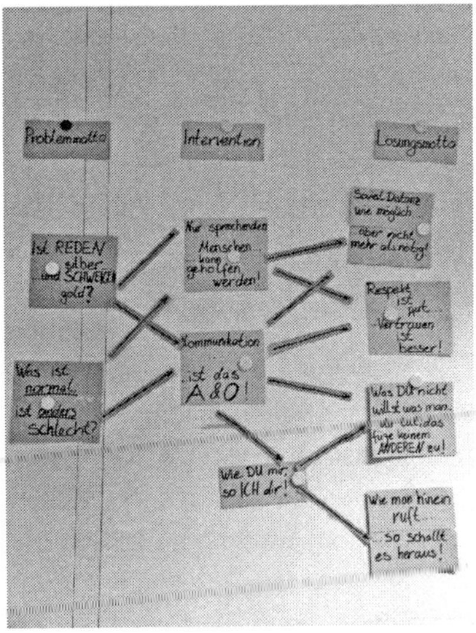

Ein anderes Team widmete sich der Problemerfassung, -beschreibung und -fixierung durch die Umformulierung dieser in griffige bzw. eingängige Mottos. Von diesen ausgehend galt es in der Folge diskursiv konkrete Interventionen zu entwickeln und ausführlich zu beschreiben.

Jede Maßnahme war nun mittels einer sinntragenden Aussage zu codieren, bevor ein Problemlösungsmotto erarbeitet werden konnte. Das Beschreiben, Intervenieren und Lösen von Problemen anhand dieser Aussagen ist stärker handlungsleitend, da sie infolge ihres Slogancharakters eingängiger sind und besser behalten werden.

Der **weiße Hut** steht dafür, Informationen zu sammeln, ohne diese zu werten. Wer den weißen Hut aufsetzt, ist einem Computer ähnlich. Dann zählen nur noch Fakten und Zahlen. Mit dem weißen Hut muss man versuchen, sich konsequent von Urteilen und Emotionen freizumachen. Der Träger des weißen Hutes verschafft sich einen objektiven Überblick über alle verfügbaren Daten und Informationen - vollkommen unabhängig von der persönlichen Meinung. Dieser Hut wird häufig zu Beginn des Prozesses aufgesetzt, um einen ersten Überblick zu erhalten.

Im Gegensatz dazu steht der **rote Hut** für Emotionen. Als Träger dieses Hutes sind alle Gefühle zugelassen, die in einem stecken. Sowohl positive als auch negative Gefühle, wie z.B. Freude, Zweifel, Hoffnung, Angst und Frustration. Zusätzlich geht es immer auch um Allgemeines, wie z. B. die eigene Intuition. Mit dem roten Hut lässt man seinen Bauch und nicht seinen Kopf sprechen. Als Träger des roten Hutes kann geäußert werden, was der Einzelne fühlt, unabhängig davon, ob die Gruppe etwas damit anfangen kann. Der rote Hut muss sich nicht rechtfertigen.

Beim **schwarzen Hut** geht es darum, die negativen Aspekte eines Problems bzw. einer Fragestellung zu finden. Dazu gehören Bedenken, Zweifel und Risiken. Also alle sachlichen Argumente, die gegen eine Entscheidung sprechen oder die eine Fragestellung verneinen. Wer den schwarzen Hut aufsetzt, strebt an, objektiv negative Aspekte herauszufinden. Hier sollten allerdings wirklich nur objektive Bedenken und nicht die persönlichen negativen Gefühle und Gedanken geäußert werden.

Der **gelbe Hut** steht für das Gegenteil des schwarzen Hutes. Bei ihm geht es darum das Positive zu entdecken. Wer den gelben Hut aufsetzt, hat die Aufgabe, Chancen oder Pluspunkte zu finden, aber auch realistische Hoffnungen und erstrebenswerte Ziele zu formulieren. Es geht erneut darum, die positiven Aspekte aus einer möglichst objektiven Sicht zu erkennen und nicht aus einer Gefühlsstimmung heraus. Ideen zu entwickeln, sollte hier noch nicht geschehen. Ziel ist es, zu erkennen, welche Aspekte für eine Idee, ein Projekt oder eine Entscheidung sprechen.

Symbolisch für Kreativität steht der **grüne Hut**. Er soll Innovation, Wachstum und neue Ideen fordern und fördern. Wer diesen Hut trägt, begibt sich auf die Suche nach Alternativen. Der grüne Hut befähigt, über das hinauszudenken, was bereits getan wird oder angedacht ist. Mit dem grünen Hut können auch weitere Kreativitätstechniken eingesetzt werden, selbst wenn sie nur zur Provokation geeignet sind, um andere zum Widerspruch zu reizen. Träger des grünen Hutes dürfen alles formulieren, was zu neuen Ideen und Ansätzen führt, unabhängig davon, wie verrückt oder unrealistisch die Ideen sind. Eine Bewertung dieser Aspekte ist zu vermeiden!

Der **blaue Hut** steht für Kontrolle und die Organisation des gesamten Prozesses. Wer den blauen Hut trägt, begibt sich auf die Meta-Ebene, blickt also von einem übergeordneten Standpunkt auf den gesamten Prozess und erlangt so einen Überblick. Die Aufgaben bestehen dann darin, die Ergebnisse zusammenzufassen und an der Realität zu erhärten. Daher wird dieser Hut oft am Ende einer Sitzung aufgesetzt.

Ein Lernteam beschäftigte sich auf Grundlage des Reader sowie weiterer zur Verfügung gestellter Fachtexte mit dem komplexen Thema der Bionik und dem aus ihr abgeleiteten Verfahren der Analogiebildung.

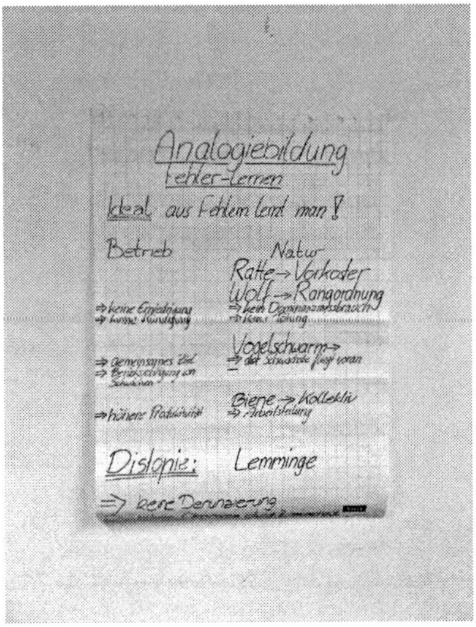

Ein Vorteil dieser Methode liegt darin, dass manche Probleme in ähnlicher Weise in anderen Wissenschaftsbereichen ebenfalls vorliegen und sogar schon gelöst werden konnten. Diese Methode macht vor allem dann Sinn, wenn Lernende verschiedener Fakultäten zugegen sind.

Gemeinsam gelang es den Studierenden beispielsweise, anschauliche Verhaltensweisen der Tierwelt, nahezu präventiv für menschliches Lernen und zwischenmenschliche Interaktion fruchtbar zu machen. Hier brachten sich, insbesondere die naturwissenschaftlich ausgerichteten Studenten, sehr diskussionsfreudig ein.

Einer der Seminarteilnehmer war der Meinung, dass er bereits ausreichend aktiviert worden wäre und nun gerne die Gelegenheit hätte, das erworbene Wissen noch einmal rekapitulieren zu können.

Zu diesem Zweck stellte der Dozent ihm vor allem die im Rahmen des Expertenpuzzles verwendeten Texte zum vertiefenden Studium zur Verfügung, um bestimmte Aspekte nachlesen und weitere Überlegungen anstellen zu können. Hier kann das Augenmerk z. B. auf den Transfer des theoretischen Wissens in die organisatorische Praxis gerichtet werden.

Nach der Zeitvorgabe erfolgte die Diskussion des Open Spaces. Die Studierenden hatten der Reihe nach eine Methode aufzugreifen und ausführlich zu reflektieren. Als dies geschehen war, widmete man sich dem Verfahren insgesamt und prüfte es auf seine Praxistauglichkeit. Es herrschte genereller Konsens, dass dieser Metalog hervorragen geeignet ist, vielfältige Problemstellungen in der Praxis zu generieren und zu bewältigen. Sämtliche Aspekte wurden abschließend an der Wandzeitung aufgenommen.

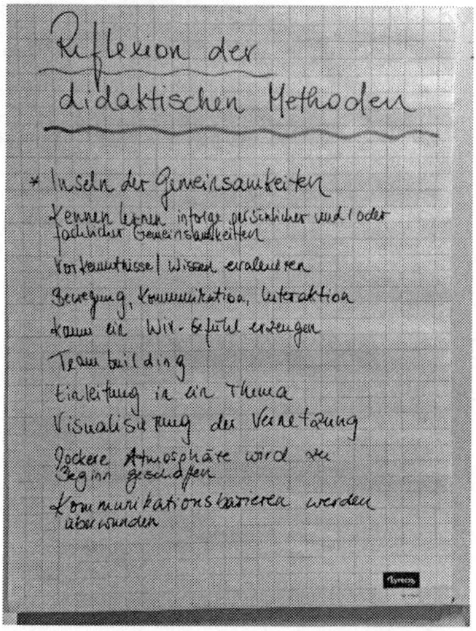

Nachdem den Seminarteilnehmern noch Raum zur Verfügung gestellt wurde, um Fragen zu stellen, Anmerkungen zu machen und letzte Diskussionen anzustoßen, wurden schließlich noch die vom Dozenten eingesetzten didaktischen Methoden des Seminarverlaufs reflektiert. Die Lernenden griffen in diesem Zusammenhang u. a. die Verfahren des Kennenlernens (Interview, Insel der Gemeinsamkeiten und Frage an das Seminar), den Museumsrundgang, das Expertenpuzzle sowie abschließend den Metalog Open Space auf. Diese Verfahren waren nicht eigentlicher Inhalt des Seminars, dienten aber der Vermittlung der vielfältigen Inhalte und erfüllten damit auf unterschiedliche Art und Weise bestimmte didaktische Funktionen des Lehrens und Lernens. Die Teilnehmer stellten jene Methoden in prägnanter Form dar und wussten sie anschließend ausführlich bezüglich ihres Einsatz- und Anwendungssinnes zu reflektieren. Die jeweiligen Vor- und Nachteile wurden vom Dozenten parallel während ihrer Erörterung auf Flip-Charts festgehalten. Jenes geschah allerdings nur stichpunktartig, weil dies in naher Zukunft noch von den Protokollanten einzelner Verfahren in ausführlicher Form übernommen werden wird, da sie auf jenem Weg einen Leistungsnachweis erwerben wollen. Die Ausarbeitungen werden dann nach ihrer Begutachtung im EWS für alle veröffentlicht.

Lehrevaluation für Seminare

Letztlich widmete sich der Dozent noch den Fragen der Studierenden an das Seminar, um sie bezüglich ihrer Beantwortung zu überprüfen.

Grundsätzlich wurden laut Rückmeldung der Lernenden sämtliche Fragen in ausreichender Art und Weise berücksichtigt und beantwortet. Zwei konnten allerdings nicht beantwortet werden. Die Fragenformulierer wünschten sich u. a. die Vermittlung und Anwendung diverser Lernstrategien zur Effizienzsteigerung des eigenen Lernens. Hier konnten lediglich Literaturverweise gegeben werden. Trotz dessen wirkten die Betroffenen nicht unzufrieden. Nach der eigentlichen Lehrevaluation räumten die Studierenden gemeinsam mit dem Dozenten den Arbeitsraum auf, teilten abschließend noch für sie Bedeutsames mit und bedankten sich vor allem für das angenehme und aktivierende Seminar. Gemeinsam wurden dann noch mit denen, die einen Leistungsnachweis durch ein Gruppenkolloquium erwerben wollten, die hierfür notwendigen Inhalte erörtert und Termine vereinbart.

4 Ausgewählte Reflexionskapitel

Gegenstand dieses umfangreichen Reflexionsteils ist die Eruierung, welche Aspekte der Professionalisierung der eigenen Lehre besonders geeignet waren, welche Probleme sich trotz intensiver Planung ergaben und welche möglichen Interventionen daraus für künftige Lehrvorhaben ableitbar werden. In kritischer Distanz zu sich selbst gilt es nun zu reflektieren, ob sich die fachwissenschaftlichen, didaktischen und methodischen Auswahl- und Planungsentscheidungen auch in der Durchführung bewährt haben. Dabei wird die Chronologie des theoretischeren Planungsteils aufgegriffen, an einigen Stellen akzentuiert und fokussiert und bezüglich gegebener Vor- und Nachteile erörtert. Hierbei ist ebenfalls intendiert, dass die Selbstreflexion den Grad der eigenen Professionalisierung auch noch im Anschluss an die Veranstaltung „Lehren und Lernen in Organisationen“ fordert und fördert.

4.1 Reflexion der Lehr- und Lernvoraussetzungen

Sichtet man die (didaktische) Fachliteratur bezüglich der in Bildungsprozessen zu berücksichtigenden Lernvoraussetzungen, dann findet man ausschließlich Aspekte und Empfehlungen, die auf den Lernenden fokussieren. Weil allerdings auch der Lehrende seine individuellen Voraussetzungen mit sich bringt, welche die Lernprozesse beeinflussen, wird sich diesen hier zuerst gewidmet.

Wichtig war es für den Planungsprozess des Seminars, dass sich vergegenwärtigt wird, wie man sich selbst als Lehrender im Thema verortet, welche fachwissenschaftlichen Kenntnisse und Forschungspräferenzen gegeben sind und welche persönliche Haltung man gegenüber der Thematik einnimmt. Der Lehrende muss sich darauf besinnen, dass er nicht nur seine Wirklichkeit bzw. seine fachliche Sichtweise den Lernenden präsentiert, sondern möglichst unbefangen und wertneutral Sachinhalte auswählt, erarbeiten und reflektieren lässt. Wichtig ist in diesem Zusammenhang auch die Reflexion eigener Widerstände. Werden beispielsweise historische Theorien oder eher einseitig orientierte paradigmatische Sichtweisen und Erkenntnisinteressen skeptisch betrachtet, sollte sich dies nicht in der Lehrhaltung niederschlagen. Entsprechend der thematischen Ausrichtung der Veranstaltung gilt es das Wissen derart konstruktiv darzubieten, dass die Studierenden sich selbst ein kritisches Urteil bilden können. Eine einseitige Darstellung durch den Lehrenden wird als eher unprofessionell erachtet. Schließlich geht es um fachwissenschaftliche Eruierungsprozesse und nicht um die persönlichen Neigungen und Einstellungen des Dozenten. Dies ist vor allem für jene Lern- und Lehrtheorien bedeutsam, die entgegen der Lehrintention nicht die Subjektbildung als erkenntnisleitendes Interesse verfolgen und das Individuum eher mechanisch betrachten oder sogar enthumanisieren. Ebenfalls diese Theorien haben ihre Daseinsberechtigung und erklären möglicherweise mannigfache Lern- und Lehrprozesse.

Gleichermaßen bedeutsam war die Sichtung aktueller Forschungsfragestellungen, Methoden und Erkenntnisse. Neben den Grundlagen gilt es schließlich immer auch den gegenwärtigen Common Sense und Stand der Forschung zu vermitteln. Ohne entsprechende Recherche kann der Dozent dies, wenn es sich bei der Seminarthematik nicht um seinen originären Forschungsschwerpunkt handelt, nur bedingt leisten.

Zusätzlich wirkte das Hochschuldidaktische Zentrum als eine externe Ausbildungs- und Beratungsinstanz auf den Lehrprozess mit ein. Dort wurden im Rahmen der absolvierten Qualifikation diverse Denkanstöße, Planungshilfen und didaktische sowie methodische Perspektiven vermittelt, die teilweise direkt in das Kompaktseminar „Lehren und Lernen in Organisationen" eingeflossen sind. Darüber hinaus standen dem Dozenten Berater zur Seite, die ihm Anregungen gaben und bei ausgewählten Planungsprozessen begleiteten. Dies mündete schlussendlich in der Abfassung dieses Lehrportfolios, wenn auch in jener Zeit noch in weitaus geringerem Umfang, was eine professionelle und theoriegeleitete Praxisreflexion forderte und förderte.

Seitens der Universität und vor allem der Lernenden war es wichtig, dass passende Termine für die Kompaktveranstaltung gefunden wurden und adäquate Räume zur Verfügung standen. Es wurde vermieden, dass das Seminar am Semesterende und damit in den Klausur- oder Praktikumsphasen stattfindet. Aufgrund der Ausrichtung des Studienganges an berufstätigen Studenten der Organisationspsychologie war es zudem an Wochenendeterminen abzuhalten. Die potentiellen Räume sind vor der Beantragung in Augenschein genommen worden, weil man beispielsweise mit einer Seminargröße von 25 Teilnehmern einen entsprechend kleinen Raum hätte zugewiesen bekommen. Der Lehrende war sich aber in der Planungsphase bewusst geworden, dass es einer geräumigen Architektur bedarf, damit die vielfältigen Methoden und Arbeits- sowie Sozialformen in ausreichender Ruhe durchgeführt werden konnten. Des Weiteren war ein zweiter Raum beantragt worden, damit sich einige Lernende bei Bedarf in diesen zurückziehen konnten. Darüber hinaus waren diverse Materialien, die grundsätzlich allen Lehrenden der Fakultät zur Verfügung stehen, zu entleihen. Für außerordentliche bzw. ungewöhnliche Lernprozesse sind die benötigten Utensilien, z. B. Fingerfarben und Ton, selbst beschafft worden.

Die Einrichtung des virtuellen Seminarraums im EWS der Universität war hochgradig arbeitsökonomisch und zielführend. Den Lernenden konnten sämtliche Informationen bezüglich des Ablaufs über einen E-Mailverteiler übermittelt werden. Änderungen waren aktuell einzustellen und einzusehen, was zudem für die Grundlagentexte galt, die mit wenigen Klicks den Studierenden zur Verfügung gestellt wurden. Als die Veranstaltungsplanung fortgeschritten war, konnte den Lernenden sogar ein Ablaufplan übermittelt werden, damit sie sich informieren konnten, ob die Inhalte auch ihren Erwartungen entsprechen. Schließlich avancierte dieses Organisationsinstrument zu einer medialen Lehr-/ Lernmethode, als dialogisch mit den Teilnehmern ein konkretes e-Learningprojekt initiiert und geplant, sowie durchgeführt und abschließend reflektiert wurde. Seitens der Studierenden stellt das EWS auch eine Arbeits- und Kommunikationserleichterung dar, weil Absprachen nicht in der Sprechstunde des Dozenten getroffen werden müssen und bestimmte Inhalte diesem im Rahmen jenes Mediums digital zur Einsicht und Stellungnahme übermittelt werden können.

Bezüglich der subjektiven Lernvoraussetzungen der Teilnehmer wird in der Rückschau festgestellt, dass ihre Erhebung enorm zum Erfolg des Seminars beigetragen hat. Erfolg wird hier bemessen am Grad der Aktivierung, Motivierung und Involvierung der Studierenden, der beeindruckend war.

Ohne die Interesseneruierung wären einige inhaltliche Aspekte an den Lernenden vorbei geplant worden. Aufgrund der Ausschreibung der Veranstaltung war davon auszugehen, dass berufserfahrene Akademiker das Seminar besuchen, die vor allem anwendungsbezogene Reflexionen in konkreten Handlungsfeldern wünschen. Aus den Rückmeldungen der Teilnehmer wurde allerdings etwas völlig anderes ersichtlich, nämlich dass sich ausschließlich Lehramts- und Erziehungswissenschaftsstudierende angemeldet hatten. Damit waren komplett andere Voraussetzungen, schon allein praktischer Natur, gegeben. Der Dozent konnte daraus ableiten, dass nicht primär Anwendungsbezüge und Fallbeispiele ökonomisch operierender Unternehmen zu konstituieren waren, sondern welche aus schulischen und erzieherischen Einrichtungen die geeignetere Wahl darstellen würden. Aus den Praktikumserfahrungen der Lernenden ist ebenfalls ersichtlich geworden, dass sie über solides Wissen bezüglich sozialer und ehrenamtlicher Berufs- und Handlungsfelder verfügen. Vor allem eher ehrenamtlich ausgerichtete Institutionen verfolgen gegenüber primär ökonomischen Organisationen teilweise sogar konträre Sichtweisen. Dies musste sich sowohl in den Theorie- als auch den Praxisphasen des Seminars niederschlagen.

Weil das Seminar „Lehren und Lernen in Organisationen" eigentlich eine Vertiefungsveranstaltung der Arbeits- und Organisationspsychologie darstellt, die ab dem 4. oder 5. Semester zu besuchen wäre, hätte grundlegendes Wissen über Lerntheorien und organisationspsychologische Theorien vorausgesetzt werden müssen. Durch das Feedback der Teilnehmer wurde allerdings ersichtlich, dass diesbezüglich äußerst heterogene (Leistungs-) Bedingungen gegeben waren. Die Lektüre der Grundlagentexte sowie Erarbeitung zentraler Theorien und Modell durch einige Teilnehmer im e-Learningprojekt konnte diesem Umstand Rechnung getragen und entgegengewirkt werden.

Fast alle Studierende teilten mit, dass insbesondere das Kennenlernen vielfältiger Methoden und ihre Anwendung in praxisbezogenen Problemen ausdrücklich gewünscht ist. Deshalb ist schließlich ein großer Teil der Seminarphasen derart konstituiert worden, dass die Teilnehmer ihr Wissen mittels unterschiedlicher Verfahren und Techniken generieren konnten. Lernende unterer Semester und vor allem jene, die ein Lehramt studieren, bevorzugen eine methodische Aktivierung gegenüber einer typischen passiven Rezeptionshaltung. Die Reflexionsphasen, die großzügig eingeplant wurden, verdeutlichten, dass die didaktischen und methodischen Verfahren sinnstiftend genutzt und reflektiert worden sind. Schlussendlich lassen sich die konkreten Methoden vielleicht sogar künftig in der Berufspraxis der Studierenden einsetzen. Der für die Veranstaltung selbst erstellte Methodenreader sollte diesen Umstand begünstigen.

Die starke Integration der Interessen und Wünsche der Lernenden in die Veranstaltung führte dazu, dass diese hoch motiviert und zunehmend selbstständig agierten, ohne dass die fachlichen Inhalte aus den Augen verloren wurden. Dadurch wurde eine Atmosphäre geschaffen, die von Engagement und Wertschätzung geprägt war und alle Betroffenen zu Beteiligten werden ließ.

4.2 Reflexion der Fach- bzw. Sachinhaltsauswahlentscheidungen

Das strukturierte und methodische sowie didaktische Vorgehen bezüglich der Auswahl fachwissenschaftlicher Inhalte war von großer Bedeutung. In einem ersten Schritt wurden kreative Methoden der Ideengenerierung genutzt, um einen Überblick zu gewinnen, welche Inhalte für das konkrete Seminar in Frage kommen. In einem zweiten Schritt erfolgte die Ergänzung um weitere inhaltliche Aspekte, die Lehrbüchern entnommen wurden, die nicht üblicherweise vom Dozenten frequentiert werden. In einem letzten Schritt wurden zwei Fachkollegen aufgesucht, denen die Inhalte mit der Bitte um Stellungnahme vorgelegt wurden. Dies war besonders fruchtbar, weil neue Blickwinkel eingenommen und weitere Perspektiven generiert werden konnten. Ein ähnliches Vorgehen erfolgte auch hinsichtlich der Sammlung und Auswahl potenzieller Seminarmethoden, damit nicht bereits von Beginn an eine zu eingeschränkte Reduktion vorgenommen wurde.

Dann mussten gemäß der didaktischen Reflexion solche Themen gewählt werden, die allgemeine Inhalte transportieren. Dies ist zwingend vonnöten, weil nicht das gesamte fachwissenschaftliche Spektrum in einem einzelnen Seminar vermittelbar ist. Deshalb war zu eruieren, in welchen Momenten die Besonderheiten ausgewählter Inhalte lagen, ob diese andere ähnliche Inhalte repräsentieren und zusätzlich allgemeine Bildungsgehalte und Erkenntnisinteressen implizieren. Dann besitzen sie einen exemplarischen Wert und sind nachhaltig bildungswirksam, weil sie mehr als nur das Speichern und Abrufen von Wissen begünstigen und ermöglichen, sondern darüber hinaus etwas individuell Bedeutsames und Gesellschaftsrelevantes generieren.

Folgend galt es zu entscheiden, welche Fachinhalte in ihrer genuinen Form erschließbar und damit unverändert thematisierbar sind und welche einer zusätzlichen Aufbereitung bedürfen, damit sie besser begreifbar werden. Zu abstrakte oder komplexe Aspekte sind dann derart zu illustrieren, dass ihre immanente Sachlogik nicht verfälscht und Beziehungen nicht verkürzt werden. Abstrakte Fachinhalte sind deshalb in konkrete Fallbeispiele und Anwendungskontexte überführt worden, komplexe Beziehungen wurden in einzelne sinnhafte Elemente zerlegt, die in einem ersten Schritt arbeitsteilig zu erschließen waren, bevor sie im Plenum in ihre übergeordnete Struktur eingeordnet wurden.

In diesem Zusammenhang waren nicht nur solche Methoden und Medien zu finden, die jene Vorgehensweisen begünstigten, diese sollten selbst auch solche Operationen darstellen, die den Inhalt bzw. die Fachwissenschaft teilweise konstituieren. Es wurde zu jeder Zeit vermieden, dass Methoden nur ihrer Selbstwillen zum Einsatz kamen. Eine Methode dient nicht nur dem bloßen Aktionismus seitens der Teilnehmer, sie muss selbst inhaltskonstituierend und -generierend sein.

Zentrale und grundlegende Theorien und Modelle, deren Kenntnis eigentlich vorausgesetzt werden sollte, wurden in verständlicher und komprimierter Form aufbereitet und den Lernenden seminarvorbereitend zur Verfügung gestellt. Dies hat einerseits den Vorteil, dass für die Veranstaltung selbst ein homogener Wissensstand geschaffen wird, andererseits ist mehr Raum gegeben, um vertieftes Wissen in unterschiedlichen Arbeits- und Sozialformen erlangen zu können. Bestimmte Aspekte, die informativ aber nicht zwingend notwendige Bestandteile des Seminars oder Fachgebiets darstellen, konnten von den Studierenden verschiedenartig im Rahmen des Leistungsnachweiserwerbs bearbeitet und über das EWS den anderen präsentiert werden. Dann entscheiden die Selbstverantwortung und die Interessen des Einzelnen, inwieweit diese zusätzlichen Themenaspekte internalisiert werden sollen.

Bei der didaktischen Analyse war bedeutsam, dass der dialogischen Kooperation und Reflexion genügend Raum zur Verfügung gestellt wird. Dies erfordern vor allem die curricularen Vorgaben des Studienganges, weil die Arbeits- und Organisationspsychologie eine Anwendungsdisziplin ist und ihre Theorien und Methoden sich in der Praxis unter Beweis zu stellen haben. Hier war ein derartiger Mut zur Lücke vonnöten, dass didaktische Reserven eingeplant wurden, in denen Fragen gestellt, Probleme eruiert und Anwendungsimplikationen abgeleitet und nachhaltig reflektiert werden konnten. Dies scheint in einem ersten Moment oberflächlich auf Kosten der Fachwissenschaft zu erfolgen, weil eventuell einige Themenaspekte bewusst auszusparen sind. Dem ist jedoch nicht so, wenn sinnhafte exemplarische Auswahlentscheidungen getroffen wurden und die Reservephasen eine bessere Einsicht in die Tiefenstrukturen ermöglichen. Werden diese nicht benötigt, ist es ratsam, zusätzlich Fachinhalte, die in der Seminarplanung ausgespart wurden, in der Hinterhand zu haben.

Schließlich ermöglichte der Austausch mit Kollegen und ein Blick über den eigenen Wirkungskreis hinaus in andere Arbeits- bzw. Lehrbereiche, dass Fachinhalte, die dort zentrale Themen darstellen, nicht primär in der konkreten Veranstaltung zu intensivieren waren. In diesem Zusammenhang kann auf weitere Seminare verwiesen werden – eine Kooperation, die noch verstärkt ausbaufähig und vor allem wünschenswert ist.

4.3 Reflexion von Lehr-/ Lernzielrealisierung und Kompetenzzuwachs

Ein bedeutsamer Reflexionsaspekt für Studierende, Dozenten und die Hochschule insgesamt ist die Feststellung, wie effizient und effektiv Lehre als solche ist und ob sich seitens der Lernenden ein sichtbarer und deutlicher (fachlicher) Kompetenzzuwachs zeigt.

Dies kann beispielsweise über die Zahl der erfolgreich Promovierten, absolvierten Studienabschlüsse oder gar einzelnen Prüfungsergebnisse abgelesen werden. Es wird jedoch als zu kurz gegriffene Maßnahme erachtet, lediglich einen Blick auf die Güter bestandener oder nicht bestandener mündlicher und schriftlicher Prüfungsleistungen zu werfen. Dadurch lässt sich vermutlich recht einfach in Erfahrung bringen, welches Maß an deklarativem bzw. fachlichem Wissens erworben wurde. Das Bestehen einer Klausur oder eines Kolloquiums sagt aber noch nichts über den Zuwachs an gewonnener Handlungskompetenz des Einzelnen aus.

Eine aufwändigere aber validere Möglichkeit ist es, folgt man der Logik dieser Arbeit, die mit der eigenen Veranstaltung intendierten Ziele und Kompetenzen schriftsprachlich zu formulieren bzw. zu fixieren und als Maßstab zugrunde zu legen. Während der Ableistung des Vorbereitungsdienstes im Rahmen der Lehrerausbildung wurde man beispielsweise mit der Aussage konfrontiert, dass man das Können bzw. den Erfolg eines Lehrenden am Kompetenzzuwachs der Lernenden bemessen muss. Dies ist eine Perspektive, die an Hochschulen deutlich unterrepräsentiert ist, wenn man bedenkt, dass sich so manch einer gerade mit der Zahl derer brüstet, die das Klausurziel am Ende des Semesters nicht erreicht. Infolge des eigenen professionellen Selbstverständnisses ist es das Ziel der eigenen Lehre einerseits diese in ihren Inhalten transparent und überprüfbar zu machen und andererseits nicht nur auf die Fachwissenschaft, sondern gleichermaßen auf die Studierenden zu fokussieren. Sollen diese individuell und ganzheitlich gefördert werden, ist es fast zwingend notwendig, die zu erwerbenden Kompetenzen auszuweisen. Schließlich hilft die Verschriftlichung dabei, einzelne Aspekte und Bereiche nicht aus den Augen zu verlieren.

Die Formulierung von Zielen und Kompetenzen erfüllt vielfältige sinnhafte Funktionen. Im Allgemeinen führt sie seitens des Lehrenden dazu, dass er sich zu Beginn selbstkritisch fragen muss, inwieweit die intendierten Ziele und Kompetenzzuwächse tatsächlich realisiert wurden und vor allem, ob überhaupt die Möglichkeit hierzu in ausreichender Form für die Studierenden gegeben war. In einem zweiten Schritt ist dann konkret zu erörtern, wie sich Ziel- und insbesondere die Kompetenzmessung am adäquatesten realisieren lässt.

Dies geschieht nicht erst am Ende einer Lehrveranstaltung im Rahmen mündlicher oder schriftlicher Leistungsüberprüfungen, sondern parallel zum Lehr-/ Lernprozess. Die unterschiedlich abstrakten Zielformulierungen in ihren verschiedenen Dimensionen stiften nämlich nicht nur eine Verlaufsorientierung im Planungsprocedere, sie lassen sich zudem als Evaluationskriterien verstehen, die lern- und lehrbegleitend diagnostiziert und reflektiert werden sollten. Schließlich dienen die Arbeitsphasen nicht nur zur Aktivierung der Studierenden, um Ruhephase für den Lehrenden einzuplanen. In diesen Zeiten hat der Dozent zu beobachten, zu diagnostizieren und eventuell zu reflektieren, an welcher Stelle intendierte Ziele erreicht und Kompetenzen erworben wurden oder aber ob diesbezüglich weitere Interventionen vonnöten sind. Hierbei lassen sich z. B. auch hemmende und förderliche (Fall-) Beispiele, (Handlungs-) Situationen, Literaturgrundlagen oder Medien und Methoden identifizieren. Die kritische Selbstreflexion erfolgt im konkreten Fall an der Überprüfung der eigenen Richt- und Grobziele.

Die allgemeinen Lehr- und Lernrichtziele betreffend kann festgestellt werden, dass die meisten Studierenden diese ausreichend zufriedenstellend erreicht haben. Dies wurde explizit im Rahmen der kooperativen und arbeitsteiligen Gruppenarbeitsphasen sowie in den sich diesen anschließenden Reflexionseinheiten, die grundsätzlich vom Dozenten im Plenum moderiert wurden, ersichtlich. Insbesondere die Präsentation der Lerntheorien zeigte, dass sich die Expertenteams intensiv, umfangreich und kritisch mit diesen auseinander gesetzt hatten. Die Fragen, Anregungen und Diskussionen der zuhörenden Studierenden ließen ebenfalls erkennen, dass ein breiter Fundus an Fachwissen gegeben war, so dass praxisrelevante Implikationen abgeleitet und in der Folge reflektiert werden konnten. Auffällig gut gelang vor allem die Gegenüberstellung und Verzahnung der zentralen Aussagen der einzelnen Lerntheorien, aus denen bedeutsame Praxisimplikationen abgeleitet werden konnten. Dies ist besonders erfreulich, weil sich die Lernenden dabei auf einem kognitiven Niveau befinden, das weit über lediglich Speichern und Abrufen von Wissen hinausgeht. Gleiches war bei den Didaktischen Theorien und Modellen erkennbar. Explizit in der Phase, in der ein jeder eine ausgewählte Theorie im Rahmen des Museumsrundganges vorzustellen hatte. Dies war auch der intendierte Vorzug der Methode, die den Einzelnen quasi dazu zwingt, sich in Gruppenarbeitsphasen einbringen zu müssen, weil jeder die Ergebnisse präsentieren muss.

Problematischer konstituiert sich allerdings die Überprüfung des Grades der sicheren Anwendung und Reflexion des Solution Cycles. Dieser wurde umfangreich theoretisch eingeleitet und wissenschaftlich fundiert, anschließend in arbeitsteiliger Form durchgeführt und abschließend im Plenum reflektiert. Allerdings wurden während der Präsentationsphase der theoretischen Fundierung nur bedingt verständnisgenerierende Fragen gestellt. Dies sollte dann durch den Dozenten erfolgen, weil nicht davon auszugehen ist, dass Studierende, die einem Vortrag zuhören und am Ende keine Fragen stellen, hinreichend informiert und gebildet sind. Interventionen seitens des Dozenten sind hier notwendig, weil das theoretische Wissen bezüglich des Solution Cycles komplex ist und nicht alle Teilnehmenden eine mündliche oder schriftliche Leistungsüberprüfung absolvieren, innerhalb derer der Wissensstand feststellbar wäre. Schließlich gab es einige, die ihre Leistung bereits erbracht hatten und demgemäß vielleicht sogar weniger aufmerksam und engagiert sind. Selbst die zur Verfügungsstellung einer Diskussionsphase begann gegenüber den Lern- und Lehrtheorien vergleichsweise schleppend. Sie wurde in der Folge lediglich von der Hälfte der Studierenden – von diesen dann allerdings äußerst intensiv – genutzt. Vier Studentinnen waren auffällig ruhig, u. a. weil sie parallel die Diskussion verschriftlichten. Künftig könnte die Bereitstellung weiterer Literatur dies vermeiden. Mitschriften sind zwar erwünscht, sollten sich jedoch auf einige wenige Aspekte beschränken, weil sonst aufmerksamkeitsbezogene und kognitive Kapazitäten seitens der Lernenden von der eigentlichen Plenardiskussion abgezogen werden. Es mag ebenfalls sein, dass die Studierenden solche dynamischen und komplexen Lernarrangements nicht gewohnt sind und ihre gewonnen Eindrücke erst einmal wirken lassen müssen, bevor sie nachhaltig und zielführend verarbeitet werden können. Die Evaluationsverfahren lassen jedoch darauf schließen, dass die methodische Vielfalt enorm, aber sehr erwünscht war. Eine gesicherte Überprüfung möglicher realisierter Ziele und erworbener Kompetenzen kann daher für diesen Themenkomplex tatsächlicher eher im Rahmen der schriftlichen Ausarbeitungen oder des Gruppenkolloquiums erfolgen.

Bezüglich der im Planungsprozess formulierten Groblernziele kann allerdings festgestellt werden, dass es den ausgewählten Expertengruppen gut gelang, die wissenschaftlichen Texte zum Thema Lerntheorien zu erarbeiten und rezipientenorientiert zu präsentieren. Dies zeigte sich insbesondere bei der Vorstellung der Arbeitsaufträge und der sich anschließenden Moderation im Rahmen der offenen Frage- und Diskussionsrunde im Seminarplenum. Ebenfalls Fragen höherer Lernzieltaxonomiestufen seitens des Dozenten konnten zu jeder Zeit richtig beantwortet werden. Zusätzlich konnte ebenfalls im Gruppenkolloquium festgestellt werden, dass die Studierenden nicht nur im Stande waren, die Theorie der drei großen Lerntheorien wiederzugeben, sondern durchaus fähig waren, jene Erkenntnisse ökonomisch und zielführend für die organisationale Praxis nutzbar zu machen und kriterienorientiert bewerten und beurteilen zu können.

Des Weiteren gelang die Erarbeitung der wesentlichen didaktischen Strömungen bzw. Theorien und Modelle mittels der Methode des Museumsrundganges sehr gut. Im Plenum wurden erst die Arbeitsorganisation sowie das methodische Vorgehen erörtert, bevor sich die einzelnen Gruppen arbeitsteilig mit ihren Texten, dem gemeinsamen Austausch und der sich anschließenden Präsentation der bedeutendsten Inhalte und wesentlichen Praxisimplikationen befassten. Die Methode des Museumsrundganges wurde, wie bereits erwähnt worden ist, bewusst ausgewählt, damit sich in der kooperativen Lernform niemand in eine rein passive Rezeptionshaltung während der Theoriephase zurückziehen konnte. Jenes Verfahren ließ sich effektiv ein- und umsetzen und konnte abschließend ausführlich reflektiert werden. Die Teilnehmer wirkten sicher im Umgang mit der Methode. Dadurch, dass ein jeder zu einem bestimmten Zeitpunkt Präsentierender der eigenen Gruppenarbeitsergebnisse war und eine kurze Diskussion moderieren musste, konnte sicher gestellt werden, dass zumindest dieser exemplarische Theorieteil intensiv bearbeitet und vor allem aktiv und kritisch in der Diskussion reflektiert wurde. Die auf den Plakaten fixierten Praxisimplikationen ließen ebenfalls erkennen, dass nicht nur die zentralen Aussagen erfasst wurden, sondern mit diesen anschließend praxisorientiert und sinnstiftend operiert werden konnte. Inwieweit sämtliche Theorien dem Einzelnen in solcher Tiefe zugänglich geworden sind, bleibt allerdings fraglich, weil in der Präsentationsphase natürlich nur das Wesentliche in Kürze kennengelernt und diskutiert werden konnte. Den Zuhörern ist dann wiederum die Chance gegeben, sich zurück zu halten. Die den Themenkomplex abschließende Plenardiskussion zeigte aber, dass die meisten Teilnehmer im Stande waren, zentrale Aussagen wiederzugeben, Gemeinsamkeiten und Differenzen zu benennen sowie einer kritischen Prüfung zu unterziehen. Bewusst wurden in dieser Phase sich zurückhaltende Studierende zur Diskussion ermuntert, die sich nicht von sich aus am Geschehen beteiligten, damit der Lehrende Sicherheit darüber erlangen konnte, dass zumindest das Mindestmaß an Wissen gegeben ist. Insgesamt muss der Lehrende Obacht geben, dass er sich in Diskussionsrunden nicht primär an den aktiveren und eloquenteren Lernenden orientiert und ihre Darstellung als allgemeine Zielerreichung interpretiert.

Die sukzessive Überprüfung des erworbenen Fachwissens bzw. der intendierten Ziele ist explizit dann wichtig, wenn beides Voraussetzungen für die daran anschließenden bzw. darauf aufbauenden Arbeitsphasen sind, damit der Lernende der anwendungsbezogenen Handlungen fähig ist. Arbeitsteilige Kooperationen bilden zwar ein bedeutsames volkswirtschaftliches Prinzip ab, bergen aber immer die Gefahr in sich, dass lediglich die Experten ein vertieftes Verständnis zu offerieren im Stande sind. Dies macht elaborierende und diskursive Gespräche und Diskussionen mit dem Dozierenden sowie visualisierende Zusammenfassungen fast zwingend notwendig.

Gleiches gilt schließlich für die Erarbeitung der Vertrauensfehlerlern- und -innovationskultur, deren zentrale Aspekte und logische fachwissenschaftliche Beziehungen verstanden sein mussten, um sich an der anschließenden Arbeitsaufgabe beteiligen zu können. In dieser galt es diverse Methoden der Unternehmensdiagnose, -therapie und -prozessreflexion arbeitsteilig und ergebnisorientiert einzusetzen, damit auf der Grundlage der Theorie das Ideal einer solchen Kultur gestaltet werden konnte. Praxiswiderstände, die bei der Implementation einer solchen Unternehmenskultur zu erwarten waren, konnten durch alle Teilnehmer anschaulich und nachvollziehbar ausgeführt werden. Wie bei den vorangegangenen kooperativen Arbeits- und Sozialformen gelang der dialogische Austausch integrativ und effektiv. Die Wahlfreiheit der Methoden wurde hier von beiden Seiten begrüßt, da entsprechend der eigenen Neigungen Verfahren auswählbar waren, die der Problemlösung dienten. Dies ist vor allem dann möglich, wenn verschiedene Methoden gleichermaßen erkenntnisgenerierend und zielführend sind.

Problematisch war allerdings eine Gruppe, die sich aus augenscheinlich drei einander bekannter Studierender konstituierte, denen nicht immer an der aktiven Beteiligung gelegen war. Diese waren verstärkt darauf bedacht, sich in offenen Arbeitsphasen und Sozialformen zurückzuziehen. Hier waren derartige methodische Interventionen seitens des Dozenten notwendig, die einen gruppenübergreifenden Austausch erforderlich machten. Eine durch den Lehrenden vorgenommene Gruppenzuteilung wäre eine weitere Möglichkeit gewesen, wurde allerdings aufgrund der sehr engagierten Arbeitshaltung der meisten anderen unterlassen. Hierdurch sollte insbesondere die angenehme Arbeitsatmosphäre geschützt werden.

Bei dieser Seminareinheit und Thematik wurde explizit festgestellt, dass eine Anwendung und Reflexion der Theorie für das Handlungsfeld Schule besonders gut gelang. Teilweise bedienten sich die Studierenden sogar selbstkonstruierter Situationen, die anschaulich dargestellt und reflektiert wurden. Diese Authentizität bzw. der Transfer des theoretischen Fachwissens in die zukünftige Berufspraxis wurde durch die bereits gemachten Praktikumserfahrungen stark begünstigt. Allerdings war nicht jeder gleichermaßen im Stande, die dargebotenen Inhalte in rein wirtschaftliche Kontexte bzw. Organisationen zu übertragen und an den dort primär gegebenen Mentalitäten, Besonderheiten und Zwängen erörtern zu können, was insbesondere auf die eher domänenspezifische Studiengangausrichtung zurückzuführen ist.

Dieser Eindruck erhärtete sich u. a. im Rahmen der schriftlichen Ausarbeitungen zum Erwerb eines Leistungsnachweises, weil in diesen nur schulische und/ oder sozialpädagogische Institutionen zur Illustration verwendet wurden. Den am Kolloquium Teilnehmenden gelangen Transferleistungen in wirtschaftliche Kontexte besser. Eine zukünftige Maßnahme, um diesem Umstand entgegenzuwirken, besteht darin, entweder die organisationspsychologischen Studieninhalte stärker auf erziehungswissenschaftliche Studiengänge hin auszurichten oder aber bewusst Praxisphasen, die außerhalb des pädagogischen und sozialen Sektors liegen, einzuplanen.

Besonders gut gelang den Studierenden die Anwendung und Reflexion der eingesetzten Evaluationsverfahren. Dies rührt vermutlich daher, dass die Teilnehmer dies zum einen aus diversen anderen Seminaren – wenngleich auch nicht in jenem Umfang – gewohnt sind. Zum anderen sind die meisten Psychologiestudenten mit der Thematik Evaluation theoretisch und praktisch in verschiedenen Seminaren vertieft in Berührung gekommen. Der Einsatz und Nutzen im Rahmen betrieblicher Lehr- und Lernprozesse wurde demgegenüber allerdings sehr konträr gesehen. Gleiches gilt für die Reflexion der in den beiden Kompaktphasen kennengelernten (didaktischen) Methoden. Diese konnten ebenfalls problemlos inhaltlich zusammengefasst und kritisch beurteilt werden. Explizit die Diskussion der Vor- und Nachteile gelang rege und auf hohem Niveau, was mutmaßlich an der selbstständigen Erprobung jener Inhalte und Methoden lag. Ein Transfer in institutionelle und wirtschaftliche Kontexte wird augenscheinlich durch mannigfache Vorurteile blockiert. Die meisten Studierenden waren der Auffassung, dass jene Maßnahmen in den zuvor genannten Arbeitsfeldern nicht realisierbar seien. An dieser Stelle wurde besonders deutlich, wie wichtig praktische Erfahrungen für die Ableitung von Anwendungsimplikationen sind. Eventuell hätte beispielsweise ein Film, der die Anwendung der Seminarmethoden und -inhalte in ökonomischeren Unternehmen zeigt, den Blockaden und Vorurteilen entgegenwirken können.

Am einfachsten gelang die Feststellung der Zielerreichung und des Erwerbs der intendierten Kompetenzen im Rahmen des Gruppenkolloquiums. Zum einen war in diesem Zusammenhang konkret die Möglichkeit des individuenorientierten und vertieften bzw. elaborierten Nachfragens seitens des Prüfers gegeben, zum anderen konnten darüber hinaus gezielte Fragen – teilweise sukzessiv aufeinander aufbauend und fortlaufend und an der verwendeten Lernzieltaxonomie orientiert – gestellt werden. Schließlich ließ es diese dialogische Prüfungsform zu, dass man im Falle des Ausbleibens bestimmter Aspekte gezielt nachfragen konnte, ob dies in fehlendem bzw. gegenwärtig ausgeblendetem Wissen, der Komplexität des Themas oder der individuell mehr oder weniger beigemessenen Bedeutung gelegen ist.

Alternativ wäre die Möglichkeit gegeben, eine schriftliche Leistungsüberprüfung zu konzipieren, die z. B. deklaratives Wissen mittels geschlossener Fragestellungen oder Multiple-Choice-Aussagen erhebt und Anwendungs-

sowie Reflexionswissen im Rahmen einer zu lösenden Fallstudie feststellt. Dies hätte den Vorzug, dass das erreichte Kompetenzniveau aller, im direkten Vergleich zueinander, bewertbar und beurteilbar gemacht würde. Jedoch wären dann, um u. a. den subjektiven Lernvoraussetzungen und kooperativen Arbeits- und Sozialformen gerecht zu werden, solche offenen Handlungssituationen darzubieten, dass jeder Teilnehmer sein grundlegendes und speziell vertieftes Wissen hätte einbringen können. Damit wären dann wiederum entweder individualisierte oder von ihrer Anlage her derart offen konzipierte Aufgabenstellungen vonnöten gewesen, dass schlussendlich ebenfalls keine direkte Vergleichbarkeit der Einzelleistungen miteinander mehr gegeben wäre.

Bezüglich des intendierten Kompetenzzuwachses kann keine vergleichbar pauschale Aussage getroffen werden. Relativ gesichert ist die Feststellung, dass insbesondere an Fachkompetenzen ein Zuwachs erreicht wurden. Gleiches gilt für die formulierten Methodenkompetenzen. Dies zeigte sich über den gesamten Seminarverlauf hinweg. Die Studierenden waren nicht nur in der Lage, das Wissen abzurufen und anzuwenden, darüber hinaus gelang es ihnen in überzeugender Weise jenes angemessen und kriterienorientiert zu bewerten und zu beurteilen. Selbst der Transfer in andere Bereiche kam dabei nicht zu kurz. Orientiert an den Kompetenzstufen er-reichten sie damit das erwünschte höchste Niveau. Dies konnte ebenfalls während der Arbeitsphasen in Gesprächen als auch der mündlichen Prüfungsform festgestellt werden.

Schwieriger feststellbar ist die Förderung selbstbezogener und sozialer Kompetenzen. In diesem Zusammenhang muss unterschieden werden, ob der Lernende lediglich über das Wissen dieser Kompetenzen verfügt oder es auch tatsächlich in sein Wertesystem übernommen hat, gezielt anwenden und sich sowie seine Interaktion selbstkritisch zu reflektieren weiß. Es reicht bei weitem nicht aus, Präsentationsphasen oder kooperative Arbeits- und Sozialformen einzuplanen und auf Grundlage dessen zu glauben, Selbst- und Sozialkompetenz würden damit hinreichend gefördert. Dies ist ob der Komplexität jener Kompetenzfacetten in einem Seminar auch nur bedingt möglich. Dazu wären dann beispielsweise gezielte Interventionen notwendig, die den Anwender dafür sensibilisieren, welche Art der Kommunikation als wertschätzend wahrgenommen wird, wie der eigene Moderationsstil integrierendes Potenzial entfaltet oder welche Verhaltensweisen insgesamt die zwischenmenschliche Interaktion fördern. Eine Prozessreflexion, die jenes in den Betrachtungsfokus nimmt, stellt nur eine Möglichkeit der konkreten Förderung dar. Bedingt lässt sich dies aus den Evaluationen ablesen, wenn die Beurteilungskriterien zumindest teilweise auf individuelles Wohlfühlen, die gemeinsame Interaktion oder die Arbeitsatmosphäre ausgerichtet sind.

Relativ angemessen lassen sich jene Kompetenzen in rückblickenden Reflexionsrunden fördern und erfassen. Dies war beispielsweise auch mit der Reflexion der didaktischen Methoden des Seminars gewollt. Hier galt es explizit nämlich nicht primär die fachliche Komponente zu eruieren, also inwieweit lern- und lehrtheoretische Grundlagen mittels der eingesetzten Verfahren transportiert werden. Zentral war die Erörterung, welchen Nutzen diese Methoden für den Einzelnen, die Gruppenprozesse und -dynamiken sowie die inhaltliche Themenerschließung hatten. Gleiches war zudem mit den Reflexionsberichten der Studierenden über das e-Learning gewollt, die dieses in Bezug auf ihre Person, die Kooperation und den Wissensgenerierungsprozess zu hinterfragen hatten.

Abschließend ist festzuhalten, dass Selbst- und Sozialkompetenzen schwerer als reine Fach- und Methodenkompetenzen zu fördern sind, allerdings immer in einem gewünschten und realistischen Maße mit einzuplanen sind. Dann muss ihnen aber auch der entsprechende Raum und Rahmen gewidmet werden, damit sie selbst inhaltlicher und integraler Bestandteil der Veranstaltung sein können.

4.4 Reflexion von Methodik und e-Learning

Insgesamt kann festgestellt werden, dass sich sowohl die authentischen Sachverhalte als auch der Einsatz und die Anwendung vielfältiger Methoden bewährt haben. Dieser Eindruck konnte zu jeder Zeit während der kooperativen Arbeitsphasen gewonnen werden, schließlich spiegelte er sich auch in den Rückmeldungen der Teilnehmer in mündlicher (Reflexionen im Plenum nach den einzelnen Arbeitsphasen) und schriftlicher Form (Markierung der entsprechenden Items und Formulierung freier Aussagen im Rahmen der Evaluationsverfahren während und am Ende des Seminars) wider.

Die Studierenden waren zu jeder Zeit aktiv, kooperierten arbeitsteilig und konnten in den meisten Fällen zwischen methodischen Verfahren wählen, die ihren Neigungen und Interessen entsprachen. Ebenfalls Methoden des

Präsentierens, wie zum Beispiel der Museumsrundgang, verdeutlichten, dass alle Teilnehmer die Fachinhalte durchdrungen hatten und im Stande waren, diese angemessen darzustellen. Wichtig ist dabei festzuhalten, dass die Methoden nicht nur der reinen Aktivierung dienten, sondern infolge ihrer Reflexion im Rahmen der Inhalts- und Sachanalyse immer finalen Charakter aufwiesen und der fachwissenschaftlichen Erschließung dienten.

Die Methodeneinsatzplanung begünstigte zudem die Entzerrung der Theoriephase und verlagerte diese teilweise auf die Studierenden, so dass sie nicht ausschließlich in einer passiven Rezeptionshaltung verharren mussten, sondern aufgefordert waren, sich in das Geschehen einzubringen. Zumeist wollten sie dies auch immer. Wohnt der Dozierende diesen Arbeitsphasen bei, kann er nicht nur den Lernprozess begleiten und gezielt Impulse setzen, parallel ist ihm die Möglichkeit der prozessbegleitenden Diagnose sowie der Feststellung gegeben, welcher Art und Intensität der Kompetenzerwerb ist.

Eine lange und eloquente Vortragsphase durch den Lehrenden hätte die Studierenden nicht nur kognitiv, sondern insbesondere auch motivational und emotional gehemmt oder sogar blockiert. Die Erarbeitung der theoretischen Grundlagen in den Expertengruppen gelang grundsätzlich gut. Allerdings hatte dies zur Folge, dass nicht der gesamte, in der Ideenfindungsphase eruierte Inhalt allen in gleicher Art und Weise tradiert werden konnte. Größtenteils ist diesen Prozessverlusten allerdings dadurch entgegengewirkt worden, dass begründete Reduktionsentscheidungen getroffen wurden und arbeitsorientierte sowie exemplarische Sachverhalte und Fallbeispiele zu bearbeiten waren, an denen inhaltlichen Gesetzmäßigkeiten der Fachinhalte – trotz unterschiedlicher Akzentuierungen – erkennbar wurden.

Hierfür galt es die sachimmanenten und logischen Strukturen des Fachaspektes im Vorfeld ausreichend zu reflektieren, von den Studierenden erarbeiten zu lassen und vor allem im Anschluss deren allgemeine Repräsentationsfunktionen in Transferleistungen zu reflektieren. Dies gelang insbesondere durch authentisch konstruierte Lernsituationen, das Aufgreifen der den Teilnehmern bekannten Handlungs- und Arbeitsfeldern sowie infolge der Thematisierung des erworbenen Wissens im Rahmen schulischer Lehr- und Lernprozesse und damit in persönlich bedeutsamen Sachverhalten. Ein Transfer in wirtschaftlich ausgerichtete und ökonomisch agierende Organisationen konnte nicht immer mit dem gewünschten Erfolg gewährleistet werden. Dies lag u. a. daran, dass das wirtschaftswissenschaftliche Erkenntnisinteresse und die damit verbundenen Denk- und Handlungslogiken jenen der Studierenden der originär Geistes- und Humanwissenschaften noch eher unvertraut sind oder diesem sogar konträr gegenüber stehen.

Der methodisch gesetzte Schwerpunkt erfreute sich weiterer vielfältiger Vorzüge: Erstens wurden die Studierenden immer partizipativ in das Geschehen miteinbezogen, zweitens waren sehr bald Betroffene zu Beteiligten bzw. Involvierten geworden und drittens konnte der eigene Aktivitätsspielraum deutlich reduziert und kognitiv entzerrt werden, so dass trotz der mehrstündigen Seminarphasen keine Ermüdungserscheinungen seitens des Lehrenden feststellbar waren. Allerdings war dies im Vorfeld der Methodeneinsatzplanung (Planung des Ablaufs, der einzusetzenden Methoden, Konzeption der notwendigen Unterlagen, Beschaffung der entsprechenden Materialien) nicht immer gegeben. Die passenden Methoden zu finden, die handhabbar beschaffen sind und sinnhaft der inhaltlichen Erschließung dienen, ist ein erheblicher und nicht zu unterschätzender Aufwand.

Bereits im Planungsprozess wurden solche aktivierenden, integrierenden und zielführenden Methoden ausgewählt, die nicht nur dem inhaltlichen Fach- bzw. Sachaspekt alleine dienen, sondern gleichermaßen auch didaktisch reflektierte Aspekte berücksichtigen, damit zudem der Kompetenzerwerb facettenreich gefördert und weiteres Lernförderliches evoziert wird. Damit wurden die geplanten und durchgeführten Arbeits- und Sozialformen nicht ihres Selbstwillens wegen eingesetzt. Insgesamt bildeten sie ein Bündel an Operationen mit finalem Charakter (beispielsweise die „Insel der Gemeinsamkeiten" zur Schaffung einer arbeitsförderlichen Atmosphäre, die „Frage an das Seminar" zur Involvierung der Beteiligten, das „Expertenpuzzle" und der „Museumsrundgang" zur Begünstigung einer arbeitsteiligen und fachwissenschaftlichen Kooperation).

Des Weiteren ist bezüglich der Methoden von übergeordneter Bedeutung, dass die Verfahren nicht nur das methodische Fachwissen bzw. die fachliche Kompetenz und ihre Ausbildung, sondern bei adäquater Reflexion ebenfalls Selbst- und Sozialkompetenzerwerb fordern und nachhaltig fördern, was explizit durch ihre Reflexion erfolgt. Damit wurden die Studierenden nicht nur aktiv und kognitiv in das Geschehen mit eingebunden, es gelang zudem, sie zunehmend zu emotionalisieren. Damit war nicht nur eine persönliche Betroffenheit geschaffen, es konnten ganzheitliche Handlungen ermöglicht werden, die das Humanpotenzial des Subjektes in seiner Trinität des Denkens, Wollens und Fühlens ausbildeten.

Schließlich konnte festgestellt werden, dass die Studierenden Spaß am Seminar, den Inhalten und der gemeinsamen Kooperation hatten, was zu einem deutlichen Anteil mittels der Methoden erreicht wurde.

Der Einsatz der computerbasierten Methoden bzw. Medien im Rahmen des Kompaktseminars hat sich gleichermaßen in mehrfacher Weise bewährt. Dank der EWS-Plattform war es möglich, organisatorische Aspekte effizient und zielführend zu gestalten. Mittels der Lern- und Diskussionsplattform Wiki war es darüber hinaus möglich, grundlegende und notwendige Theorieaspekte aus dem Seminar heraus und auf die Studierenden zu verlagern und von vorher festgelegten Arbeitsgruppen seminarvorbereitend erschließen und seminareinführend referieren zu lassen. Schließlich stellt das e-Learningprojekt selbst eine Methode unternehmerischen Lernens und Lehrens dar und avanciert damit zu einem wichtigen und innovativen Fachinhalt.

Das EWS bot eine Plattform, auf der sich die Studierenden zum Seminar anmelden konnten. Dies entlastet den Lehrenden von einer Fülle E-Mails und die Lernenden vor persönlichen Aufsuchbemühungen. Des Weiteren war dem Dozenten, weil das Auflisten bestimmter Daten gefordert war, zu jeder Zeit eine Übersicht über die Anzahl der Interessenten und ihrer studienbezogenen Angaben gegeben. Folgend konnte in den konkreten elektronischen Arbeitsräumen über die diversen Kommunikationsfunktionen von der Leitung und den Seminarteilnehmern zu jedem anderen Kontakt aufgenommen werden. Unabhängig davon, ob Einzelanfragen notwendig waren oder Sammelinformationen an alle weiter zu geben gewesen sind. Zusätzlich birgt das EWS den Vorzug in sich, dass sich diverse Text- und Bilddateien problemlos und übersichtlich einstellen lassen und von den Lernenden eingesehen werden können. Dies stellte u. a. auch die Grundlage des Wiki-Projektes dar. Schlussendlich war mittels dieser Plattform noch die Möglichkeit gegeben, die im Seminar eingesetzten Powerpoint-Präsentationen und Reflexionsberichte allen zur Verfügung zu stellen. Gleiches gilt für die fotobasierte Seminardokumentation, die der Lehrende während der Veranstaltung erstellte, folgend mit schriftlichen Kommentierungen versah und ebenfalls zum Download bereit stellte. Damit war nicht nur ein Arbeitsraum zum Austausch geschaffen, je nach Interesse und Neigungen konnten die einzelnen Unterlagen zu den jeweiligen Themeneinheiten auch im Anschluss an das Seminar beschafft und sogar ergänzt werden. Der Downloadzähler – eine Form von Kontrollinstanz – verdeutlicht, dass davon rege Gebrauch gemacht wurde:

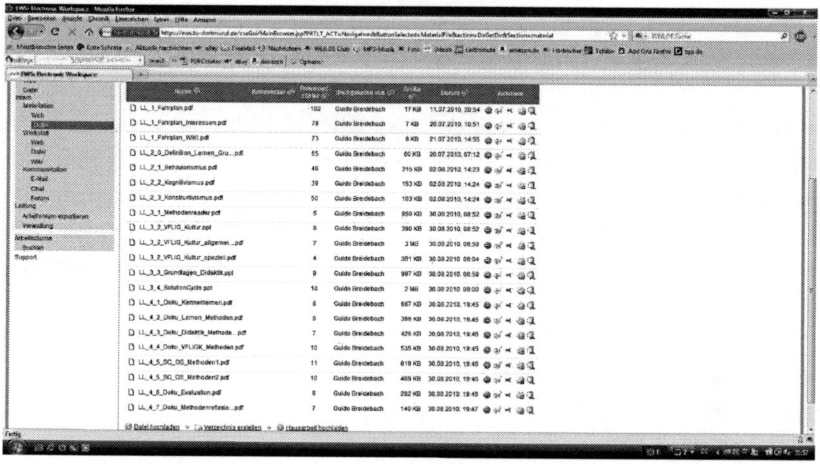

Das e-Learningprojekt entstand relativ spontan vor dem eigentlichen Seminar, als der Betroffene in einem Workshop einen intensiven Einblick in die Möglichkeiten und Funktionsweisen jener sozio-technischen Communities erhielt. In der Folge entstand die Idee, den das Kompaktseminar einleitenden Theorieteil durch die Teilnehmer selbst bearbeiten und dann im Seminar vorstellen sowie moderierend diskutieren und reflektieren zu lassen. Jene Möglichkeit wurde den Einzelnen mittels einer Rundmail, die ein eventuelles bzw. mögliches Vorgehen skizzierte, unterbreitet.

Entgegen der eigentlichen Erwartungen meldeten sich bereits wenige Tage nach dieser Informationsübermittlung viele Studierende, die dieses Vorgehen erproben und in die Tat umsetzen wollten. Hinzu kamen noch einige wenige Nachzügler. Die Teilnehmer unterbreiteten nach Aufforderung Vorschläge, mit welchen weiteren Studierenden sie gerne in einer Expertengruppe arbeiten wollten und welches Thema sie präferierten. Weil dieses Vorgehen erstmals in der Lehre eingesetzt wurde, entschied sich der Lehrende, die Planung und Durchführung sowie Abschlussbeurteilung im Rahmen eines Lehrportfolios genauer zu dokumentieren und zu reflektieren, damit diese neuen methodischen bzw. medialen Gehversuche nicht intuitiv, sondern professionell erfolgten.

Nachdem sich ein Überblick über die Fachinhalte und möglichen bzw. notwendigen Reduktionsentscheidungen verschafft worden war, wurde deutlich, dass sich die Thematik „Lernen" und „Lerntheorien" für dieses Projekt eignete. Zum einen handelt es sich hierbei um grundlegende Erkenntnisse, die den meisten bereits im Groben vertraut sein sollten, weil sie Gegenstand anderer Grundlagendisziplinen der Psychologie sind, so dass eine umfassende Darstellung nicht Inhalt des Seminars sein sollte. Zum anderen war dadurch die Möglichkeit gegeben, die Studierenden selbst Verantwortung übernehmen zu lassen, indem sie begründete Auswahlentscheidungen bezüglich der im Seminar vorzustellenden Inhalte treffen mussten. Des Weiteren hatten sie diese mediengestützt und anwendungsbezogen im Seminar zur Diskussion zu stellen.

Damit wurde ein Lehrinhalt des Seminars selbst Lerninhalt, weil die Studierenden ihr eigenes didaktisch-methodisches Geschick unter Beweis stellen mussten und ihre Moderationsfähigkeiten üben und ausbauen konnten. Die in diesem Zusammenhang erteilten Aufgabenstellungen sollten zudem einer Referierung reiner Fachinhalte durch den Dozenten vorbeugen. Darüber hinaus stellen der Austausch, die Wissensvermittlung sowie diskursive Problemlösung im gegenwärtigen technischen Zeitalter bei adäquatem Fortschritt schon bald mutmaßlicher die dominierendste Art und Wiese des Lehrens und Lernens dar, so dass jenes Verfahren nicht nur eine didaktisch begründete und legitimierte Methode ist, sondern gleichermaßen ein inhaltsdeterminiertes Bündel an finalen Operationen darstellt und damit nicht nur seiner selbst Willen zum Einsatz kommt. Wären Inhalte und Methode gleichermaßen neu gewesen, hätte das Projekt derart nicht durchgeführt werden können, weil es dann einer intensiveren Betreuung durch den Lehrenden bedurft hätte, damit einzelne nicht infolge der Fremdheit beider Elemente überfordert worden wären.

Zu Beginn des Projektes schienen die Teilnehmer noch stark verunsichert, wie sich das Wiki nutzen lässt und mit welchen Ergebnissen zu rechnen war. Diese Vermutung ließ die Vielzahl der Einzelanfragen zu. Man teilte dem Lehrenden mit, dass man noch nie mittels jenes Mediums gearbeitet hätte, dass man unsicher sei, wie das Wiki funktioniere, und dass man hoffe, einen kooperativen Austausch erleben sowie für das Seminar bedeutsame Ergebnisse erzielen zu können. Um den Studierenden die Berührungsängste zu nehmen, wurde jede Anmerkung intensiver beantwortet, allerdings musste auch auf den Selbstvertrauens- und -erprobungsaspekt verwiesen werden. Aufgrund der E-Mails wurde eine weitere recht umfangreiche Mitteilung verfasst, die Vorschläge beinhaltete, wie eine gemeinsame Kooperation und ein organisiertes und strukturiertes Vorgehen begünstigt werden könnte.

Daraufhin folgte eine Zeit des Schweigens, die nunmehr die Unsicherheit der Studierenden auf den Lehrenden verlagerte, da dieser sich nicht sicher sein konnte, worin die ausbleibenden Rückmeldungen und die noch nicht begonnene Nutzung des Wikis begründet war. Dennoch wurde der Entschluss gefasst, den Studierenden die ihnen zugeteilte Verantwortung weiterhin, ohne zusätzliche Hinweise, Informationen und Interventionen, zu überlassen. Circa eine Woche später entfaltete sich das Engagement der Teilnehmer im Rahmen einer umfangreichen und detaillierten sowie differenzierten Wiki-Bearbeitung.

Die Expertengruppe des Themas „Kognitivismus" machte den ersten Schritt, als dem Lehrenden durch ihre selbstständig gewählte Teamsprecherin ein übersichtlicher Ablauf- und Organisationsplan übermittelt wurde, der nicht nur den bisherigen Arbeitsprozess der Studierenden beinhaltete und einzelne unternommene Schritte dokumentierte, sondern zudem das weitere Vorgehen vorstellte. Besonders beeindruckend war, dass sich die Teilnehmer rege über die Kommunikationsfunktionen des EWS austauschten, private Treffen abhielten, Aufgaben zuwiesen und eigenverantwortlich bearbeiteten und durch einen Verantwortlichen im Wiki einstellen ließen. Ebenfalls zur vorgegebenen Diskussion der Inhalte – in Bezug auf die Erörterung und Reflexion der praxisrelevanten Implikationen – wurden handhabbare, verstehbare und sinnhafte Ergebnisse unterbreitet. Jener Aufgabenteil wurde zur vollsten Zufriedenheit aller erfüllt. Er übertraf die Erwartungen des Lehrenden bei weitem, weil vielfältige Aspekte der Gruppenmitglieder aufgegriffen, revidiert, weiterentwickelt und kritisch reflektiert wurden. Das Wiki ermöglichte es dem Dozenten darüber hinaus mittels einer Beobachtungsfunktion, diesen Prozess nicht nur nachvollziehen, sondern auch den jeweiligen Autoren zuordnen zu können:

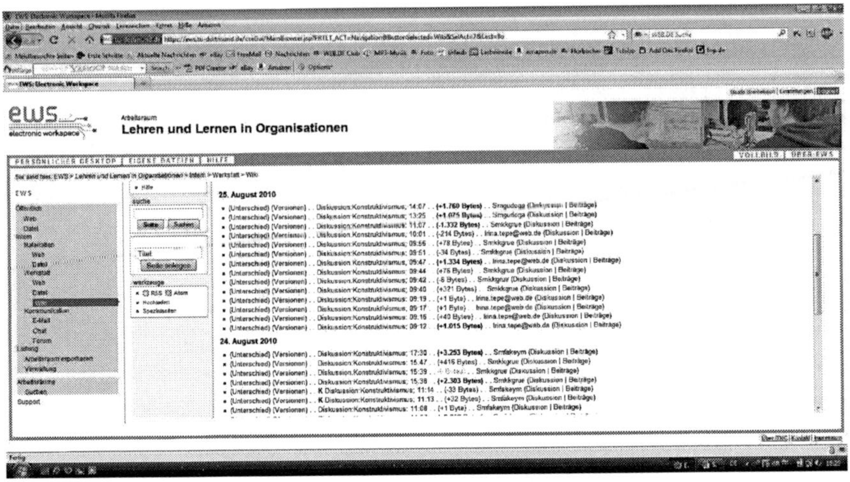

Ob des beeindruckenden Aufwandes, der betrieben wurde, bekundete der Lehrende den Studierenden in einer E-Mail seine aufrichtige Freude und informierte sie darüber, dass eine schriftliche Ausarbeitung des Theorieteils nicht mehr vonnöten sei, da bisher Dargebotenes völlig ausreichend erschien. Ebenso erfreulich und intensiv ereignete sich die Bearbeitung der Thematik „Konstruktivismus". Obgleich jene Expertengruppe nicht über ihr Vorgehen informierte, waren die Arbeitsergebnisse, die online eingesehen wurden, gleichermaßen ausführlich und fachwissenschaftlich angemessen. Hierbei war zu berücksichtigen, dass sich zwei Teammitglieder erst kurz vor der eigentlichen Diskussionsphase, unmittelbar vor der Einstellung und dem Kompaktseminar selbst, aus persönlichen Gründen vom Seminar abmeldeten und ein neues Mitglied der Gruppe zugeteilt wurde, das sich quasi im letzten Moment für das Seminar angemeldet hatte. Die Lernenden dieser Arbeitsgruppe teilten selbstständig mit, dass sich die Koordination anfangs etwas umständlich bzw. problematisch konstituiert hatte, aber letzten Endes schon wegen der vorzeigbaren Resultate gelohnt hätte. Inhaltliche Änderungen mussten zu keiner Zeit vorgenommen werden. Fachliches wurde prägnant und stimmig erfasst und dargestellt. Lediglich sprachlich galt es an der einen und anderen Stelle noch zu intervenieren. Die Studierenden griffen diese Anregungen direkt auf und setzten sie angemessen um. Infolge des Aufwandes und Engagements der

Teilnehmer erhielt jeder ein entsprechend konstruktives und positives Feedback via E-Mail.

Demgegenüber gestaltete sich allerdings die Bearbeitung bzw. das Vorgehen der Gruppe „Behaviorismus“ als äußerst problematisch, unerfreulich und dadurch als arbeitsintensiv für den Lehrenden. Sie involvierten diesen zu keiner Zeit ins eigentliche Geschehen, forderten keinerlei Hilfestellungen oder Anregungen und erachteten es ebenfalls nicht für notwendig, die Anfragen des Dozenten zu beantworten. Sie stellten ihre Ergebnisse erst kurz vor der Seminardurchführung ein. Diese waren stark durch den Lehrenden zu überarbeiten, damit die anderen Teilnehmer künftig aussagekräftige und vor allem fachlich korrekte Inhalte einsehen konnten. Hier wäre ein konsequentes Vorgehen der Ausschluss der Ergebniseinstellung und -präsentation gewesen.

Insgesamt musste der Dozent jedoch feststellen, dass sich seine Einstellung gegenüber neuen elektronischen Methoden und Medien sowie ihrer Funktion für Lern- und Lehrprozesse stark verändert hat. Stellte das e-Learning gerade keine Präferenz seitens des Lehrenden dar, hat sich diese Sichtweise stark zugunsten dieser verändert, was nicht allein auf die intensive Planung, sondern vor allem auf die motivierte und selbstständige Handlungskompetenz der studentischen Nutzer zurückzuführen ist.

Auch wenn sich nicht vorgestellt werden kann, dass diese Formen die zwischenmenschliche Kommunikation und Interaktion in der Lehre vollständig übernehmen können oder sollten, so lassen sie sich jedoch nach entsprechender didaktischer und methodischer Reflexion effektiv, sinnhaft und prozessorganisierend und -begleitend nutzen.

4.5 Reflexion des Prüfungsformats Gruppenkolloquium

Insgesamt wurden den Studierenden drei Möglichkeiten der Leistungsfeststellung zur Verfügung gestellt. Erstens hatten sie die Möglichkeit, im Vorfeld des Seminars über die Lern- und Diskussionsplattform Wiki Grundlagenwissen zu erarbeiten, zu diskutieren und anschließend im Seminar selbst zu präsentieren. Weil sich dies über eine innovative Lehr- und Lernform, nämlich das Wiki im Rahmen des e-Learnings vollzog, galt es zusätzlich noch einen schriftlichen prozessbezogenen Reflexionsbericht abzufassen. Zweitens war es möglich, bestimmte Arbeitsphasen und in diesen verwendete Methoden unter ausgewählten Fragestellungen (primär praxisrelevanter Natur) zu dokumentieren und kritisch zu erörtern. Drittens wurde die Gelegenheit angeboten, seine Studienleistung in einem Gruppenkolloquium beurteilt und bewertet zu bekommen. Die zuletzt genannte Form wird nun detaillierter reflektiert, weil sie einerseits im universitären Geschehen nicht auf der Tagesordnung steht und andererseits für den Lehrenden selbst neu war.

Die Modalitäten bezüglich des Gruppenkolloquiums (Inhalt und Ablauf), wurden den Studierenden am Ende des zweiten Kompaktseminartags dargelegt. Auf dieser Grundlage meldeten sich hierfür sechs Teilnehmer an. Dialogisch wurden zwei Termine abgesprochen, die zwei Wochen in der Zukunft, zu unterschiedlichen Wochentagen und Zeiten, lagen. Wichtig war festzustellen, dass kein Studierender aufgrund anderweitiger universitärer Verpflichtungen nicht an einem der beiden Termine teilnehmen konnte. Damit hatten die Lernenden ausreichend Zeit, sich umfassend vorzubereiten. Zudem waren die Inhalte und Methoden dann noch derart aktuell, dass ohne weiteres auf sie Bezug genommen werden konnte. Schließlich war dem Dozenten genug Zeit gegeben, sich inhaltlich und organisatorisch auf das Procedere vorzubereiten.

In diesem Zusammenhang musste ein angemessener Prüfungsraum reserviert werden, konnten alle notwendigen Unterlagen (Leistungsnachweis- und Protokollvordrucke, Prüfungsordnungen, Teilnahmebescheinigungen) besorgt und Maßnahmen der inhaltlichen Vorbereitung getroffen werden. Bei der Architektur wurde darauf Wert gelegt, dass der Raum einen größeren runden Tisch besitzt, nicht mit Büchern oder Arbeitsmaterialien vollgestellt ist und eine Interaktion auf Augenhöhe begünstigt. Der eigene Schreibtisch stellt hier beispielsweise keine besonders gute Wahl dar. Entweder ist dieser oftmals von den Materialien und Unterlagen des Tagesgeschäftes überfüllt und lädt dazu ein, sich zu verschanzen, oder aber er ist den Prüflingen aus Sprechstunden bereits bekannt, so dass er das Gefühl der Bittstellung seitens der Studierenden evozieren kann.

Eine Checkliste zur Prüfungsvorbereitung sowie ein Fragenpool für die Prüfungsdurchführung selbst wurden im Rahmen dieses Lehrportfolios vorbereitend erstellt. Gegenwärtig waren deshalb lediglich noch Modifikationen, beispielsweise infolge anderer inhaltlicher Schwerpunktsetzungen, vorzunehmen. Drei Tage vor dem Prüfungstermin waren die Teilnehmer via E-Mail über die Gruppenzusammensetzung sowie die genauen Ort- und Zeitangaben informiert worden. Weil dem Lehrenden die Prüflinge durch das Seminar intensiver bekannt geworden sind und damit Diverses über ihre Person sowie den Studienhintergrund und das Leistungsvermögen in Erfahrung gebracht werden konnte, orientierte sich die Prüfungszusammensetzung entsprechend an den objektiven und vor allem subjektiven Lernvoraussetzungen. Dies hat nicht nur Implikationen für den Aktivierungsgrad und die Leistungserwartungen seitens des Dozierenden, sondern ebenfalls für Fallkonstruktionen und damit verbundene Theorieschwerpunkte, Anwendungs- und Transferleistungen.

Die Prüflinge trafen pünktlich ein, wurden begrüßt und der Lehrende erkundigte sich über ihr persönliches Befinden. Anschließend wurde kurz der grobe Ablauf des Kolloquiums vorgestellt. Dabei kam u. a. zur Sprache, dass den Prüflingen die Optionen zur Nutzung bestimmter Medien und Utensilien gegeben ist, davon aber nicht zwingend Gebrauch gemacht werden muss. Dann erfolgte die Vorstellung der salutogenetischen und individuum- sowie kompetenzorientierten Prüfungsintention des Prüfers. Im Rahmen der Leistungsfeststellung sollte nicht primär eruiert werden, was alles nicht gekonnt wird, sondern gemäß eines gewissen Mitbestimmungsrechtes der Lernenden das erfasst wird, was ihre fachlichen Stärken und Kompetenzen sind. Grundlagenwissen wird allerdings von allen Anwesenden vorausgesetzt. Dies stand in ausreichender und intensiver Textform seit Wochen im EWS bereit. Jener Small-Talk bezüglich der Modalitäten zu Prüfungsbeginn sollte eine beruhigende Interventionswirkung evozieren.

Beide Prüfungen dauerten jeweils mehr als 45 Minuten. Besondere Vorkommnisse, z.B. extreme Prüfungsangst, Black-out eines Beteiligten, gab es nicht. Die Prüfungsleistungen der Studierenden fielen tendenziell hinsichtlich der Bewertung und Beurteilung gut aus.

Die Aufforderung zu einem Feedback durch die Studierenden im Anschluss an die Prüfung sowie Notenbekanntgabe und -begründung zeigte, dass die Studierenden einen angenehmen und fairen Ablauf der Prüfung und des Prüferverhaltens wahrgenommen hatten. Eine Studierende berichtete sogar davon, dass sie sonst eher prüfungsängstlich sei, im Gruppenkolloquium selbst allerdings ihre Befürchtungen verflogen wären, weil sie nicht allein im Betrachtungsfokus stand. Eine weitere monierte, dass die Rededominanz ihrer beiden männlichen Kollegen sie gelegentlich in ihrer Eigeninitiative blockiert habe. Alle Studierenden empfanden den Prüfungsablauf als förderlich, weil man sich unterschiedlich stark und an verschiedenen Stellen einbringen konnte und in der Tat nicht belastend nachgebohrt wurde, falls eine

Antwort nicht ad hoc gegeben werden konnte. Eine Studierende thematisierte insbesondere den Prüfungseinstieg, ein Inhaltsverzeichnis eines eigenverfassten Buches zur Thematik erstellen zu müssen, der sie im ersten Moment überfordert habe. Dies war nicht erwartungskonform. Sie fügte allerdings hinzu, dass dieses Vorgehen, das vom Dozenten schriftlich in Stichworten fixiert wurde, den Prüfungsverlauf gut bzw. stark strukturiert hätte. Zwischenmenschliche Interaktionsformen wurden insgesamt als wertschätzend wahrgenommen. Lediglich ein Prüfling stellte fest, dass es gelegentlich durch mehrfaches und verschiedenes Nachfragen der Studierenden zu zunehmend komplexeren Fragestellungen kam.

Der Prüfer selbst konnte feststellen, dass die eingangs beschriebene Vorbereitung ausreichend Sicherheit vor, während und nach der Prüfung stiftete. Der offene Einstieg wurde nach kurzer Stille dankbar von den Studierenden angenommen. Die Fixierung von Wortäußerungen der Lernenden diente dazu, bestimmte Aspekte in der Folge noch vertieft aufgreifen zu können. Gelegentlich war es jedoch nicht immer einfach, der eigenen moderierenden Funktion nachzukommen. Es galt auf der einen Seite Prüfungsinhalte den Studierenden zuzuordnen und im Verlaufsprotokoll festzuhalten und auf der anderen Seite waren dargebotene Inhalte aufzugreifen, zur Ergänzung an andere Prüfungsteilnehmer weiterzugegeben und neue Aspekte einzuleiten. Schließlich mussten stillere und zurückhaltendere Prüflinge verstärkt zur Beteiligung aktiviert und motiviert werden. In einem Fall galt es sogar des Öfteren einen sehr gut vorbereiteten und eloquenten Prüfling zu bändigen, seine Gedanken einzufangen und durchgängig auf einem anderen Anspruchsniveau zu fordern und fördern.

Manchmal gewann der Prüfer selbst den Eindruck, dass Impulse etwas zu schnell artikuliert und zu ausführlich formuliert waren, was sich in der Mimik der Teilnehmer ablesen lies.

Der Prüfungsfragenpool selbst wurde nicht stark frequentiert, allerdings waren die Fragenformulierungen auf den unterschiedlichen Kompetenzniveaustufen eine geeignete Hilfestellung. Gleiches gilt für die Verlaufsdokumentation. Sie wurde nicht nur von den Prüflingen als faires Bewertungsinstrumentarium wahrgenommen, sie diente auch dem Prüfenden dazu ein verlässlicheres Urteil fällen zu können. Künftig sind allerdings noch derartige Modifikationen vorzunehmen, dass ein übersichtlicheres Schriftmaterial zur Verfügung steht. Möglicherweise wird auf den Fragenpool in der Prüfung selbst verzichtet, wenn gewisse Nuancen in das Verlaufsprotokoll übernommen werden können. Hierbei wäre es denkbar, dieses um die Themenbereiche zu ergänzen, unter denen dann die Leistungen der Prüflinge entsprechend des dargebotenen Wissens- und Anwendungs- sowie Reflexionsniveaus nur noch zuzuordnen sind.

Diese Prüfungsform wird künftig beibehalten werden, wenn es sich um Seminare mit überschaubarer Teilnehmerzahl handelt. Sie begünstigt sowohl Studierenden- und Dozierendeninteressen. Während die Studierenden selbstinitiativ aktiv einen Beitrag leisten können, weil sie sich z. B. in Situationen einschalten können, in denen sie glauben, besonders gut vorbereitet und sicher zu sein, kann der Prüfer für alle einheitliche Standards formulieren, falls nötig variieren und jede Prüfungsleistung an diesen orientieren und bemessen. Zudem kann durch gezielteres Nachfragen eruiert werden, ob weiteres theoretisches und praxisrelevantes (Anwendungs-) Wissen vorhanden ist oder sich dieses auf einem bestimmten Niveau erschöpft. Nicht zu verachten ist zudem die Zeitersparnis, würde man eine klienten- und kompetenzorientierte Klausur konzipieren, bearbeiten und korrigieren oder gar eine schriftliche Hausarbeit begutachten müssen.

Zusätzlich wird allerdings bei folgenden Prüfungen von der Möglichkeit Gebrauch gemacht, einen zweiten Prüfer zu bestellen, der primär bei der schriftlichen Fixierung der Prüfungsinhalte behilflich ist. Somit könnte sich der Erstprüfer primär auf die Formulierung der Fragen sowie die genannten Inhalte und deren Weiterführung konzentrieren.

4.6 Reflexion der multimethodischen Selbst- und Fremdevaluation

Der Seminarevaluation und -modifikation dienten fünf Verfahren: Erstens die Interessenintegration der Teilnehmer im Vorfeld des Seminars. Diese konkretisierte sich auf das Wesentliche, als zu Beginn der Veranstaltung jeder die Aufgabe hatte, eine bzw. seine Frage an das Kompaktseminar zu formulieren. Zweitens die Evaluationshand, auf deren Grundlage die Lernenden infolge der bisherigen Seminardurchführung u. a. äußern konnten, was ihnen gut gefällt und beibehalten bleiben sollte oder aber was ihnen missfällt und nach Möglichkeit am folgenden Tag modifiziert bzw. ausgespart werden könnte. Drittens die Lehrevaluation für Seminare, die vom Lehrstuhl bzw. der

Universität vorgegeben ist. Im Rahmen dieser war seminarabschließend anhand vorgegebener Kriterien zu bewerten und beurteilen, welche Aspekte gelungen waren und bei welchen noch Optimierungsbedarf besteht. Viertens das Stimmungsbarometer, das sich effektiv, ökonomisch und spontan während des Seminars einsetzen ließ, wenn der Dozent feststellte, dass z. B. Aktivierung oder Motivierung nicht dem gewünschten Maß entsprachen. Schließlich dient dieses Werk, das als eine mögliche Form des Lehr-Portfolios verstanden werden kann, der Eigenreflexion. In diesem Zusammenhang lassen sich dann vor allem selbstgesetzte Elemente planen, dokumentieren und abschließend selbst bewerten und beurteilen. Sämtliche evaluierenden Maßnahmen sind auf ihre Art und Weise unterschiedlich geeignet, um Handlungsimplikationen für die Planung und Durchführung künftiger Lehrveranstaltungen abzuleiten.

Die Frage der Seminarteilnehmer an die Veranstaltung wurde im Rahmen der Kennenlernphase zu Beginn der Kompaktphase erhoben. Ähnliches wurde bereits von den Studierenden geleistet, als sie ihre individuellen fachwissenschaftlichen und berufspraktischen Erfahrungen sowie Interessen an das Seminar via E-Mail zu formulieren und dem Lehrenden zuzusenden hatten. Die konkrete Fragestellung soll dazu dienen, dass das bedeutsamste Anliegen des Einzelnen zur Sprache kommt und mit höherer Wahrscheinlichkeit auch realisiert wird. In diesem Zusammenhang galt es zu überlegen, was die Studierenden im Wesentlichen zur Seminarteilnahme motiviert, um diese Aspekte im Seminarverlauf selbst aufgreifen zu können. Mittels dieser Methode wird vor allem das Commitment des Einzelnen erhöht, so dass dieser sich nicht nur als Betroffener, sondern als Beteiligter fühlt. Am Ende des Kompaktseminars muss sich der Dozent deshalb der Überprüfung stellen, ob und inwieweit die Interessen der Lernenden wirklich berücksichtigt und realisiert werden konnten. Sämtliche Fragen der Teilnehmer konnten am Ende des zweiten Kompakttages eine Beantwortung bzw. Klärung erfahren. Dies lag unter anderem daran, dass die meisten vielfältige Methoden kennenlernen, anhand praktischer Problemstellung selbstständig anwenden und im Anschluss bezüglich ihrer Praxisrelevanz reflektieren wollten. Ein weiterer Teil erhoffte sich einen umfangreicheren Einblick in bzw. die Auffrischung des Wissens der bedeutsamsten Lehr- und Lerntheorien, während eine andere Gruppe explizit das Grundlagenwissen der Arbeits- und Organisationspsychologie mit den

Lehr- und Lerntheorien verzahnt wissen und bezüglich seiner allgemeinen Anwendungsimplikationen diskutieren wollte.

Lediglich eine Frage konnte nicht beantwortete werden. Der entsprechende Studierende hätte gerne Methoden kennengelernt, um das eigene Lernen effektiver gestalten zu können. Bedingt sind zwar die Methoden des Seminars für die Gestaltung des individuellen Lernprozesses geeignet, originär erhoffte man sich allerdings die Erprobung diverser Lernstrategien und Memotechniken, die nicht Gegenstand des Kompaktseminars sein konnten. An dieser Stelle wurden allerdings Literaturhinweise gegeben und weitere Methodenvorschläge via E-Mail übermittelt, die zumindest die Möglichkeit des Nachlesens und Weiterlernens ermöglichen.

Die intensive Realisierung der Seminarfragen konnte grundsätzlich bereits aufgrund der eingeholten Vorinformationen erfüllt werden, da jene studentischen Mitteilungen bereits in die Seminarplanung mit eingeflossen waren. Wichtig bei dieser Methode ist vor allem, dass der Dozent während des Seminarverlaufs eruiert, inwieweit die Fragen eine angemessene Berücksichtigung fanden. Ist dies nämlich nicht der Fall, sollten entsprechende Interventionen geplant werden. Andernfalls haben die Lernenden zwar das oberflächliche Gefühl mit in die Seminarplanung einbezogen zu werden, stellen dann aber gegen Seminarschluss fest, dass eine unadäquate Thematisierung ihrer Frage eher nur den Schein der Involvierung evoziert, was Frust aufkommen ließe.

Eine ähnlich spontane, arbeitsökonomische sowie gelungene Integration der Teilnehmerinteressen ließ sich auch mit der eingesetzten Evaluationshand erreichen, an deren Verwendung unbedingt festgehalten werden sollte. Diese Methode der Evaluation ist äußerst effizient, lässt sie sich leicht erläutern, zügig und ohne weiteren Aufwand durchführen und besonders rasch auswerten. Für dieses Verfahren ist die eigene Hand auf ein Blatt Papier zu zeichnen, bevor den eigenen fünf Fingern, gemäß ihrer symbolischen Belegung, evaluierende Aussagen zuzuordnen sind. Ebenfalls die Auswertung dieser Statements ist schnell erfolgt, weil die Evaluationsblätter nur übersichtlich ausgelegt und beispielsweise inhaltlich auf einem Schmierzettel zusammengefasst werden müssen. Das Überzeugende an der Evaluationshand ist, dass sie lediglich fünf Beurteilungskriterien vorgibt, die selbst von den Studierenden mit Inhalt zu füllen sind. Hierbei handelt es sich nicht um originäre Veranstaltungsmaßstäbe, sondern eher um solche Aspekte, die Interessen, Neigungen und Befinden in Bezug auf den Inhalt, die Gruppe und die Atmosphäre zulassen. Die Intensität des Interpretationsspielraumes obliegt jedoch den Teilnehmern.

Dadurch war es möglich, in Erfahrung zu bringen, was den Studierenden bisher gut gefallen hat und deshalb beibehalten werden sollte, woran sie künftig festhalten wollen und was noch zu intensivieren ist. Darüber hinaus wurde ersichtlich, was bisweilen eher missfallen hat und nach Möglichkeit zu verändern ist. Insgesamt wurde für die Vorbereitung, Durchführung und Auswertung des Verfahrens weniger als eine Zeitstunde aufgewandt. Negative Ergebnisse hätten problemlos am folgenden Seminartag über dementsprechende Modifikationen berücksichtigt werden können.

Ein grobes Clustering am Ende des ersten Kompakttages ließ die nachstehende Bündelung bzw. Klassifizierung der Studierendenaussagen zu: Der größte Anteil Studierender (n = 9) erhob seinen Daumen für die im Seminar eingesetzten Methoden. Diesbezüglich führten sie konkret aus, dass sie viele neue Methoden kennengelernt hatten und es besonders gelungen fanden, jene aktiv anzuwenden und abschließend reflektieren zu können. Ein weiterer Teil (n = 6) hob die Atmosphäre hervor, die sie als offen und äußerst locker im Umgang miteinander wahrgenommen hatten und zu schätzen wussten. Jeweils zwei Lernende empfanden die Interaktion sowie die Organisation und Struktur des Seminars arbeitsförderlich. Weitere positive Einzelnennungen thematisierten die Sympathie und Wertschätzung, die vom Lehrenden ausging, die gesamte Seminargestaltung, die erzeugte inhaltliche und methodische Spannung sowie die abwechslungsreiche Interaktivität und vielfältig ausgewählten Praxisbeispiele. Damit zeigt sich dem Lehrenden, dass die praktische Ausrichtung und intensive sowie integrierende Planung im Seminarvorfeld gelungen ist.

Die meisten Studierenden (n = 7) möchten ausdrücklich auf nichts hinweisen. Zwei führten aus, dass teilweise etwas mehr Zeit, insbesondere in den Theoriephasen, eingeplant werden sollte. Des Weiteren erfolgten individuelle Hinweise darauf, dass die jeweiligen Texte und Präsentationen jeweils ins EWS eingestellt werden sollten, eine gelungene Methodenauswahl vorgenommen wurde und etwas mehr Zeit bzw. längere Pausenphasen eingeplant werden sollten. Ein Teilnehmer fühlt sich von den Gesprächen zweier weiterer Lernender gestört, worauf künftig verstärkt geachtet werden müsste, während ein anderer gerne die Gelegenheit gehabt hätte, neben dem Dozenten zu jeder der drei Präsentationen ein Feedback abgeben zu können. Ein Studierender erachtete die Präsentations- und Diskussionsphasen der Wiki-Projektgruppen als zu lang, ein nächster hatte Schwierigkeiten beim Erschließen und Verstehen der didaktischen Texte. Hier wäre eventuell derart zu intervenieren, dass künftige Feedbackrunden generell auf Teilnehmer verlagert werden, weil auch diese in der Lage sind bzw. sein müssen, konstruktive und kriterienorientierte Rückmeldungen zu geben. Zeitplanungen lassen sich allerdings nur schwerlich verändern, da trotz gleichschwerer Textgrundlagen immer eine Gruppe länger als die andere brauchen wird. Vielleicht könnten Lesestrategien helfen, Fachtexte schneller zu erschließen. Alternativ müsste der Dozent stärker nachfühlen, ob die Texte internalisiert wurden. Zwei Studierende hatten absolut keine Kritikpunkte anzumerken. Sämtliche weitere Einzelnennungen führten aus, dass ab und an mehr Zeit eingeplant werden sollte, einige wenige während der Präsentationsphasen zu laut waren und in den Gruppenarbeitsphasen gelegentlich etwas zu unkonzentriert mitgearbeitet hätten. Die Diskussionsphasen kamen einem Teilnehmer zu kurz, von einem anderen wurden sie als zu lang empfunden. Erneut wurde die Zeit fokussiert. Künftig ist vor allem zu berücksichtigen, dass Teilnehmer einer Kompaktveranstaltung nicht ganztägig im Stande sind, derart intensiv zu arbeiten und zu diskutieren, wie es in 90-minütigen Seminareinheiten semesterbegleitender Veranstaltungen möglich ist. Weiterhin bewähren könnte sich auch eine Verzahnung der Arbeitsphasen mit den Pausenzeiten, um weichere und gruppenspezifischere Übergänge zu schaffen. Ein Lernender wies darauf hin, dass im Seminar bisher lediglich die Eddings gestunken hätten.

Festhalten will die Vielzahl der Studierenden (n = 9) insbesondere an der Atmosphäre, die im Seminar vorherrscht. Diese wird als offen, wertschätzend und lustig beschrieben. Ein weiterer Teil (n = 4) hebt den Einsatz und die Anwendung der vielfältigen Methoden in den Gruppenarbeitsphasen hervor. Sie führen explizit aus, dass diese Spaß machen und zu lebhaften und engagierten Arbeitsphasen motivieren. Zudem wird es weitere drei Mal explizit gewünscht, den Methodeneinsatz in künftigen Seminaren beizubehalten. Einzelnennungen weisen darauf hin, dass ihnen die praktischen Anwendungen viel bringen, die Struktur des Seminars sowie die Diskussionsphasen gefallen, während einer die spontanen Gedankensprünge und Exkurse sowie das Kürzen bestimmter Phasen als gelungen erachtet. Damit wird schlussgefolgert, dass neben der Involvierung vor allem die Aktivierung der Lernenden in den Verlauf der Lehre kostbar ist, wenn ein engagiertes und motiviertes Arbeiten erreicht werden will. Dies sollte ebenfalls dann das Anliegen des Lehrenden sein, wenn jene Methoden nicht direkte Verfahren der Bezugsdisziplin darstellen, aber dabei hilfreich sind, ihre Inhalte und Erkenntnisinteressen besser erschließen zu können. Dieses exemplarische Wissen ist um ein vielfaches vertiefter, beweglicher und verzahnter, als ein breiteres Spektrum an vortragsübermitteltem Wissen, das lediglich passiv aufgenommen werden muss.

Zu kurz kam den meisten Studierenden (n = 9) nichts. Einer führt aus, dass ihm teilweise zu wenig Zeit zur Erarbeitung und Diskussion gegeben sei, ein weiterer, dass das Referatfeedback von allen hätte gegeben werden sollen und ein Dritter, dass insbesondere die Mittagspause zu kurz war. Ein Studierender hätte sich gerne noch ausführlicher mit den Lernwiderständen beschäftigt, während einem anderen die Theoriereflexion zu kurz gekommen ist. Für den Folgetag kann daraus abgeleitet werden, dass auf Nachfragen eventuell kompakte theoretischere Phasen einzusetzen sind.

Die Auswertung der Evaluationshand ergibt insgesamt, dass eine gute Arbeitsstimmung gegeben ist, die zur Mitarbeit motiviert. Deshalb sollten gezielt weitere Interventionen in die Lernatmosphäre vorgenommen werden, um diesen Zustand aufrecht zu erhalten. Ebenfalls darf der verstärkte Einsatz und die Reflexion der mannigfachen Methoden nicht ausgespart werden. Die Studierenden scheinen demgegenüber nicht verschlossen zu sein, sondern wünschen jenes sogar nachhaltig. Zu ändern ist die zeitliche Strukturierung. Hier sollten nun, wie bereits erwähnt wurde, Arbeits- und Pausenzeiten sinnvoll miteinander verzahnt werden, damit die Lernenden diese eigenverantwortlich planen und gestalten können. Zusätzlich wäre es möglich darauf hinzuweisen, dass ein Pausenbedarf gerne explizit genannt werden kann, fühlt der Einzelne, dass er unaufmerksam oder unkonzentriert wird. Nach festen Reflexions- und Feedbackphasen und -abläufen ist darüber hinaus darauf zu achten, dass noch einmal die Möglichkeit gegeben wird, Wortbeiträge beisteuern zu können, damit sich keiner in seiner Meinung beschnitten fühlt.

Als noch ökonomischer in Durchführung und Auswertung erwies sich nur noch das Stimmungsbarometer. Dies weist zwei Achsen auf, die ausgewählte Stimmungs- bzw. Befindlichkeitsbereiche repräsentieren. Das kann sein, wie man sich gerade emotional fühlt, ob man noch ausreichend motiviert ist oder gar fachlich über- bzw. unterfordert wird. Zum Einsatz kam das Verfahren, als die nonverbale Kommunikation der Teilnehmer nach der Mittagspause darauf schließen ließ, dass sie nicht mehr so agil und lebhaft wie vor dieser waren. An der Tafel hatten sie dann durch zwei Punkte zu beurteilen, ob sie fachlich angemessen gefordert und gefördert werden und ob sie weiterhin motiviert sind, praktisch arbeiten zu wollen. Erst die Thematisierung der Gesamtpunkte ließ dann erkennen, dass man sich ein wenig müde fühlte, schließlich wurden schon fünf Stunden intensiv gearbeitet. In solchen Fällen empfiehlt es sich dann, keine schwer verständlichen Theoriephasen folgen zu lassen und jene Methoden zu verwenden, die neben einer geistigen auch eine körperliche Aktivierung zulassen. Ein Vorzug dieser Methode ist die Flexibilität, mittels derer sie sich einsetzen lässt, um gegebene Widerstände aufdecken und beheben zu können, ohne ein langes Planungsprozedere absolvieren zu müssen. Hierbei sind beliebig viele Kategorien unterschiedlichen Bezuges und differenzierter Tiefe miteinander kombinierbar.

Nicht für den Seminarverlauf selbst, aber für Zwecke der Qualitätssicherung seitens der Universität sowie zum Abgleich der Selbstsicht des Dozenten mit den facettenreichen Fremdsichten der Studierenden, dient die eingesetzte standardisierte Lehrevaluation für Seminare. Sie gibt Hinweise darauf, was im Rahmen künftiger Lehrveranstaltung beibehalten, modifiziert oder zusätzlich noch berücksichtigt werden sollte. Diese Evaluation umfasst, entsprechend der Vorgaben des Fachbereichs, die Facetten Seminar, Dozent, Anleitung der Studierenden, Anforderungen und Sonstiges. Jeder Aspekt wird quantitativ detailliert über seine ihn konstituierenden Merkmale bewertet und beurteilt. Eine qualitative Differenzierung erfolgt mittels einer vierstufigen Skalierung, von „trifft voll zu“ bis hin zu „trifft gar nicht zu“ sowie der Möglichkeit eines freien Statements am Ende des Evaluationsbogens.

Am besten evaluierten die 24 Evaluationsteilnehmer die Bereiche Seminar und Dozent – in Bezug auf die Veranstaltung vor allem, dass ausreichend Hilfsmittel vorhanden und rechtzeitig bereitgestellt wurden (MW = 1.17). Annähernd gut bewerteten die Studierenden, dass die Veranstaltung das Themengebiet entsprechend der Vorgaben gut behandelt und insgesamt eine förderliche Arbeitsatmosphäre vorherrscht (MW = 1.34). Des Weiteren finden alle Teilnehmer, dass das Seminar übersichtlich und nachvollziehbar strukturiert ist und das Interesse am Themengebiet fördert. Am schlechtesten, aber insgesamt immer noch gut, wurde bewertet, dass die Veranstaltung eine gute Balance zwischen Wissensvermittlung und Diskussion enthält (MW = 1.52).

Die Evaluationsmöglichkeiten „keine Angaben", „trifft kaum zu" bzw. „trifft gar nicht zu" wurden in keinem einzigen Falle angekreuzt. Bezüglich der Dozentenevaluation erfreut, dass das am besten bewertete Item das respektvolle Verhalten gegenüber den Teilnehmern war, das als Einziges einheitlich beurteilt worden ist (MW = 1.0). Darüber hinaus wurde zudem sehr positiv evaluiert, dass der Dozent über eine klare und verständliche sowie fachlich angemessene Aussprache verfügt (MW = 1.17), er komplexe Zusammenhänge gut erklären kann (MW = 1.21) und die einzelnen Seminareinheiten abwechslungsreich zu gestalten weiß (MW = 1.26).

Ebenfalls die Items, ob der Dozent genügend Raum gibt, Fragen stellen zu können und auf diese angemessen eingeht sowie in einem ausreichenden Maße die Interessen der Studierenden berücksichtigt, wurde in keinem Falle mit den Möglichkeiten „trifft kaum zu" bzw. „trifft gar nicht zu" evaluiert. Am schlechtesten, allerdings immer noch erfreulich, wurden die Statements eingeschätzt, dass der Dozent das Interesse am Themenbereich fördert und offen für Anregungen sowie Kritik ist (MW = 1.52).

Bezüglich des Merkmals Anleitung der Studierenden wird grundsätzlich bewertet, dass die Menge der Seminarbeiträge zwischen Dozenten und Studierenden immer ausgewogen war, obgleich im Falle der beiden andersartigen Meinungen nicht eindeutig ableitbar ist, welcher Beitrag überwogen hatte. Des Weiteren sind sich fast alle Studierenden einig, dass es voll zutreffend war, immer genug Gelegenheit gehabt zu haben, um eigene Beiträge einbringen zu können. Zwei Lernende merkten an, dass die Beiträge von Studierenden zu stark überwogen hätten. Darüber hinaus waren die Teilnehmer der Meinung, dass die Wortbeiträge adäquat gewürdigt wurden und die Praxisrelevanz der Veranstaltung durch den Dozenten immer und zu jeder Zeit verdeutlicht werden konnte.

Lediglich ein Teilnehmer beurteilte die an ihn gestellten Anforderungen als zu hoch, während die anderen sie als angemessen empfanden. Ebenfalls die Aussagen, dass man in der Veranstaltung viel lernen konnte – inhaltlich und methodisch – sowie ein Erkenntnisgewinn für die Berufspraxis vollzogen wurde, schätzte man durchweg als mindestens zutreffend ein. Stoffumfang und Veranstaltungstempo schienen darüber hinaus sehr angemessen gewesen zu sein.

Im Bereich der sonstigen Evaluation merkte ein Lernender erstaunlicher Weise an, dass der Medieneinsatz nicht wechselte und dadurch weder Aufmerksamkeit noch Interesse geweckt hat. Vielleicht ist in diesem Fall das umgepolte Item das Problem gewesen. Besonders erfreulich festzustellen war, dass fast alle Teilnehmer sehr gerne weitere Veranstaltungen des Lehrenden besuchen wollen würden (n = 21). Dies rührt vermutlich daher, dass man einschätzte, diesem sei sehr an einer guten Arbeitsatmosphäre gelegen (n = 20) und er wäre sehr gut vorbereitet gewesen (n = 19). Dementsprechend wurden auch die äußeren Rahmenbedingungen und ausgeteilten Materialien als sehr gut gestaltet empfunden. Darüber hinaus gaben zehn der Studierenden individuelle und qualitative Antworten im Rahmen des Feldes „Anmerkungen, Anregungen und Kritik“ ab. Diese sollen lediglich abschließend angeführt werden und bedürfen keiner zusätzlichen Stellungnahme oder Deutung.

Einem hat gut gefallen, dass es nicht zuviel Theorie gab und viel praktisch angewendet wur-de. Ein anderer führt aus, dass er noch nie ein Seminar besucht hatte, dass er so positiv bewerten konnte, während ein Dritter zu seinem Lob hinzufügte, dass er sich freuen würde, wenn noch mehrere solcher praxisorientierten Seminare folgen würden. Einmal führte man kurz aus, dass alles super war. Ein Teilnehmer hinterließ einen Smily, während sich ein weiterer ausdrücklich für das Seminar bedankte. Des Weiteren wurde negativ angemerkt, dass künftig die Pausen eingehalten werden sollten, ansonsten jedoch alles klasse gewesen sei. Ein Lernender kritisiert, dass sich die Bewertung im Rahmen des Leistungsnachweises nicht nur auf das Wiki-Projekt und die Präsentation hätte beziehen sollen, sondern ebenfalls die aktive Teilnahme im Seminar mittels einer Note zu berücksichtigen sein sollte. Explizit der letzte Punkt ist berechtigt, aber umso schwieriger zu realisieren, weil der Lehrende nicht zu jeder Zeit Grad und Intensität des Einzelnen in Einzel-, Gruppen- und kooperativen Arbeitsformen intensiv erleben kann. Hier wäre jedoch die Möglichkeit gegeben, dass sich die Studierenden eine Gesamtnote selbst entsprechend ihres Arbeitspensums zu- bzw. aufteilen.

Das vorgegebene und standardisierte Feedback ist generell sehr gut ausgefallen und bestärkt das Vorgehen des Dozenten. Dennoch kann auch aus der sehr positiven Evaluation für künftige Lehr- und Lernprozesse gelernt werden, nimmt man sämtliche Aussagen wahr und ernst, denn selbst in durchweg als „sehr gut“ und „gut“ beurteilten Merkmalen wird möglicher Entwicklungsbedarf aufgezeigt, wenn der Empfänger die Nuancen innerhalb dieses Bewertungs- und Beurteilungsmaßes sensibel wahrnimmt. In jedem Fall wurde bestärkt, dass das empathische und wertschätzende Verhaltensweisen sowie die Aktivierung und Involvierung der Studierenden mit das Wichtigste zu sein scheinen, um eine angenehme Arbeitsatmosphäre zu schaffen, in der Wohlfühlen und Verantwortung miteinander und bezüglich des Inhaltes zum höchsten Gut avancieren. Ebenfalls der Mut, die Initiative oftmals den Studierenden zu überlassen, wurde belohnt, weil die Lernenden trotz der beiden langen Seminartage grundsätzlich zu jeder Zeit engagiert und kooperativ sowie zielführend arbeiteten.

Schließlich konnte auch das Lehrportfolio zum Erfolg der Veranstaltung beitragen. Dieses durch das Hochschuldidaktische Zentrum begleitete und betreute Projekt führe dazu, dass der Lehrende bereits für den Planungsprozess sehr sensibel werden muss, sich eine Übersicht verschafft, didaktische, methodische und fachwissenschaftliche Akzentuierungen setzt und Schwerpunkte auswählt, die intensivst eruiert und reflektiert werden. Die schriftliche Fixierung der Inhalte und des Ablaufes führte dazu, dass zu jeder Zeit Sicherheit darüber gegeben war, welche Inhalte mit welchen Arbeits- und Sozialformen zu erschließen sind, und die Interaktionsformen insgesamt nicht zu einseitig werden. In diesem Lehrprojekt wurden e-Learning und Gruppenkolloquium fokussiert und dementsprechend intensiv vorbereitet, was einen hohen Grad an professioneller Durchführung gewährleistete. Zudem sollten die Studierendenaktivierung und -involvierung die beiden bedeutsamsten Aspekte sein. Diese schlugen sich in einer ausgezeichneten Motivierung beiderseits nieder.

Nichts desto trotz stellt das Lehrportfolio eine ungeheuer aufwändige Dokumentationsform dar, die nicht für mehrere Seminare gleichzeitig stattfinden kann. Sie sollte aber dann eingesetzt werden, wenn der Lehrende erstmals eigenständige Seminare gibt, besondere Aspekte kritisch reflektieren will oder aber wenn es sich um solche Veranstaltungen handelt, die auch in den kommenden Jahren angeboten werden, damit ihre Qualität zunehmend verbessert wird. Abschließend dokumentiert die inhaltliche Komplexität eines selbst-erstellten Lehrportfolios nicht zuletzt die Professionalisierung der eigenen Lehrplanung, -durchführung und -reflexion.

5. Abschlussresümee

Es zeigt sich, dass die didaktische Analyse und die darauf aufbauende Planung sowie Reflexion der wesentlichen Bedingungs- und Entscheidungsfelder in der Hochschullehre unabdingbar wird, wenn der Lehrende seine Lehrkompetenz professionalisieren will. Denn nur dann stellt universitäre Lehre einen intentionalen Prozess dar, der weder auf Intuition beruht noch auf dem Zufall basiert, wenn er sich als begründete und planvolle Legitimation und Reflexion getroffener Lehrentscheidungen auszeichnet.

Im Betrachtungsfokus standen sechs hochschuldidaktische Bedingungs- und Entscheidungsfelder, die den Erfolg einer Lehrveranstaltung im Wesentlichen und nachhaltig bestimmen.

Erstens zeigt die genaue Kenntnis der objektiven und vor allem subjektiven Lernvoraussetzungen sowohl seitens der Lernenden als auch des Lehrenden, dass Planungsentscheidungen mehr als nur das Wissen um die Anzahl der Teilnehmer und die Größe sowie Ausstattung des Seminarraumes umfasst. Es wird deutlich, dass mit den entsprechenden Maßnahmen vielfältige Bedürfnisse, Interessen und subjektbezogene Biografieaspekte in Erfahrung gebracht werden können, die bei adäquater Planung in der Folge dazu führten, einen Lernenden nicht nur zur Mitarbeit zu aktivieren und zu motivieren, sondern dass auf jener Grundlage ein Commitment geschaffen werden kann, um Betroffene zu Beteiligten werden zu lassen.

Zweitens verdeutlicht die Inhalts- bzw. Sachanalyse einerseits, wie komplex die Eruierung geeigneter fachwissenschaftlicher Themen aus dem breiten Spektrum der Bezugsdisziplin ist. Andererseits wird erkennbar, dass sich auf der Basis von systematischen Auswahl- und Reduktionsentscheidungen mehr als nur ein oberflächliches Faktenwissen vermitteln lässt. Die didaktische und fachwissenschaftliche Analyse hilft dabei Inhalte aufzuspüren, in denen sich zentrale Strukturelemente und Beziehungen der übergeordneten Disziplin manifestieren, deren Reflexion dazu führt, den individuellen und gesellschaftlichen Ansprüchen Rechnung tragen zu können.

Drittens avanciert Lehre zu einem intentionalen Prozess, wenn sich der Lehrende seiner Ziele und der intendierten Kompetenzzuwächse, die bei den Studierenden initiiert werden sollen, bewusst wird. Dazu ist es allerdings vonnöten, Ziele auszuwählen, angemessen zu formulieren und festzulegen sowie diese bezüglich ihrer Realisierung zu überprüfen. Lehre wird damit transparent und für alle Beteiligten nachvollziehbar. Ist die Subjektbildung in diesem Zusammenhang ein weiteres leitendes Erkenntnisinteresse, werden nicht nur Fach- und Sachkompetenz sondern ebenfalls Selbst-, Sozial- und Methodenkompetenzen individuell und ganzheitlich gefordert und gefördert.

Viertens wird erkennbar, dass der gezielte Einsatz von Methoden und Medien nicht nur lediglich eine Form des aktiven Handelns darstellt. Begründete Auswahlentscheidungen auf dieser Ebene helfen zum einen der inhaltlichen bzw. fachwissenschaftlichen Erschließung, zum anderen begünstigen sie den Erkenntnisgewinn von Studierenden, die über unterschiedlich komplexe (Leistungs-) Voraussetzungen verfügen. Die Integration der Medien Computer und Internet dient nicht nur der Kommunikation und Organisation in Lehrveranstaltungen. Zudem begünstigt sie die Sache selbst, wenn sich ihr Einsatz an der Lebenswirklichkeit der Lernenden, den wissenschaftlichen Bezugsdisziplinen und der Lehrintention orientiert.

Fünftens kann in Bezug auf das hochschulische Prüfungsprocedere gezeigt werden, dass neben individualisierten Hausarbeiten und standardisierten (Massen-) Klausuren weitere Möglichkeiten gegeben sind, Leistungen angemessen diagnostizieren und bewerten zu können. Der Lernende lässt sich auch in diese Planungs-, Durchführungs- und Reflexionsprozesse angemessen involvieren. Ziel ist in diesem Fall nicht die Bloßstellung des Einzelnen, über welches Faktenwissen er nicht verfügt, Ziel ist vielmehr die Erkenntnisgenerierung, welcher Kompetenzzuwachs sich vollzogen hat.

Sechstens dienen die verschiedenen Evaluationsverfahren der prozessbegleitenden und -nachbereitenden Veranstaltungsreflexion. Die mannigfachen Fremdevaluationen haben zum einen den Zweck, Blinde Flecke in der Wahrnehmung des Lehrenden aufzudecken, zum anderen sollen sie es ermöglichen, dass Interventionsmöglichkeiten planbar und ergreifbar werden, wenn Probleme und Widerstände emotionaler, kognitiver sowie motivationaler Art erkennbar werden. Eine Form der Selbstevaluation stellt die Abfassung eines Lehr-Portfolios dar. Dies erfolgte beispielsweise mittels des vorliegenden Werkes, wodurch deutlich wird, welche Bedeutung der kriterienorientierten und kritischen Selbstreflexion im Prozess der Professionalisierung der eigenen Lehrkompetenz beigemessen werden kann bzw. muss.

Werden diese und weitere Aspekte in der Hochschullehre berücksichtigt und reflektiert, wird Didaktik schließlich eine Lehrkunst, die nicht willkürlicher Natur ist sondern zunehmend sinnhaft, handhabbar und verstehbar wird.

Literaturverzeichnis

Aebli, H. (1993). Denken: das Ordnen des Tuns, Band 1. Kognitive Aspekte der Handlungstheorie. Stuttgart: Klett Cotta.

Aebli, H. (1994). Denken: das Ordnen des Tuns, Band 2. Denkprozesse. Stuttgart: Klett Cotta.

Arnold, P., Kilian, L., Thillosen, A. & Zimmer, G. (2011). Handbuch E-Learning – Lehren und Lernen mit digitalen Medien. Bielefeld: Bertelsmann Verlag.

Aronson, E.; Wilson, T. D. & Akert, R. M. (2008). Sozialpsychologie. München: Pearson.

Auferkorte-Michaelis, N. (2006). Studentische Veranstaltungskritik als Lehrevaluation – Prozessorientierung oder Leistungskontrolle. In: Journal Hochschuldidaktik, Qualitätsmanagement und Lehrevaluation, 16, 2, Dortmund.

Bader, R. & Sloane, P. F. E. (Hrsg.) (2000). Lernen in Lernfeldern. Theoretische Analyse und Gestaltungsansätze zum Lernfeldkonzept. Markt Schwaben: Eusl-Verlagsgesellschaft.

Bader, R. (2003). Lernfelder konstruieren – Lernsituationen entwickeln. Eine Handreichung zur Entwicklung didaktischer Jahresplanungen für die Berufsschule. In: Die berufsbildende Schule, 50, S. 176-182.

Baumer, T. (2001). Handbuch Interkulturelle Kompetenz. Zürich: Verlag Orell Füssli.

Baumgartner, P. (2011). Taxonomie von Unterrichtsmethoden. Ein Plädoyer für didaktische Vielfalt. Münster: Waxmann.

Bergmann, G. (2001). Die Kunst des Gelingens. Wege zum vitalen Unternehmen – Ein Lehrbuch. Sternenfels: Verlag Wissenschaft und Praxis.

Bergmann, G. & Daub, J. (2006). Systemisches Innovations- und Kompetenzmanagement. Grundlagen – Prozesse – Perspektiven. Wiesbaden: Gabler.

Beywl, W., Bestvater, H. & Friedrich, V. (2011). Selbstevaluation in der Lehre. Ein Wegweise für sichtbares Lernen und besseres Lehren. Münster: Waxmann.

Biggs, J. & Tang, C (2007). Teaching for Quality learning at University. Maidenhead: Open University.

Bloom, B. S. (1973). Taxonomie von Lernzielen im kognitiven Bereich. Weinheim: Beltz.

BMBF (2007). HRG - Hochschulrahmengesetz in der Fassung der Bekanntmachung vom 19. Januar 1999 (BGBl. I S. 18), zuletzt geändert durch Art. 2 des Gesetzes vom 12. April 2007 (BGBl. I S. 506). Bonn.

Bonz, B. (1999). Methoden der Berufsbildung. Ein Lehrbuch. Stuttgart: Hirzel Verlag.

Braun, E. & Gusy, B. (2006). Perspektiven der Lehrevaluation. In: G. Krampen & H. Zayer (Hrsg.), Didaktik und Evaluation in der Psachologie. Göttingen: Hogrefe, S. 152-166.

Brunner, I., Häcker, T. & Winter, F. (Hrsg.) (2006). Das Handbuch Portfolioarbeit. Konzepte – Anregungen – Erfahrungen aus der Schule. Seelze: Kallmeyer.

Comenius, J. A. (1993). Große Didaktik. Die vollständige Kunst, alles Menschen alles zu lehren. Original 1657. Herausgegeben und übersetzt von A. Flittner. Stuttgart: Klett Cotta.

Cube, F. v. (1968). Kybernetische Grundlagen des Lernens und Lehrens. Stuttgart: Klett Verlag.

Cube, F. von (1986). Problemorientierter Unterricht aus der Sicht der Verhaltens-biologie. In: K. H. Sommer (Hrsg.), Aspekte der Planung und Gestaltung von Unterricht und Unterweisung. Esslingen: Deugro-Verlag.

De Corte, E. (1975). Grundlagen didaktischen Handelns: von der Didaktik zur Didaxologie. Weinheim: Beltz.

Döring, K. W. (1971). Lehr- und Lernmittelforschung. Weinheim: Beltz.

Dubs, R. (2006). Besser schriftlich prüfen. In: Neues Handbuch Hochschullehre, Berlin, Griffmarke H 5.1, S. 23.

duz Werkstatt (2005). Rezepte gegen die Prüfungsangst, 07/2005.

duz Werkstatt (2008). Prüfungsmanagement, 09/2008

Ellis, H. C. (1967). The Transfer of learning. New York: The Macmillan Company.

Erpenbeck, J. & Rosenstiel, L. v. (Hrsg.) (2003). Handbuch der Kompetenz-messung. Erkennen, Verstehen und Bewerten von Kompetenzen in der betrieblichen, pädagogischen und psychologischen Praxis. Stuttgart: Schäffer Poeschel.

Erpenbeck, J. & Sauter, W. (2007). Kompetenzentwicklung im Netz: New Blended Learning mit Web 2.0. München: Luchterhand Verlag.

Euler, D. (2001). Manche lernen es - aber warum? Lerntheoretische Fundierung zur Entwicklung von sozial-kommunikativen Handlungskompetenzen. In: Zeitschrift für Berufs- und Wirtschaftspädagogik, Heft 2.

Flammer, A. (1970). Transfer und Korrelation. Weinheim: Beltz.

Flechsing, K.-H. (1976). Prüfungen und Evaluation. In: Blickpunkt Hochschuldidaktik. Heft 40, 305f.

Fredebeul, M. (2012). Situiertes Lernen und Blended Learning: Didaktische Konzeption und methodische Gestaltungsansätze. Heidelberg: Spektrum Akademiker Verlag.

Fry, H., Ketteridge, S. & Marshall, S. (Hrsg.) (2003). A Handbook for Teaching & Learning in Higher Education. Enhancing Academic Practice. London/ New York: Routledge-Falmer.

Gapski, H. & Tekster, T. (2009). Informationskompetenz in Deutschland. Überblick zum Stand der Fachdiskussion und Zusammenstellung von Literaturangaben, Projekten und Materialien zu einzelnen Zielgruppen. Düsseldorf: Landesanstalt für Medien.

Gläser-Zikuda, M. & Hascher, T. (Hrsg.) (2007). Lernprozesse dokumentieren, reflektieren und beurteilen. Lerntagebuch und Portfolio in Bildungsforschung und Bildungspraxis. Bad Heilbrunn: Klinkhardt.

Gnahs, D. (2007). Kompetenzen – Erwerb, Erfassung, Instrumente. Bielefeld: Bertelsmann Verlag.

Gregg, L. W. & Steinberg, E. R. (Hrsg.) (1980). Cognitive Processes in Writing. Hillsdale: Erlbaum, S. 73-93.

Grissom, S., McNally, M. & Naps, T. (2003). Algorithm Visualization in CS Education: Comparing Levels of Student Engagement. In: the Proceedings of rhe ACM Symposium on Software Visualization. San Diego/ California, S. 87-94.

Grüner, G. (1967). Die didaktische Reduktion als Kernstück der Didaktik, aufgewiesen am Beispiel der Berufsschuldidaktik. In: Die Deutsche Schule, 59, S. 414-430.

Gudjons, H. (1999). Handlungsorientiert lehren und lernen. Bad Heilbrunn: Klinkhardt.

Heimann, P., Otto, G. & Schulz, W. (1965). Unterricht – Analyse und Planung. Hannover: Schroedel.

Hering, D. (1958). Didaktische Vereinfachung. TH Dresden: Habilitationsschrift der Fakultät für Berufspädagogik.

Hopf, B. (1976). Methodische Konzeption der Simulation im Bereich der kaufmännischen Berufsausbildung. In: B. Bonz (Hrsg.), Beiträge zur Methodik in der beruflichen Bildung. Stuttgart: Holland & Josenhans Verlag.

Huisinga, R. & Lisop, I. (1999): Wirtschaftspädagogik. Ein interdisziplinär orientiertes Lehrbuch. München: Vahlen.

Huisinga, R. & Lisop, I. (2004): Arbeitsorientierte Exemplarik. Subjektbildung – Kompetenz – Professionalität. Frankfurt/M: G.A.F.B.

Isenegger, N. (1972). Lernzielerhebung zur Curriculumkonstruktion. Weinheim: Beltz.

Jank, W. & Meyer, H. (2002). Didaktische Modelle. Berlin: Cornelsen.

Klafki, W. (1958). Didaktische Analyse als Kern der Unterrichtsvorbereitung. In: Die Deutsche Schule, 50, 10, S. 450-471.

Klafki, W. (1963). Studien zur Bildungstheorie und Didaktik. Weinheim: Beltz.

Klafki, W. (1985). Neue Studien zur Bildungstheorie und Didaktik. Beiträge zur kritisch-konstruktiven Didaktik. Weinheim: Beltz.

Klieme, E. (2004). Was sind Kompetenzen und wie lassen sie sich messen. In: Pädagogik, 6.

Klieme, E & Hartig, J. (2007). Kompetenzkonzepte in den Sozialwissenschaften und im erziehungswissenschaftlichen Diskurs. In: Zeitschrift für Erziehungswissenschaften, Sonderheft 8.

Körber, A., Schreiber, W. & Schöner, A. (Hrsg.) (2007). Kompetenzen Historischen Denkens. Ein Strukturmodell als Beitrag zur Kompetenzorientierung in der Geschichtsdidaktik. Neuried: Ars Una.

Krapp, A. & Prenzel, M. (Hrsg.) (1992). Interesse, Lernen, Leistung. Neuere Ansätze der pädagogisch-psychologischen Interessenforschung. Münster: Aschendorff Verlag.

Krathwohl, D. R., Bloom, B. S. & Masia, B. B. (1964). Taxonomie of educational objektives. The classification of educational goals, Handbook II, Affective domain. New York: Addison Wesley.

Kromrey, H. (2001). Evaluation - ein vielschichtiges Konzept. Begriff und Methodik von Evaluierung und Evaluationsforschung. Empfehlungen für die Praxis. In: Sozialwissenschaften und Berufspraxis, 24, S. 105-129.

Kron, F. W. (2000). Grundwissen Didaktik. München: UTB.

Jank, W. & Meyer, H. (2002). Didaktische Modelle. Berlin: Cornelsen Verlag.

Lippmann, E. (2009). Coaching. Angewandte Psychologie für die Beratungspraxis. Berlin: Springer.

Loos, M. (2010). Motivationale Aspekte des e-Learnings: Theorien und Modelle zur Lernmotivation mit Neuen Medien. Saarbrücken: Verlag Dr. Müller.

Macke, G., Hanke, U. & Viehmann, P. (2012). Hochschuldidaktik: Lehren – vortragen – prüfen – beraten. Mit Methodensammlung „Besser lehren“. Weinheim: Beltz.

Mager, R. M. (1969). Lernziele und Programmierter Unterricht. Weinheim: Beltz.

Mager, R. F. (1973). Lernziele und Unterricht. Weinheim: Beltz.

Maleh, C. (2000). Open Space: Arbeiten mit großen Gruppen. Ein Handbuch für Anwender, Entscheider und Berater. Weinheim: Beltz.

Maleh, C. (2002). Open Space in der Praxis. Erfahrungsbeispiele: interessante Highlights, Grenzen und Möglichkeiten. Weinheim: Beltz.

Mandel, H. & Krause, U.-M. (2001). Lernkompetenz für die Wissensgesellschaft. In Forschungsberichte München. Lehrstuhl für Empirische Pädagogik und Pädagogische Psychologie. Ludwig Maximilian Universität München.

Messner, H. (1978). Wissen und Anwenden. Zur Problematik des Transfers im Unterricht. Stuttgart: Klett Cotta.

Metzger, C. (1975). Taxonomie im kognitiven Bereich – Anwendung im Wirtschaftsunterricht. In: F. Decker (Hrsg.), Wirtschaftsdidaktische Konzepte. Ravensburg: Otto Maier Verlag.

Metzig, W. & Schuster, M. (1999). Prüfungsangst und Lampenfieber. Bewertungssituationen vorbereiten und meistern. Berlin.

Meyer, H. (1980). Leitfaden zur Unterrichtsvorbereitung. Frankfurt am Main: Cornelsen.

Meyer, H. (1987a). Unterrichtsmethoden. Theorieband 1, Band 1. Frankfurt am Main: Cornelsen.

Meyer, H. (1987b). Unterrichtsmethoden. Praxisband, Band 2. Frankfurt am Main: Cornelsen.

Möller, C. (1973). Technik der Lernplanung: Methoden und Probleme der Lernzielerstellung. Weinheim: Beltz.

Mugerauer, R. (2012). Kompetenzen als Bildung? Die neuere Kompetenzenorientierung im Deutschen Schulwesen - eine skeptische Stellungnahme. Marburg: Tectum.

Müller, F. (2008). Professionell prüfen. Kriterien für erfolgreiche Hochschulprüfungen. In: Forschung & Lehre, 5/07.

Niegemann, H. M., Domagk, S., Hessel, S., Hein, A., Hupfer, M. & Zobel, A. (2008). Kompendium multimediales Lernen. Heidelberg: Springer Verlag.

North, K. & Reinhardt, K. (2005). Kompetenzmanagement in der Praxis – Mitarbeiterkompetenzen systematisch identifizieren, nutzen und entwickeln. Wiesbaden: Gabler.

Owen, H. (2001a). Die Erweiterung des Möglichen – Die Entdeckung von Open Space. Stuttgart: Klett Cotta.

Owen, H. (2001b). Open Space Technology – Ein Leitfaden für die Praxis. Stuttgart: Klett Cotta.

Pätzold, G. (Hrsg.) (1992). Handlungsorientierung in der beruflichen Bildung. Frankfurt am Main: G.A.F.B.

Plöger, W. (1999). Allgemeine Didaktik und Fachdidaktik. München: UTB.

Peterßen, W. H. (2001). Lehrbuch Allgemeine Didaktik. München: Oldenburg.

Reetz, L. (1999). Zum Zusammenhang von Schlüsselqualifikationen – Kompetenzen – Bildung. In: T. Tamm, D. Sembill, F. Klauser & E. G. John (Hrsg.), Professionalisierung kaufmännischer Berufsbildung. Beiträge zur Öffnung der Wirtschaftspädagogik für die Anforderungen des 21. Jahrhunderts. Festschrift zum 60. Geburtstag von F. Achtenhagen. Frankfurt am Main: Lang.

Rey, G. D. (2009). E-Learning. Theorien, Gestaltungsempfehlungen und Forschung. Bern/ Göttingen: Huber Verlag.

Richter, A. (2006). Portfolios im universitären Kontext: wann, wo und wie? Eine andere Bewertungsgrundlage im Seminarraum. In I. Brunner, T. Häcker & F. Winter (Hrsg.), Das Handbuch Portfolioarbeit. Konzepte – Anregungen – Erfahrungen aus der Schule (S. 234-241). Seelzer: Kallmeyer.

Richthofen, A. & Lent, M. (Hrsg.) (2009). Qualitätsentwicklung in Studium und Lehre, Blickpunkt Hochschuldidaktik, Band 119. Bielefeld: Bertelsmann Verlag.

Riedl, A. (2004). Grundlagen der Didaktik. Stuttgart: Franz Steiner Verlag.

Roth, H. (1971). Pädagogische Anthropologie, Band 2. Entwicklung und Erziehung. Grundlagen einer Entwicklungspädagogik. Hannover: Schroedel.

Rotthoff, T. (2006). Schritt für Schritt. Ein Weg zur erfolgreichen Planung von Lehrveranstaltungen. In: Neues Handbuch Hochschullehre. B 1.6.

Salmon, G. (2000). E-Moderating: The Key to Teaching an Learning Online. London: Stylus Publishing.

Schaller, K. (1994). Die kritisch-kommunikative Pädagogik. In: H. Gudjons, R. Teske & R. Winkel (Hrsg.), Erziehungswissenschaftliche Theorie. Hamburg: Fischer, S. 15-23.

Schäfer, K-H. & Schaller, K. (1971): Kritische Erziehungswissenschaft und kommunikative Didaktik. Heidelberg: Quelle & Meyer Verlag.

Schelten, A. (2004). Einführung in die Berufspädagogik. Stuttgart: Steiner Verlag.

Franz Schott, F. & Ghanbari, S. A. (2008). Kompetenzdiagnostik, Kompetenzmodelle, kompetenzorientierter Unterricht. Münster: Waxmann.

Sonntag, K. (2000). „Lebenslanges Lernen“ – Beiträge der Arbeits- und Organisationspsychologie. In: F. Achtenhagen & W. Lempert (Hrsg.), Lebenslanges Lernen im Beruf – seine Grundlagen im Kindes- und Jugendalter, Band 3. Psychologische Theorie, Empirie und Therapie. Opladen: Leske & Budrich, S. 111-132.

Stary, J. (2006). „Doch nicht durch Worte allein...“ Die mündliche Prüfung, In: Neues Handbuch Hochschullehre, Berlin, Griffmarke H 2.1.

Stiller, K. & Mate, G. (2003). Frei selektierbarer versus linear vorgegebener Textabruf in Computerlernprogrammen. Zeitschrift für Pädagogische Psychologie, 17, S. 43-54.

Stiller, K. (2006). Computerpräsentierte und gedruckte Lerntexte mit Bildern. Empirische Pädagogik, 20, S. 187-202.

Szczyrba, B. & Wildt, J. (2005). Vom Akademischen Viertel zur methodisch regulierten Anwärmphase. Anfangssituationen in Lehrveranstaltungen fördern. In: B. Behrendt, H.-P. Voss & J. Wildt (Hrsg.), Neues Handbuch Hochschullehre. Berlin: Raabe Verlag, Griffmarke A 3.2.

Voss, H.-P. (2002). Ein Fragebogen zur Evaluation und Verbesserung des persönlichen Lehrverhaltens. In: Voss, Hans-Peter & Wildt, J. (Hrsg.), Neues Handbuch Hochschullehre. Lehren und Lernen effizient gestalten. Stuttgart: Raabe.

Weidenmann, B. & Krapp, A. (Hrsg.) (2001). Pädagogische Psychologie. Ein Lehrbuch. Weinheim: Beltz.

Wehr, S. & Ertel, H. (Hrsg.) (2007). Aufbruch in der Hochschullehre. Kompetenzen und Lernende im Zentrum. Beiträge aus der hochschuldidaktischen Praxis. Bern: Haupt.

Weinert, F. E. (2002). Vergleichende Leistungsmessung in Schulen. Eine umstrittene Selbstverständlichkeit. In F. E. Weinert (Hrsg.), Leistungsmessung in Schulen. Weinheim: Beltz, S. 17-31.

Weinert, F. E. & Mandl, H. (Hrsg.) (1997). Psychologie der Erwachsenenbildung. Enzyklopädie der Psychologie. Pädagogische Psychologie, Band 4. Göttingen: Hogrefe.

Welbers, U. &. Gaus, O. (Hrsg.) (2005). The Shift from Teaching to Learning. Konstruktionsbedingungen eines Ideals. Bielefeld: Bertelsmann Verlag.

Wildt, J. (2006). Formate und Verfahren in der Hochschuldidaktik. In: J. Wildt, B. Szczyrba & B. Wildt (Hrsg.), Consulting, Coaching, Supervision – Eine Einführung in Formate und Verfahren hochschuldidaktischer Beratung. Bielefeld: Bertelsmann, S. 12-39.

Wildt, J. (2006). Kompetenzen als „Learning Outcome“. In: Journal Hochschuldidaktik, 3/06.

Wottawa, H. & Thierau, H. (1998). Lehrbuch Evaluation. Bern: Huber.

Zubizarreta, J. (2004). The Learning Portfolio. Reflective Practice for Improving Student Learning. Williston: Anker.

Aus unserem Verlagsprogramm:

Tanja Reinhardt
Erfahrungslernen in der Hochschullehre
Konzeption und Evaluation erfahrungsorientierter Seminare zur Entwicklung des Selbstkonzepts der Studierenden am Beispiel „Service Learning" und „Erlebnispädagogik"
Hamburg 2013 / 284 Seiten / ISBN 978-3-8300-6816-7

Thomas Schömann
Das Berufsbild des Universitätsprofessors im Wandel
Ein berufssoziologisches Analysemodell
Hamburg 2012 / 144 Seiten / ISBN 978-3-8300-6610-1

Guido Breidebach
Bildungsbenachteiligung
Warum die einen nicht können und die anderen nicht wollen
Hamburg 2012 / 346 Seiten / ISBN 978-3-8300-6597-5

Marcus Ullrich
E-Learning in der universitären Fremdsprachenausbildung
LINEAR C – Ein virtuelles Programmierprojekt
Hamburg 2012 / 332 Seiten / ISBN 978-3-8300-6392-6

Matthias J. Kaiser
Perspektiven für eLearning an Hochschulen
Eine szenarioanalytische Betrachtung
Hamburg 2011 / 296 Seiten / ISBN 978-3-8300-5758-1

Marion Güntert / Karin Schleider
Studienbezogene Lern- und Arbeitsstörungen
Entwicklung und Validierung eines Inventars einer multidimensionalen und handlungsorientierten Erfassung studienbezogener Lern- und Arbeitsstörungen
Hamburg 2011 / 186 Seiten / ISBN 978-3-8300-5578-5

Thomas Schröter
Einführung und Evaluation einer multimedialen Lern- und Lehrumgebung in der universitären Ausbildung
Empirische Vergleichsstudien zur Veranstaltungsform
Hamburg 2009 / 184 Seiten / ISBN 978-3-8300-4596-0

Aenne Meike Böthern
Was brauchen Studierende zum Lernen?
Eine qualitative Studie zur kritischen Betrachtung der Konzepte zu Lerntypen am Beispiel Medizinstudierender
Hamburg 2008 / 230 Seiten / ISBN 978-3-8300-3745-3

Katrin Thumser-Dauth
Evaluation hochschuldidaktischer Weiterbildung
Entwicklung, Bewertung und Umsetzung des 3P-Modells
Hamburg 2007 / 252 Seiten / ISBN 978-3-8300-3171-0

VERLAG DR. KOVAČ
FACHVERLAG FÜR WISSENSCHAFTLICHE LITERATUR

Postfach 570142 · 22770 Hamburg · www.verlagdrkovac.de · info@verlagdrkovac.de